本书受甘肃省高校研究生导师项目（项目批准号 1201－03）和西北师范大学青年教师科研能力提升计划项目（项目批准号 SKQNGG12012）资助。

高校社科文库
University Social Science Series

教育部高等学校
社会科学发展研究中心

汇集高校哲学社会科学优秀原创学术成果
搭建高校哲学社会科学学术著作出版平台
探索高校哲学社会科学专著出版的新模式
扩大高校哲学社会科学科研成果的影响力

意义生成与大学教学

Significance Generation and University Teaching

熊华军/著

光明日报出版社

图书在版编目（CIP）数据

意义生成与大学教学 / 熊华军著. -- 北京：光明日报出版社，2012.12（2024.6 重印）

（高校社科文库）

ISBN 978-7-5112-3526-8

Ⅰ.①意… Ⅱ.①熊… Ⅲ.①高等学校—教学研究 Ⅳ.①G642.0

中国版本图书馆 CIP 数据核字（2012）第 286955 号

意义生成与大学教学

YIYI SHENGCHENG YU DAXUE JIAOXUE

著　　者：熊华军

责任编辑：刘伟哲　　　　责任校对：傅泉泽

封面设计：小宝工作室　　　　责任印制：曹　净

出版发行：光明日报出版社

地　　址：北京市西城区永安路 106 号，100050

电　　话：010-63169890（咨询），010-63131930（邮购）

传　　真：010-63131930

网　　址：http://book.gmw.cn

E - mail：gmrbcbs@gmw.cn

法律顾问：北京市兰台律师事务所龚柳方律师

印　　刷：三河市华东印刷有限公司

装　　订：三河市华东印刷有限公司

本书如有破损、缺页、装订错误，请与本社联系调换，电话：010-63131930

开　　本：165mm×230mm

字　　数：240 千字　　　　印　　张：15.25

版　　次：2013 年 1 月第 1 版　　　　印　　次：2024 年 6 月第 2 次印刷

书　　号：ISBN 978-7-5112-3526-8-01

定　　价：68.00 元

目 录

绪 论

一、问题的提出

“意义失落”根源于对当代大学教学意义的理解和执行中出现了局部偏差，因为大学教学意义在大学教学中具有前提性、基础性的地位，统领了大学教学的方方面面。大学教学作为人的实践活动，总在有意无意间遵循自身的意义：作为教师，需要确定教学目标、教学形式；作为学习者，需要确定自己的学习方式、学习态度；作为管理人员，需要确定教学评价方法、激励制度。如果大学教学意义出现混乱，甚至错位，管理人员不知道如何管理教学，教师不知道如何教学，学习者也不知道如何学习。可以说，大学教学与意义之间的关系，是交响乐队与指挥棒之间的关系。一首气势磅礴的交响乐，由高音、中音、低音组成，但在指挥棒的定调下，尽管音色各不相同，但也是和而不同。一旦指挥棒失灵，尽管音符相同，却是同而不和。

那么，当代大学教学意义出现了什么危机呢？在于大学教学意义由“实体论”（substantialism）规避。①

“实体”，言外之意，指实际被规定好的物体。“实体”的英文为substance，由前缀sub（在……下）和词根stand（站立、支撑）组成，意思是“在下面支撑着的东西”。“实体”概念是西方哲学中最为核心的范畴，二千多年来一直支配着西方人的思考，而以此为基础形成的相对稳定的思维模式——

① 虽然学界未明确地提出大学教学意义由“实体论”规定，但很多论述都与此相关，如张应强说，“高等教育现代化的本质内涵，主要不是教育实践活动得以进行所要依托的条件，即教育的‘实体化’方面的现代化，而是教育实践活动主体的人的现代化。”参见张应强：《高等教育现代化的反思与建构》，黑龙江教育出版社2000年版，第187页；怀特海对此也有深刻的洞见，他把大学教学的病症总结为“实体性思维的毛病”。参见拙文《个体生成：怀特海的过程教育哲学之意蕴》，《复旦教育论坛》2006年第6期，第16～19页。

实体论，成为许多看似针锋相对的思潮和学派（最典型的形态是所谓实在论、唯心论、二元对立论和怀疑论）之所以可能的共同前提条件，这一点在经过伊曼努尔·康德（Immanuel Kant）先验哲学特别是现象学运动洗礼后，已经逐步为人们所认识并理解了。“实体论”作为一种思维模式，其特点是把现象表观化、主观化，不用现象本身去理解现象，而必须用不同于它的，在它“背后”、“底层”的东西去解释，如基础、目的和手段，才算认识到了真理，才算达到实在。①

埃德加·莫兰（Edgar Morin）认为“实体论”是一主客二分的思维方式，这种思维排除了无序、偶然，化解了时间不可逆性，取消了不可量化、不能被证实的内容，把所有复杂的成分都简单地从科学中剔除出去，其内涵如下：（1）普遍性的原则，即把局部性或特殊性作为遇然性因素或残渣排除出去。（2）消除时间上的不可逆性，即消除所有事件性和历史性的东西。（3）把对总体或系统的认识还原为对组成它们的简单部分或基本单元的认识。（4）把对组织的认识化归为对这些组织固有的有序性原则（规律、不变性、稳恒性等等）的认识。（5）处于对象之上和之外的线性因果性的原则。（6）有序性作为绝对的解释的最高原则，这意味着普遍的和完美无缺的统治。（7）使对象孤立或脱离于它的环境。（8）对象与认识主体之间的绝对分离的原则。（9）在科学认识中可以消除任何有关主体的问题。（10）通过量化和形式化消除具体的存在物和存在活动。（11）自主性是不可理解的。（12）形式逻辑作为理论的内在真理标准的绝对可靠性的原则，任何矛盾的出现都必然地意味着存在错误。（13）人们进行思想是把清晰和明确的概念在单值逻辑的推理中加以连接。②

在“实体论”规避下，人是主体，世界万物是客体。世界万物有无意义，全在于能否对人有用。人之所以是世界的主人，在于人能利用技术。不过，在人改造世界的时候，人也成了技术改造的对象，人的一切也被预置为某种功能性的手段，被看作是执行社会规定的“工具”。在马丁·海德格尔（Martin Heidegger）看来，人被技术理性物质化、齐一化、功能化、主客两极化了，他以算计、征服、生产、耗尽世界资源为目的。“由于现代技术，在迄今一切

---

① 魏敦友：《回返理性之源》，武汉大学出版社1999年版，第26页。

② 埃德加·莫兰著、陈一壮译：《复杂思想：自觉的科学》，北京大学出版社2001年版，第267~268页。

对事物和自然构造来说重要的神话的、自然主义的、唯灵论的或神圣的方式的视野纷纷退出历史舞台后，事物唯一地从技术交往中被构造，以至于它们的存在只能显示为千篇一律的功能性的材料，显示为可统治的可耗尽的可预测的对象。"① 技术化的后果带来的是意义失落，"诸神的逃遁，地球的毁灭，人类的大众化，平庸之辈的优越地位，……世界的没落就是对精神的力量的一种剥夺，就是精神的消散、衰竭，就是排除和误解精神"②。

当在大学教学意义打上"实体论"烙印后，大学教学逐渐商品化，即大学教学像一件商品，它有用还是无用，在于能否为社会培养出足够多的人力资源。特别是二十世纪以来，随着大学成为社会的知识工厂和思想库，成为科技进步的孵化器和社会进步的加速器，成为大学——产业界——政府的三重螺旋模型中的轴心机构之后，大学教学从政治、经济等外在需求出发，规定大学教学为各种需求"埋单"，把造就外在需要的"实体"当作大学教学存在的证明。大学教学的商品化又导致了大学教学的效率化，因为商品的价值取决于最少的投入最大的收益的效率原则。于是，多快好省地造就出市场需要的人力资源，是大学教学行动的出发点。大学教学的效率化伴随着大学教学的技术化，因为效率离不开技术的支持。大学教学的技术化表现为教学目的的标准化（提供市场需要的人力资源）、教学手段的信息化（在有限的时间里向学习者灌输更多的知识）、教学管理的数字化（用一些数据对教师和学习者的水平下定论）、教学关系的买卖化（学习者是知识的买方、教师是知识的卖方）、教学内容的科学化（某种知识体系只有被证明为科学知识体系后，才有资格出现在学校的课程表中）、教学组织的流程化（专家或上级部门制定某个标准，管理者以此标准评价教师的教学，教师再以此标准安排教学）。当大学教学把活生生的学习者造就为一个产品、一件工具时，大学教学"非人化"了，由此出现了"意义失落"的困境。

可见，当前大学教学从学习者生命、生活和生存中的某一维出发开展教学，把学习者当做生命、生活或生存的实体加以造就，结果导致人的意义在大学教学中的失落。大学教学要走出"意义失落"的困境，当然要用"生成论"取代"实体论"。这是思维逻辑的使然，即如何看待大学教学中的学习者：他

---

① 冈特·绍伊博尔德著、宋祖良译：《海德格尔分析新时代的科技》，中国社会科学出版社 1993 年版，第 80～81 页。

② 马丁·海德格尔著、熊伟等译：《形而上学导论》，商务印书馆 2005 年版，第 45 页。

是一等待造就的实体还是一正在生成意义的存在？逻辑起点的改变也意味着一新的意义观的诞生。

从“生成论”出发，20 世纪以来西方流行的主要教学论忽视了生命、生活、生存的游戏。进步主义虽重视学习者的经验，但其活动最终要接受科学方法的检验。要素主义注重的是文化功效，认为文化中有永恒的、普遍的“要素”，教学的任务是把这些“要素”传授给学习者。永恒主义看到的是传统的人文学科的价值，如果人类不以真、善、美等原则指导教学，教学会堕落为“加工零部件的车间”。改造主义把教学看作是实现国家目的的工具。结构主义把智慧和能力置于学习者的生命之上，教学的中心是课程结构，学校则是发展智力的场所。新行为主义更是几乎将学习者等同于动物或没有生命、没有情感的机器，企图通过控制学习者的行为来达到预期的效果。由此出发，本文要解决如下的问题：大学教学的意义在哪里？为什么意义生成是当代大学教学的价值取向？大学教学的意义又如何生成？

二、概念的界定

（一）大学教学

如同教学有广义与狭义之分，大学教学也有广义与狭义之分。从广义上来说，大学教学等同于在大学里开展的具有价值的活动；从狭义上来说，大学教学指的是一种人才培养的活动。本文从狭义上来理解大学教学。

（二）意义

意义与价值是一对相互混淆的概念。关于意义与价值的本质区别，张曙光认为，“在现有的哲学论著中，人生意义问题被归结为人生价值问题，讲的是个人对他人、对社会的贡献和他人与社会对个人的回报与尊重。但是，严格讲来，人的意义与价值并不等同。价值固然是属人的，而以价值为人的尺度也有一定的历史合理性，但人的生命及其人格毕竟是无价的，且人生意义虽然发生于人对其价值创造活动的体验，却并不等于价值本身。价值总是为他的社会客观概念，意义则是自为的社会主观概念，它更属于社会的个人，因为归根到底意义是人的生命在其活动中的自我确证感和自我实现感。人在生活中从追求价值到寻求意义的变化，正反映了人在更高程度上的自我生成和自我觉解。”①

张曙光的这段话有两层意思：首先，意义是属于人的概念，具有主观性，

① 张曙光：《生命及其意义——人的自我寻找与发展》，《学习与探索》1999 年第 5 期，第 49 ~ 56 页。

价值属于社会的概念，具有客观性，这是意义与价值的不同之处。其次，从追求价值向寻求意义的转变，正是“以人为本”思想在当代的体现，即人寻求的意义是首要的，人追求的社会价值是次要的，社会价值以人的意义为基础。本文将从人出发诠释意义的意蕴。

（三）大学教学意义

从意义与价值的区分出发，大学教学意义不同于高等教育价值。一般来说，高等教育有人才培养、科学研究、社会服务的价值。在当代，高等教育又包含了克拉克·科尔（Clark Kerr）提出的国际交流的价值①、詹姆斯·杜德斯达（James Johnson Duderstadt）提出的促进学习的价值②。随着时代的发展，高等教育将会拥有更多的新价值。大学教学意义始终相关于人，不是相关于人之外的政治、经济、文化和军事等。那就是说，大学教学的意义在于人的意义显现，人的意义的失落则是大学教学意义的失落。

可见，高等教育价值与大学教学意义是有区别的：首先，高等教育价值是不断变动的，而大学教学意义有相对固定的言说指向；其次，高等教育价值面向世界的各个维度，大学教学意义面向世界中的人这个维度；第三，高等教育价值看似包括了大学教学意义，实际上高等教育价值的基础在于大学教学意义。潘懋元先生在论及大学三大职能的关系时指出，“高等学校三个职能的产生与发展，是有规律性的。先有培养人才，再有发展科学，再有直接为社会服务。它的重要性也跟产生的顺序一般，产生的顺序也就是它的重要性的顺序。应该说，第一，培养人才；第二，发展科学；第三，直接为社会服务。不能颠倒过来，把直接为社会服务摆在第一位，把教学或者科研摆在第二、第三位。”③

（四）时代

“时代意味着时间的中断。通过如此，某一阶段和另一阶段相分离而形成自身。”④ 在彭富春看来，划分时代的标志是思想与存在的中断与革新。由此，“中国没有西方那样的时代的区分，而只有朝代的更替。朝代是一个家族统治的时期，朝代的更替就是不同的家族统治时期的变换。在一个家族取代另一个

---

① 克拉克·科尔著、王承绪译：《高等教育不能回避历史》，浙江教育出版社2001年版，第15页。

② 詹姆斯·杜德斯达著、刘彤等译：《21世纪的大学》，北京大学出版社2005年版，第231页。

③ 潘懋元：《高等学校的社会职能》，《高等工程教育研究》1986年第3期，第11～17页。

④ 彭富春：《哲学美学导论》，人民出版社2005年版，第4页。

家族的时候，它只发生了统治权的变迁，而没有思想与存在的中断和革新”①。因此，“时代”一词具有强烈的西方色彩，“它意味着一段历史中断了它的连续性而成为自身，在成为自身的同时，它与其他的历史相区分。大致说来，西方的历史经历了五个时代：古希腊、中世纪、近代、现代和后现代”②。由于中国大学建制移植于西方，因此，本文只从西方的时代变迁看大学教学意义的流变。

本文采用苗力田先生对古希腊时代的界定：古希腊既不是一个历史名词，也不是一个地理名词。从时间上说，古希腊哲学从公元前6世纪开始形成，一直到公元529年，归依了基督教东罗马帝国皇帝查士丁尼一世（Justinian I）下令封闭最后一所阿卡德米学园，共延续了1000多年，中间经过了希腊古典时期、希腊化时期、罗马共和及帝国时期。从地域上说，它开始于小亚细亚的希腊殖民城市，繁荣于希腊本土，并移植到亚洲、非洲的广大地区。古希腊哲学是一个自称海伦后代的小种族给欧洲和全人类所留的精神宝藏。它追究宇宙来源，探索万物真实，访问人生目的，内容丰富，气象万千，为人类的理论思维开辟了道路，给以后欧洲哲学的发展奠定了基础。③ 本文中的古希腊大学以柏拉图在公元前387年创立的阿卡德米学园为标志。

何谓中世纪？从西文词源上来看，“中世纪”的英文是Middle Ages，意即“中间的时代”。从时间上看，中世纪是古希腊和近代之间的一个时代。关于中世纪的起讫年代，各国史学家人各异词。我国现行的世界历史教材一般采用从476年西罗马帝国灭亡到1640年英国资产阶级革命爆发为中世纪，这个时期是欧洲的封建社会时期。《新费舍尔百科全书》这样界定中世纪：“人们通常把它的开端确定在罗马世界帝国的崩溃（476年），从15世纪到16世纪的转折被看做是它的终结（1453年君士坦丁堡被攻占、文艺复兴、1492年美洲新大陆发现、1517年宗教改革开始）。从世界观和宗教的角度看，还可以说中世纪只是随着18世纪的启蒙运动才结束的；从社会学的观点来看，还可以说中世纪只是到了19世纪才结束。”④ 既然中世纪是古希腊和近代之间的一个时代，那就意味着中世纪具有与古希腊和近代不同的时代主题。如果说古希腊是

---

① 彭富春：《哲学与美学问题》，武汉大学出版社2005年版，第125页。

② 彭富春：《哲学美学导论》，人民出版社2005年版，第4页；参见凯·埃·吉尔伯特等著、夏乾丰译：《美学史》，上海译文出版社1989年版。

③ 苗力田主编：《古希腊哲学》，中国人民大学出版社1989年版，第1页。

④ 转引自田薇：《信仰与理性：中世纪基督教文化的兴衰》，河北大学出版社2001年版，第2页。

诸神的时代，近代是人自身的神性——理性的时代，那么中世纪则是上帝的时代。从这个意义上来说，中世纪的终结恰是18世纪启蒙运动的开始。本文中的中世纪大学指的是12世纪创立的大学，如博洛尼亚大学、巴黎大学等。①

中国学界就西方近代史的上限分歧颇大，主要有1500年地理大发现开端说、1527年马丁·路德（Martin Luther）的宗教改革开端说、1566年尼德兰革命开端说、1640年英国资产阶级革命开端说。中国学界就西方近代史的下限达成一致，以1917年俄国十月革命和1918年第一次世界大战结束为标志。②《新编剑桥世界近代史总目录》认为，从1493年的意大利文艺复兴至1945年的第二次世界大战结束为近代史。③ 日本著名教育社会学家新掘通认为："事实上，所谓近代化的概念非常含糊，一方面它可以以历史学，尤其是社会经济史学将社会划为古代、中世纪和近代三个阶段的理论为依据来理解；在这种场合，近代社会与古代的奴隶制、中世纪的封建专制相对，经济上表现为资本制，政治上是市民社会。另一方面，从社会学或历史哲学的角度来看、近代化的概念超出历史学的范畴而成为一种类型理论。近代社会与建立在传统、身份和土地等基础之上的前近代社会相对，在近代社会，人们从以上这些束缚之中解放出来，并以自由、成就、人格、才能和效率为原则。个人主义、自由主义、平等主义、合理主义、民主主义、产业主义等都是近代社会的特征。"④ 本文中的近代大学以洪堡于1810年创立的柏林大学作为标志。

中国史学家将1917年十月革命的胜利作为现代史的开端，从1917年直到当前都是现代。在哲学家看来，现代有不同的时间区分。第一是广义的现代。它指自笛卡尔以来的思想，亦即自近代以来的思想，它包括了一般意义的近代、狭义的现代和后现代，其主题分别是理性、存在和语言。但是这种现代主要将近代的思想作为其标志。此时的理性或自我意识表现为主体，并与在客体

---

① 德尼福尔（p. Denifle）区分了教皇颁准建立的中世纪大学，皇帝颁准建立的中世纪大学，和教皇和皇帝共同颁准建立的中世纪大学。在雅克·韦尔热（Jacques Verger）看来，讨论中世纪大学创立的具体时间有些徒劳，因为官方文件和法律认定经常是滞后介入，并且是对已经存在的状况的认可，是对在实际需要压力的经验中所诞生的机构的认可。基于他的观点，本文也没有提出中世纪第一所大学具体产生的时间。参见雅克·韦尔热著、王晓辉译：《中世纪大学》，世纪出版集团2007年版，第7页。

② 参见黄尊严主编：《世界近代史学术争鸣录》，天津社会科学院出版社1990年版，第1~6页。

③ G. N. 克拉克著、中国社会科学院世界历史研究所翻译：《新编剑桥世界近代史总目录》，中国社会科学出版社1987年版。

④ 转引自黄福涛：《欧洲高等教育近代化》，厦门大学出版社1998年版，第162页。

意义上的世界构成了主客体关系。第二是一般的现代。它指后乔治·黑格尔（Georg Wilhelm Friedrich Hegel）以来的思想，它排除了近代，包括了现代和后现代，其主题是存在和语言，但存在是其根本问题。这又具体化为个体的存在及其经验。第三是狭义的现代。它指从后黑格尔到海德格尔为止。这里不仅排除了理性问题，而且也排除了语言问题，唯有存在问题。① 本文中的现代大学指的是1862年美国亚伯拉罕·林肯（Abraham Lincoln）总统签署《莫里尔法案》后诞生的赠地学院，如威斯康星大学（University of Wisconsin System）、康乃尔大学（Cornell University）、霍普金斯大学（The Johns Hopkins University）等等。

西方历史学家往往把1945年第二次世界大战结束作为后现代到来的标志。从字面意义上来理解，所谓的后现代就是现代之后。但是后现代仍然有多种划分的可能。其一指第二次世界大战以来的思想，亦即丹尼尔·贝尔（Daniel Bell）所说的“后工业社会”的思想。其二指那些不是探讨理性和存在而是探讨语言的哲学，如分析哲学，结构主义和解构主义。其三主要指以解构主义为代表的思潮，它以消解、反叛为其根本特色。现代和后现代思想的区分主要不是时间性的，而是思想形态性的，所以后现代不仅可以在现代之后，也可以在现代之前，它们也可以同时并存。于是西方现在所处的时代是现代和后现代的时代，或者是后现代的现代。② 本文中的后现代大学是思想形态上的大学，并没有确定的时间维度。

“当代”是中国特有的词汇，西方没有与它相配对的词汇。“当代”，言外之意，就是当前的时代或现在的时代，有别于已经过去的时代。让－弗郎索瓦·利奥塔（Jean－Francois Lyotard）等人认为，西方已经步入后现代了。而尤尔根·哈贝马斯（Juergen Habermas）等人却认为，西方的现代化是一项未竟的事业，西方仍然停留于现代之中。思想家的争论从一个侧面暗示了这个时代的模糊性。本文使用“当代”一词，表明当前所处的时期夹杂着古代生存的诉求、现代生活的显现以及后现代生命的张扬。由此，“当代”的内涵是丰富的。

---

① 彭富春：《哲学美学导论》，人民出版社2005年版，第11～12页。

② 彭富春：《哲学美学导论》，人民出版社2005年版，第12页。

第一章

研究基础与研究设计

一、研究基础

研究基础是研究的根据，它提供了研究的可能。研究基础如万丈高楼的地基，没有牢固的地基，万丈高楼会轰然坍塌。本文的研究基础是“意义生成”的意蕴。要明晓“意义生成”的意蕴，首先要明晓“意义”的意蕴。

（一）“意义”的意蕴

在不同的语境中，“意义”的意蕴是不同的。在不同的视角中，“意义”的意蕴也是不同的。一般来说，“意义”的意蕴显现于语义学、日常语义和存在论中。

1. “意义”的语义学意蕴

《说文解字》释“意”：“志也。从心察言而知意也。”《说文解字》释“义”（義）：“会意。从我，从羊。”“我”是兵器，又表仪仗；“羊”表祭牲。“义”的本义是正义，合宜的道德、行为或道理。“意义”即“意识到这个合宜的道理”。这个“道理”是什么？是“自然的规定”。即一切意义都是自然给予的，是已有的。要成为圣人（圣在古文中为聖，意为耳口之王），就要用耳朵聆听自然之道，用心体悟自然之道，然后将此自然之道传递给他人，以让他人成为圣人。

《汉语大词典》释“意义”：（1）谓事物所包含的思想和道理。如这个词有三个意义。（2）内容。如详其意义。（3）美名，声誉。如意义渐闻于朋友间。（4）作用，价值。如有教育意义。①

在英语中，与“意义”一词对应的单词有 sense、meaning 和 significance。sense 还有感觉、感到之意，表明意义同人的感官有关；meaning 有“意思”

---

① 汉语大词典编辑委员会编著：《汉语大词典》第七卷，汉语大词典出版社 1991 年版，第 644 页。

之意，表明意义是确定的、直接的、是可以通过工具的操作达到的；significance 暗含“重要性”之意，表明意义还能通过 sign（符号）的牵引，为人的理解指明道路。①

查尔斯·奥格登（Charles Kay Ogden）和艾弗·瑞恰兹（Iver Richards）在《意义的意义》一书中，归纳了 16 种不同的意义②：（1）语言的一种功能；（2）与一种旁的东西不可分离的联系；（3）字典里的同义字眼；（4）字的“内涵”；（5）“内涵”中的要素；（6）“投射”到对象里的动作；（7）意向：所希望的事件，或者意志本身；（8）任何事件在某系统里的“地位”；（9）可依据经验推断出的情况；（10）理论结果；（11）伴随感情；（12）与记号发生“实际”关系者；（13）刺激所引起的记忆影响；（14）使用符号的人“应该”指示的东西；（15）使用符号的人“相信”自己所指示的东西；（16）解释符号的人。

亚当·沙夫（Adam Schaff）在《语义学引论》一书中，列举了“意义”的种种可能的解释：（1）意义是对象，而指号是关于对象的名称；（2）意义是对象的性质；（3）意义是一种理念的对象，或者是一种固有的性质；（4）意义是一种关系，主要包括指号与指号之间的关系、指号与对象之间的关系、指号与关于对象的思想之间的关系、指号与人的行动之间的关系、应用指号来互相交际的人们之间的关系。沙夫本人倾向于将“意义”理解为一种关系，他指出：“意义就是这样一种东西，由于它，一个通常的物质对象，这种对象的一个性质或一个事件就成了一个指号，即是说，意义就是指号情境或交际过程的一个因素。”因此，在人的生活中，每一种事物都不是仅仅以物理属性或物质形态与人发生关系，它们都具有一定的意义，作为意义的载体出现在人的面前。“意义”勾连了事物与人之间的关系。③

在语义学的追问中，“意义”显现于人与事物的关系中。但是，“意义”究竟与人发生了一种什么样的关系呢？这要求预先说明它与日常生活世界的关系和差异。

2.“意义”的日常语义意蕴

生理学上的意义首先指的是身体自身的一种生理状态的满足。莫里斯·梅

---

① 由于这三个单词不能详尽地概括出“意义”的丰富内涵，权且用 sinnificance 代替。

② 秦光涛：《意义世界》，吉林教育出版社 1998 年版，第 64 页。

③ 同上书，第 65 页。

洛－庞蒂（Maurece Merleau－Ponty）的研究证明，身体先天具有趋利避害的知觉。如某个东西能给身体带来快乐、满足、舒适，那么这个东西就是有意义的；如果某个东西带给身体的只是痛苦、忧伤、不适，那么这个东西就是没有意义的。生理学上的意义，还指的是身体自身的一种生理状态的需要。需要指向身体之外的某个东西，如对一个饥肠辘辘的旅客来说，几个馒头的意义绝对高过一袋金子的意义；而对一个终日锦衣玉食的人来说，即使是山珍海味，也没有多少意义。

生理的感觉会引起心理的感觉，但有时心理的感觉与生理的感觉是分离的。这就是说，某件事情也许对身体没有意义，但在心理上会产生意义。如西方神话中的西西弗斯推石头上山坡的故事，以及中国神话中的吴刚年复一年日复一日砍伐桂树的故事，都表明了心理与生理的意义不能通约。从生理学角度看，推石头与砍桂树绝对是没有意义的；从心理学角度看，他们面对荒诞却敢于反抗荒诞，不也是有意义吗？“意义”在很大程度上涉及到兴趣、追求、动机、愿望、目的、意图、信念等，属于主观心理领域里的内容，表达着自我的主观精神感受。因此，心理学的“意义”主要是一种情感状态，也就是人与事物的关系中所表现的特别情形，有意义是心灵的满足，无意义则是心灵的伤害。正如人一般是趋利避害一样，人总是追求有意义而拒绝无意义。这在于有意义的情绪是肯定的，而无意义的情绪是否定的。

意义不仅是生理和心理的现象，而且也是存在的现象。某物就是某物，它自身呈现的同时而又自身消灭，如潮涨潮落本身就是自然现象，无所谓有意义和无意义，或者说，它既是有意义的也是无意义的。但是，有人看到了潮汐蕴含着发电的能量，也有人看到了潮汐潜藏着海啸的危险。不管是乐观主义还是悲观主义，它们都没有理解存在的意义本身，也没有理解有意义与无意义之间的相互关系。再举个例子来说，一只猫活着的时候，可以捉老鼠，也可以当女主人的玩伴。女主人可以从猫的叫声和行动中，分辨出各种不同的意义。然而这一切都是猫的存在本性所具有的东西，不是它利用自己的存在所追求和创造的意义，它的一举一动对于它来说，没有意义与无意义之分。所以，意义就是意义，不是生理的，也不是心理的，它是事物自身拥有的。

可见，在日常语义中，“意义”在显现的同时又处于遮蔽状态中，为此还须对意义做存在论追问。

3. “意义”的存在论意蕴

埃德蒙德·胡塞尔（Edmund Husserl）追求的意义来自于生活世界。在生活世界中，人能直觉到的意义形式以及构造他的意识行为，即赋予符号以意义的那种意识行为，从而为科学以及人的生存提供明证。在他看来，“意义”不是空洞的概念，也不是书斋式的沉思，任何一个意义都是相对于某个对象的，没有无对象的意义，也没有无意义的对象，意义与世间万物紧密连接，当万事万物向人呈现时，它呈现的首先是其“意义”，是其“意义”才让人意识到事物的存在。因此，任何意义总是符号所意指的事情，是“能指”与“所指”的统一。例如，“树”的意义对人来说，既能指任何一棵具体的树，也能指向所有具有“树”的属性的称呼。不过，意义并不能由科学世界所规定，科学世界只能告诉人在做什么，但并不能告诉人为什么这样做。因此，“意义”只能来自于前科学、前语言、前逻辑的生活世界。因此，胡塞尔的意义学说，“不是把对象当作哲学思维的对象，不是把具有意义的语言符号当作研究对象，也不是孤立地把意义本身当作研究对象，而是把对象的表现方式归结为意义，将赋予符号以意义的活动本身当作研究对象”①。“我”——“意义”——“对象”三者统一于生活世界中，所以意义不是来自于外在的客观世界，也不是来自于内在的纯粹我思的心理世界，而是来自于生活世界。一个人如何理解生活世界，他也就如何理解意义。

海德格尔将胡塞尔纯粹的先验生活世界阐释为“此在”的生活世界。在他看来，人在世界中存在，不像水在杯子中、衣服在柜子中一样，而是依寓于、栖居于世界中。这个世界对人来说，是如此之熟悉，是如此之亲切，以至于世间内的一切存在物与“此在”都具有某种意义。正是通过这些意义的指引，人与世界产生了共生共存的关系。人只不过是这些意义的理解者。在理解中筹划人的本真生存的东西就是意义。“严格来说，我们领会的不是意义，而是存在者和存在。意义是某某东西的可领会性的栖身之所。在领会着的展开活动中可以加以分环勾连的东西，我们称之为意义。”② 海德格尔还指出，意义的理解具有三个先决条件：一是先行占有，即过去的文化与历史在人理解、解释之前已经先行占有，也正是这种先行占有，使人理解历史与文化成为可能，同时，这种先行占有也确定了理解者的视界。二是先行见到，即人在理解前就已经有所理解。三是先行掌握，即人在理解之前就已经掌握了相关的东西。所以说，先行具有、先行看见与先行掌握构成了理解的“何所向”，意义就是人

---

① 章启群：《意义本体论》，上海译文出版社2002年版，第22页。

② 马丁·海德格尔著、陈嘉映等译：《存在与时间》，三联书店2006年版，第177页。

在世中操心的“何所向”。由于有了意义的指引，人并不会永远沉沦于常人世界中，他能感受到良心的指责，灵魂的亏欠，生命的不完满，从而过一种自我决断、自我筹划的生活。所以说，意义不仅先在地降临于人身上，而且有待于人去筹划和实现。

汉斯－格奥尔格·加达默尔（Hans Georg Gadamer）从海德格尔阐释的生活世界理论出发，认为任何意义都不能脱离人的理解而存在，意义是被人理解到的意义，而能被理解到的意义总是人的前见与当前文本的意义的一种视域融合，是一个“效果历史”：首先，任何意义都具有一种“历史传统”和“文化积淀”的先在性和有效性；其次，世界本身也是一个文本，人只能对世界有此时此刻的理解而不能有完全的理解。因此，人对于“意义”的理解永远不能彻底完成，因为人的自我知识在本质上受到“前见”的限定，人只有通过一次又一次的“视域融合”，真理才能呈现。简而言之，意义是生成的，是创造出来的，而不是被规定的和灌输的。加达默尔同时指出，意义生成的本质不在于对知识的占有，也不在于对真理的把玩，而在于沟通物质世界与精神世界，使人的心灵和灵魂得到教化。在他看来，获取控制事物的知识，对人来说是外在的东西。意义不仅在于求真，更在于向善和致美，即人不仅要深化“生以为何”的生命体悟，还要掌握“以何为生”的生活技能，更要懂得“何以为生”的生存智慧。

彭富春对存在的意义是这样描述的：“存在的意义是存在的根据和目的，它使存在作为存在成为可能。存在都有一根据，存在也都有一目的。所谓的根据就是存在的所来之处，所谓的目的就是存在的所去之处。根据是事物存在的基础、理由和原因。正是凭借此基础，万物才能展开自身。目的是事物存在的方向、归宿和使命。它是关于事物本身的‘为什么’的回答。基础和目的往往是重合的，因此，所来之处也是所去之处。我们一般给自己的存在设定一个基础和目的。这就是说，我们的生活总是‘由于什么’和‘为了什么’，而获得了其存在的支撑点。”①

从存在论看，“意义”有如下的意蕴：（1）意义总是指向某物，它源于事情而朝向这个事情。这个事情是个特别的事情，即有意义的事情。它不仅相关于一个人或者物，而且也相关于这些人或物所形成的活动。人在这里与他所渴求和向往的人或物相遇，也就产生了意义。因此，意义的本性是双向的：一方

① 彭富春：《哲学与当代问题》，《武汉大学学报》2005年第5期，第581～588页。

面，一个事情固有的意义激发了人；另一方面，人又向往这个事情的意义。不仅如此，人还要和他需求的事情合二为一，达到意义共生共存的圆满境界。用数学的集合观点看，所谓意义是人的意义与事物的意义交集，在此交集中，人的意义即事物的意义，事物的意义即人的意义，都是对存在意义的分有。(2)意义不是人感觉到的、建构到的意义，而是人在生活世界中领会到的、接受到的存在的意义。也就是说，意义总是相关于人的意义，它是属人的，伴随着人的寻求意义的活动。(3) 由于意义，人获得了存在的目的，为了意义，人获得了存在的根据。正是在寻求意义中，人成为人。“寻”是“为了意义”，“求”是“由于意义”，所以，人在寻求意义中成为人。

（二）人之“意义”的意蕴

任何意义总是相关于人的意义，意义显现于人的意义中。为此，要诠释“意义生成”的意蕴，还得诠释人的“意义”的意蕴。

一般来说，中西方是在划定人与动物的区分中得出关于人的意义的规定，如人是有理性的动物，人是使用工具的动物，人是会说话的动物，人是能运用符号的动物等等。所谓的理性、工具、语言和符号成为了人与动物的分水岭。上述这些区分始终离不开与动物的区分，还未真正切入到人自身的存在本性中。“作为人的规定首先不是通过和动物的区分，而是通过与自身的区分得来的。让·雅克·卢梭（Jean－Jacques Rousseau）说，人只有和自身相区分，他才能成为自由的公民。康德也认为，当人为一对象所激动时，他要和自身相区分。这个人自身，就是他的已给予性，包括他的本能等等。只有当人与他自身相区分之后，他才能与动物相区分。因此，人与自身相区分是首要的，而人与动物相区分则是次要的。”①

人的存在本性是寻求意义。“人是寻求意义的生物。人的存在与其他各种存在物的区别在于，人不仅存在着，而且不断地追求存在的意义，人是通过对存在的意义的感知来感知存在的。”② 乔治·弗兰克尔（George Frankl）也说，“意义是联系人类和世界的纽带。因此，意义绝不仅仅是一种‘对我来说的意义’，它也是一种‘如此这般的意义’。一个人朝向世界的自我超越的窗口是如此之大，以至于为实现一种理想的意义目标，我们在必要的情况下可能会超越个人幸福。至于我们人类到底是什么，这类问题已经不再被回答为‘是一

① 彭富春：《哲学与美学问题》，武汉大学出版社 2005 年版，第 156 页。

② 秦光涛：《意义世界》，吉林教育出版社 1998 年版，第 11 页。

种追求幸福的生灵'，而是回答为'一种追求意义的生灵'，即在世界上能找到意义。"① 意义之所以是人的规定，是因为意义使人成为了人。一方面，意义让他与动物相区分，他不是动物而成为了人；另一方面，意义让他与自身相区分，从非自由状态达到了自由的状态。那么，人的"意义"在哪儿？人的"意义"不在人之外，就在人的三个维度——生命、生活和生存——中。此结论来自于人本心理学、话语伦理学和生存哲学相关的理论。

1. 人本心理学：寻求生命的意义

人本主义心理学的兴起，来源于对时代精神状况的反思：在一个衣食无忧的社会里，人为什么会出现道德沉沦、精神颓废、情感荒芜、价值失落等现象呢？其中一个关键原因在于事实与价值、是与应该的对立。在西方哲学史上，大卫·休谟（David Hume）首先提出了事实与价值、是与应该的区分。他认为，事实的知识是从经验中得出来的，可以用经验来证明，有真假之分，"是"就是"是"，"是"不可能是"不是"，表明的是实然的关系。价值的知识是从感觉中得出来的，来源于人们的主观判断，属于应然范畴。

正是立足于这样的前提，心理学也只关注事实的认识，而不是"一种意识形态，或一种伦理或一种价值体系，它不能帮助我们在善恶之间作出选择"的知识。当关涉到生命的意义时，这样的心理学常常表现出"对潜能、对理想的可能性的盲目性"。②

以伯尔赫斯·斯金纳（Burrhus Skinner）为代表的行为主义心理学家认为，既然科学方法能解决自然问题，它也能解决人的问题。基于这样一个假设，他们把人当作物体，当作一个可以观察的动物，如猴子、小白鼠，以为从这些动物行为中就可以找到人的行为模式。由于他们否定人的感情、欲求、需求等生命本能，自然将生命意义归之为社会价值的外塑，即生命的意义在于与外在控制达成一致。

以西格蒙德·弗洛伊德（Sigmund Freud）为代表的精神分析心理学家从本我、自我与超我出发论述生命意义。本我是个性中最原始的部分，它是新生婴儿出生时本来就具有的。自我是婴儿与环境接触时发展的。超我是儿童接受父母或其他成人的社会价值和标准后发展的。其中，本我是促使个体活动的所

---

① William Blair Gould 著、常晓玲等译：《弗兰克尔：意义与人生》，中国轻工业出版社 2000 年版，第 174 页。

② 亚伯拉罕·马斯洛著、林方译：《人性能达的境界》，云南人民出版社 1987 年版，第 125 页。

有能量，它以快乐为最高的原则。快乐是人的本质的释放，与文明社会处于矛盾和对立之中。因此，弗洛伊德不相信人有生命意义，认为生命意义是在超我的命令、监督、威胁中，本我被压抑或顺从的状态。在精神分析心理学家眼中，生命意义“不过是深层的、黑暗的、肮脏的东西伪装后的翻版，是一种骗人的东西”①。

以亚伯拉罕·马斯洛（Abraham Maslow）为代表的人本主义心理学家认为，行为主义心理学的价值外塑论和精神分析心理学的价值内化论看似对立，实际上一脉相承，都强调事实与价值的对立，未能从生命出发诠释人的意义。（具体见表2－1）“不仅全部官方19世纪科学和正统学院心理学没有向青年提供什么有益的东西，而且大多数人赖以指导生活的主要动机理论也只能引导青年走向沮丧或犬儒主义。”②

表2－1　价值意义论与价值内化论和价值外塑论的比较

	逻辑前提	实现途径
价值外塑论	否定人性拥有意义，主张用优势文化塑造人的行为。	道德行为的发展归之于社会施于人的奖惩作用，即外在强化和控制。
价值内化论	人性中的意义与社会价值处于对立，需要社会道德观念内化于人性中。	道德观念作用的发挥受到本能的驱使和自我调节功能的制约。
价值意义论	人性中潜藏有意义，人是寻求意义的生物。同时，人性与社会价值相一致。	运用人性中的直觉良知，与他人一起寻求反映普遍公认价值的意义，探索人的存在意义。

资料来源：彭运石：《走向生命的巅峰——马斯洛的人本心理学》，湖北教育出版社1999年版，第211～212页。

人本主义心理学持价值意义论观点，认为生命的意义不需要与外在规范相一致，也不需要与内在本能相符合，是“是”与“应该”的统一。因为寻求生命意义并不是本能驱使的结果，而是人的第一性需要。同时，人在任何时候都是自由的，能通过改善实际情况寻求生命意义。所以，寻求生命意义既是一种“应该”的探索，又是一种“是”的探索。

寻求生命意义有三个前提③：第一个前提是人具有意志自由。人虽然免不

① 彭运石：《走向生命的巅峰——马斯洛的人本心理学》，湖北教育出版社1999年版，第195页。

② 亚伯拉罕·马斯洛著、林方译：《人性能达的境界》，云南人民出版社1987年版，第316页。

③ 刘翔平：《寻找生命的意义》，湖北教育出版社1999年版，第36～57页。

了受环境的影响，但人是自由的，既可以选择环境，也可以拒绝环境；第二个前提是意义意志。人都有寻求生命意义的基本需要和倾向，寻求意义是生命的主动选择，不是由刺激引起的；第三个前提是生命意义。生命意义不是抽象的，而是具体的，它显现于人所信奉的信念、工作、创造物、所爱的人和物、所处的生活经历和所面对的痛苦和绝望中。这三个前提相互印证，缺一不可。没有意志自由，人不可能有自主的选择权，只能被动地接受命运的安排。意义意志又是生命意义的动力，人先天地有寻求生命意义的倾向，没有意义的生命是不可思议和不可想象的。看上去没有意义的生命，仍然充满了意义。①

生命有三个特征：（1）生命的有限与生命的意义。人的生命是有限的，但在有限的生命中，人可以创造无限的意义。在面对生命的最后时刻，仍旧可以像路德维希·冯·贝多芬（Luduin Von beethoven）一样，扼住命运的喉咙，活出真正的自我。（2）生命的独特性与生命的意义。每一个生命都是特殊的，不可替代也不可重复。正是生命的不可替代性和不可重复性，寻求生命的意义才显得如此重要。（3）生命的不完满与生命的意义。生命是不完满的，因为人永远在途中，他所是的永远是他应当所是的，应当成为的，而不是他已经是的。正因为“所是”不是“应该是”的，所以寻求生命的意义就是“所是”向“应该是”的转化。

寻求生命的意义不是来自于思想，而是来自于行动、爱、面对苦难采取的态度。（1）行动。行动代表着生命与生命之间的交往，它与实现的社会价值无关。比如，有些人在很平凡的工作岗位上依旧能体验到工作带来的乐趣。“人类必须通过对生活负责来回报生活。它必须以责任感作出反应。换言之，他必须以实际行动作出回答。”②（2）爱。爱包括主动的爱和被动的爱。爱是一种魅力，它能使被爱的人领悟到自己能够成为和应该成为什么样的人；爱是一种奇迹，它能使个体知道生命意义的所在。“除非总体性生活具有意义，否则专门谈论爱的意义是毫无价值的。”③（3）生命的意义也可以在苦难中寻求。“这就是为什么生活从不停止拥有和保持意义，即使面对不可避免的命运，如不治之症，人仍然有机会实现最深刻的意义。因此，关键问题在于他在

① 刘翔平：《寻找生命的意义》，湖北教育出版社1999年版，第57～67页。

② William Blair Gould著、常晓玲等译：《弗兰克尔：意义与人生》，中国轻工业出版社2000年版，第233页。

③ 同上书，第175页。

危境之中应采取的立场和我们在苦难中选择的态度。”①

人本主义心理学的理论已被研究所证实，即无论性别、年龄、智商、教育背景、性格和环境及宗教是什么，每一个人都能寻求生命的意义。②

综上所述，我们可以对生命意义作如下的理解：（1）人与自身相区分在于人是否寻求生命的意义。有些人从未放弃对生命意义的寻求，因此他成为了自己，有些人浑浑噩噩过每一天，因此他从来没有成为自己。只要人有信心和恒心，每个人都能成为自己。（2）生命是有限的，但人可以在有限的生命中获得无限的生命意义。生命是不完满的，但人不必悲哀，因为人可以追寻圆满的境界。每一个生命不可替代和不可重复，因此生命不是抽象的，而是具体的，正因为如此，生命之树长青。（3）寻求生命的意义不能靠思辨，只能靠行动、爱和面对苦难采取的态度。通过行动，生命的意义得到彰显。没有行动，生命意义永远封闭。即使在绝望中，人也要看到希望，并实现希望。寻求生命的意义离不开爱，爱就是生命的意义。我们不仅要爱他人，爱万物，更要爱自己。

2. 话语伦理学：寻求生活的意义

寻求生活的意义是现代哲学家思考的主题。马克斯·韦伯（Max Weber）认为，生活意义的缺失在于工具理性排斥了价值理性，工具理性“以不可抗拒的力量决定着降生于这一机制之中的每个人的生活，而且不仅仅是那些直接参与经济获利的人的生活。也许这种决定性作用会一直持续到人类烧光最后一吨煤的时刻。巴克斯特认为，对圣徒来说，身外之物只应是‘披在他们肩上的一件随时可甩掉的轻飘飘的斗篷’。然而命运将注定这斗篷将变成一只铁的牢笼”③。在工具理性的铁笼中，人完全失去了自主性，成了被动执行系统命令的存在物。自由的失落（loss of freedom）成了韦伯对生活意义缺失的基本诊断，它成了后人寻找生活意义的基本主题。

话语伦理学的集大成者是哈贝马斯。哈贝马斯把现代社会看成是靠三种不同的媒体来维持的：一是与现代市场经济体制相适应的货币；二是与日益强化的现代官僚体制相适应的权利；三是与生活世界的日常交往相适应的话语。蕴含于前两者的理性是工具理性，与这种理性相关的行为是策略行为，“这些行

---

① William Blair Gould 著、常晓玲等译：《弗兰克尔：意义与人生》，中国轻工业出版社 2000 年版，第 180 页。

② 彭运石：《走向生命的巅峰》，湖北教育出版社 1999 年版，第 278 页。

③ 马克斯·韦伯著、于晓等译：《新教伦理与资本主义》，三联书店 1987 年版，第 142 页。

为者的目光紧盯着自己的效果，只是在符合其自我中心论的利益原则下才会相互协作”①。蕴含于第三者的理性是交往理性，与此理性相关的行为是交往行为，“行为者通过行为语境寻求沟通，以便在相互谅解的基础上把他们的行为计划和行为协调起来”②。哈贝马斯提出的交往行为，“力图摆脱目的论世界观的影响，揭示交往理性对于现代人类解放的意义”③。在他看来，韦伯把生活意义失落归结为宗教的衰落和现代经济和国家组织是错误的，生活意义之所以失落，在于社会系统与生活世界双方的分离，更确切地说是系统对“生活世界的殖民化”（colonization of the lifeworld）。为此，哈贝马斯在交往理性的基础上，构建了以话语为媒介进行交往的伦理学，即话语伦理学，以期为人找寻到失落的生活意义。

哈贝马斯以语言的可理解性为基础，明确言语行为的有效性要求，建立了一种以语言为中介的交往模型。作为一种语言游戏的交往行为，离不开对游戏规则的把握。只有具备交往资质的人，才能领会游戏规则，建立真正的交往行为。首先，交往资质包括认知能力，即一个具有交往能力的人必须能区分三个不同类型的世界，从而（1）建立和更新人际关系，在此过程中，言语者关怀的是具有正当秩序的世界中的事物；（2）呈现或设定状态和事件，在此过程中，言语者关怀的是世界中客观存在的事态；（3）表达经验，亦即自我表现，在此过程中，言语者关怀的是他的主观世界中所特有的东西。于是，言语者通过交往达成的共识在于：规范的一致性，共享命题知识以及相互信任对方的真诚性。第二，交往资质包括言语资质。一个成熟的交互主体应当具有：（1）在一定的规范语境中，完成一个正确的言语行为，以便在言语者与听众之间建立起一种正当的人际关系；（2）提出一个真实的命题，以便听众接受和分享言语者的知识；（3）真诚地表达出意见、意图、情感、愿望等，以便听众相信言语者所说的一切。第三，表现能力。任何言说都表现了自己的基本立场，这些立场包括：（1）客观立场，中立的观察者用这种立场来面对世界中的事物；（2）表现立场，自我表现的主体用这种立场把自己特有的内心世界展现在公众的面前；（3）规范立场，社会成员用这种立场来满足正当行为期待。第四，交往资质还要求掌握言语行为的有效性要求，来反思地对待自己行为的

---

① 尤尔根·哈贝马斯著、曹卫东译：《交往行为理论》第1卷，世纪出版集团2004年版，第86～87页。

② 同上书，第84页。

③ 尤尔根·哈贝马斯著：《生产力与交往》，《哲学译丛》1992年第6期，第49～54页。

能力。（1）记述式言语行为，其中所使用的是基本的陈述命题；（2）表现式言语行为，其中所使用的是基本的经验命题；（3）调解式言语行为，其中所使用的不是基本的祈使命题（如命令），是基本的意向性命题（如承诺）。总之，言语清晰可懂，态度真诚，表达真实和行为规范是一切以交往为取向的言语行为的基本特征。①

哈贝马斯认为，社会生活的自我延续和更新都离不开交往行为，“人类是通过其成员的社会协调行为而得以维持下来的，这种协调又必须通过交往，在核心领域中还必须通过一种目的在于达成共识的交往而建立起来的。那么，人类的再生产就同样也必须满足交往行为内部的合理性条件”②。“合理性条件”是哈贝马斯的话语伦理学中的核心概念——“理想说话情境”。具体来说，包括下述要求③：（1）对话各方应具有平等的地位，任何人都可以提出自己的意见，并有权对别人的任何意见提出批评、质疑和反对；（2）任何与问题相关的证据都应该受到重视，当产生对有效性要求的疑问时，任何方式的批评和论证都不应受到压制；（3）每个交往者必须具有实施表达性语言行为的同等权利，表达自己的愿望、好恶和情感；（4）每个人都有同等权利实施调节性的言语行为，即提出要求或拒绝要求，做出允诺或拒绝承诺，自我辩护或要求别人做出自我辩护；（5）应该解除决策和行动压力，不给讨论设定时间界限，讨论是否终止取决于是否达成共识，如若资料和知识限制，无法做出合理的判断，可暂缓讨论，但任何人都有权在适当的时候和条件下，重新提议讨论；（6）交往的参与者必须摆脱自我中心主义和认识论的独断论，对言语行为的有效性要求采取假设的态度，即把任何一个事实陈述、规范要求和自我表达理解为有待检验的有效性要求；（7）交往结构必须排除一切强制，包括来自论证过程内部和来自外部的强制，除了相互合作追求真理这一动机之外，排除其他任何动机，也就是说，除了证据的力量之外，没有其他任何力量影响讨论。

理想交往情境是生活世界先在地给予了人类追求理想的情怀，“交往行为的主体总是在生活世界的视野内达成共识”④。生活世界理论在哈贝马斯的交往行为理论中有着重要的意义。在他看来，生活世界首先具有奠基性特征。生

---

① 尤尔根·哈贝马斯著、曹卫东译：《交往行为理论》第1卷，世纪出版集团2004年版，第292～295页。

② 同上书，第380页。

③ 同上书，第380页。

④ 同上书，第69页。

活世界是先在性的，是意义的源泉，人类的一切认知都来自于生活世界的先行给予，它构成了交往与理解的前提；第二，整体性特征。交往行为的目的是通过言语行为达到相互理解、取得共识。共识来源于生活世界给予的有效规范及协调机制，它整合了各种语境，以便与言语者自身所处的相应世界协调起来；第三，直观性。生活世界具有自明性，是日常的、可被经验感受到的，是同每个人的生活息息相关的，而不需任何科学性的证实和证伪；第四，规范性。从生活世界来把握意义问题，也就是要回答生活的伦理问题。有效性要求都是生活世界里的构成要素，它们必须融合于生活世界中，才具有存在的合理性。如果抽掉生活世界的规范性因素，三个世界的统一也就失去了基础。

综上所述，我们可以对生活意义作如下的理解：（1）生活意义是一切意义的基础，生活意义是先在的、自明的，为人的行为提供各种规范。正因为如此，寻求生活的意义才显得至关重要。（2）寻求生活的意义需要掌握相关的技能，否则不能开展有效的交往。（3）生活意义具体体现在生命与生命的交往中，具有社会性。社会是由无数的生命所构成的整体，没有生命就没有社会。“个人与社会充满了矛盾的关系：一方面，社会压抑个人。为了社会的整体利益，个体在历史的发展中往往是忽略不计的。另一方面，社会培育个人。社会不仅为个人的存在和发展提供了各种条件，而且整个社会发展的目标就是解放个体，使每一个个体都成为身心全面发展的自由人。”① 可见，生活意义是个体与社会关系的总和。

3. 生存哲学：寻求生存的意义

真正的哲学总是时代的精神。哲学主题转向生存哲学（Existential Turn），正是响应时代的召唤，是时代精神的体现。

传统哲学把理性作为人的生存意义。的确，理性是社会进步的精神支柱，但是，理性变为单纯的科学理性后，“从前人们认为他们所居处的世界，是一个富有色、声、香，充满了喜乐、爱、美，到处表现出有目的和谐与创造性的理想的世界，现在这个世界却被逼到生物大脑的小小角落里去了。而真正重要的外部世界则是一个冷、硬、无声、无色的沉死的世界，一个量的世界，一个服从机械规律性、可用数学计算的运动的世界”②。事实上，科学理性所能解决的只是对客观世界的认识，即只能解决“是——事实”的问题，而不能解

① 彭富春：《哲学美学导论》，人民出版社 2005 年版，第 57 页。

② W. C. 丹皮尔著、李珩译：《科学史》，商务印书馆 1997 年版，第 249 页。

决“应当——价值”的问题。“价值”问题一旦“事实化”，便给人的意义造成空前的挤压，人的世界只剩下绝对服从科学规律的僵死世界了。这是当代人面临的最紧迫的生存困境。

卡尔·雅斯贝斯（Karl Jaspers）认为，对过去的人来说，这个世界作为总体是精神化了的存在，生活是依其所是的样子而被接受的，“在这些环境里，他有安全的港湾，这港湾就和他自己一样，是与天、地连接在一起的，这世界即是他自己的世界”①。但在西方占统治地位的“实体论”规避下，人类的各种行为被预置为一种“通用语言”：不仅物品的样式，而且社会交往的规则、言谈举止的姿态、说话的措词用语、传达信息的方法都趋向于统一。于是，人被定格为某种功能性手段，生存被看作为大众提供普遍的生活必需品的秩序或系统。这样，人在其中不再能辨认出他自己，他被剥夺了他作为人的个性，他从未想到他自己，也不想成为他自己，只是在无需他自己的创造性的条件下，永无止境地重复仿效。当所有一切都归结为利益时，人也失去了对上帝的信仰。当精神的提升得不到超越存在的庇护时，人也就完全被抛入到群众性秩序的机器中。总之，人不再追问生存的意义，过着一种行尸走肉的生活。

然而，作为标示当代哲学思维特点的称号，生存哲学本身只不过是一种古老哲学的一个形态。所谓生存哲学，雅斯贝斯认为，是从本源上去观察现实，通过内心行为去把握现实。“生存乃只是现实的字眼之一，它带有克尔凯郭尔所强调的重点，它意味着，一切现实的东西，其对我们所以为现实，纯然因为我是我自身。我们不仅是存在在这里，而且我们已被赠予我们的生存，已被赠予以作为实现我们的本原的基地。”② 同时，他也把生存看成是“与自身关联并由此同超越者相关联”的“自身存在”。

所以，雅斯贝斯反对把“生存”看成是对象化的“实际存在物”及实体性概念，他直接将“生存”看成是人的精神性存在。人首先意味着在世界中存在，这个世界乃是人安身立命的根本；人其次意味着生命的存活，这个生命能意识到它所依赖的世界，更能超越当下追求它可能是的那个大全。所以，生存指人知道他自己是超越存在所给予，并且以超越存在为根据（具体见表2-2）。因此，生存哲学表明，任何理想都不能指导人在现实中的实践，人之所以为人的本质在于他只能通过他自己而成为他可以成为的人，“我并不是我所

① 卡尔·雅斯贝斯著、王德峰译：《时代的精神状况》，上海译文出版社1997年版，第1页。

② 卡尔·雅斯贝斯著、王玖兴译：《生存哲学》，上海译文出版社2005年版，第1页。

认识的内容，我也不认识我是什么，我并没有认识我的生存，我仅仅能够发动澄明的过程”①；其次，人之可能性蕴含于大全的各个样式中，如果缺少了大全样式中的任何一个，他就归于消灭或趋于枯萎。第三，超越存在渗透于大全的所有样式中，所谓生成就是从内在存在向超越存在的飞跃，从而让人返回到本原，在人的被赠予中体会到大全的充实。

表 2－2　大全的样态与特征

<table>
<tr><td rowspan="4">内在存在</td><td>作为我对象的内在存在</td><td>世界：万物都在它的里面显现出来</td></tr>
<tr><td rowspan="3">作为我自己的内在存在</td><td>一般意识：产生对世界万物现象性地认识</td></tr>
<tr><td>实存：这个生命体作为一切存在得以可能的前提</td></tr>
<tr><td>精神：通过自由而达到超越存在的观念性整体</td></tr>
<tr><td colspan="3">超越存在：给予“内在存在”存在的根据</td></tr>
</table>

资料来源：卡尔·雅斯贝斯著、王玖兴译：《生存哲学》，上海译文出版社 2005 年版，第 32～44 页。

根据以上分析，雅斯贝斯认为“生存”是“生成”的第三阶段展开的存在样式。在第一阶段中，“作为我对象的内在存在”中显现的那个“世界”，即人的生存是在世中生存；在第二阶段中，从“作为我自己的内在存在”中又分解为实存、一般意识以及精神。但是，在雅斯贝斯看来，所有这些大全样态都是当前现在的东西，包括全部的“内在存在”，一方面是作为我自己的内在存在——实存、一般意识、精神，另一方面是作为我的对象的内在存在——世界。实存、一般意识、精神既显示了存在的真理，同时又存在自身的缺陷。实存意味着生命的自我保护和扩展本能，本身就是自足的封闭结构，实存的真理“靠实践的有用性来证验自己是真理”②。一般意识的真理具有强制性，“它依靠自己本身的，而不是它以之为手段的别的什么东西成其为真理”③。至于精神的真理则在于其独断性，“它要在现实中通过实存的东西和被思维的东西来证验自己”④。但是，不管是一般意识，实存还是精神，作为内在存在本身又是不可能自我满足的，它必然还指向于人的自由自觉的生存，并通过人的生存活动指向与超越者的存在，即绝对存在本身，这就是哲学大全的第三阶

① 卡尔·雅斯贝斯著、王德峰译：《时代的精神状况》，上海译文出版社 1997 年版，第 152 页。

② 卡尔·雅斯贝斯著、王玖兴译：《生存哲学》，上海译文出版社 2005 年版，第 27 页。

③ 同上。

④ 同上。

段。生存意义就是通过这一阶段展现出来的。“人已经完成了他从内在存在出发的向上飞跃，那就是，从世界向上帝和从自觉的精神的实存向生存的飞跃。生存乃是自身存在，他跟他自己发生关系并在自身中与超越者发生关系，他知道他自己时又超越存在所给予，并且以超越存在为根据。”①

“人是精神，人之作为人的状况乃是一种精神状况。”② 但在“实体论”规避下，人被抛入到漂流不定的状态中，失去了对于连接过去与未来的历史连续性的一切感觉，存在与精神的脱离导致人成为履行某种固定功能的存在物。为了挽救人之精神衰亡的现实，雅斯贝斯认为，“我们未来完全取决于教育的活动”③，因为教育是民族的安全及其精神和道德的未来，也是民主、自由和理性给予的保障。④ 但是，仅凭金钱，国家还是无法找到教育革新的目的，人的回归才是教育改革的真正条件。不过，受技术性的群众秩序的影响，本来立足为教育指明人之发展的教育心理学、教育人类学和教育社会学，不再把教育看成是人的精神的生成，而把教育看作是受计划控制的事件。这三种思维“倾向于毁灭对人一直有价值的东西”，因为，“人，作为一种被赋予自发性的造物所具有的可能性，反对被当作单纯的结果来看待”⑤。因此，雅斯贝斯认为，教育要承担起精神重塑的重任，需要另一种哲学思维——生存哲学的引导。

在生存论哲学的影响下，“实体论”开始受到批判。这种意义论把学生的大脑看作是“可以被人无情地塞满各种陌生思想的匣子”⑥，把学生的成长看作是“往行李箱里装物品的过程”⑦，把学生的进步看作是做“均匀不变的、持续稳定的、并不因为类型或速率的改变而有所不同”⑧ 的匀速运动，把学生的生活经历看作是“想拆掉拼图游戏的七巧板那样，把它们拆成分离的小块”⑨，从这样的教育中走出来的学生是“无心人”。艾尔弗雷德·怀特海（Alfred North Whitehead）认为，即使教学认识到“无人”教学的危害，并且

① 卡尔·雅斯贝斯著、王玖兴译：《生存哲学》，上海译文出版社2005年版，第7页。
② 卡尔·雅斯贝斯著、王德峰译：《时代的精神状况》，上海译文出版社1997年版，第3页。
③ 同上书，第77页。
④ 卡尔·雅斯贝斯著、邹进译：《什么是教育》，三联书店1991年版，第66页。
⑤ 卡尔·雅斯贝斯著、王德峰译：《时代的精神状况》，上海译文出版社1997年版，第150页。
⑥ 艾尔弗雷德·诺思·怀特海著、徐汝舟译：《教育的目的》，三联书店2002年版，第55页。
⑦ 同上书，第59页。
⑧ 同上书，第31页。
⑨ 同上书，第68～69页。

以更加心理化、系统化的方式高效率传递知识，也只是“书呆子”式的教学：缺乏想象力而仅仅机械地凭知识办事，会夸夸其谈却不知如何运用掌握的知识。“这些年轻人就像是打了预防针，不再有任何智慧的火花迸发”①。即使这种教育注意到“填鸭式”教育的危害，加强学生在教育中动手能力和操作技巧训练，培养的也只是“实干家”或“工匠”。“现实中我们看到的是芸芸众生在艰难地劳作，他们疲倦、不满、精神上冷漠”②。他仅仅把工作当作一种谋生的手段，在工作中感觉不到任何精神愉悦和情感的满足。即使教学有意提升个体精神境界，着重培养学生的艺术和审美能力，仍旧摆脱不了“应该柔韧而富有弹性的地方僵化刻板，而在那些应该严格精确的地方却松散不严格”③ 的“业余爱好者”培养模式：他爱自己的工作，他专注于自己的兴趣和爱好，但是，他不能有效地筹划自己的未来，于是在事关人类福祉的抉择面前选择了遁逃。

在生存论教育哲学看来，学生不会最终完成于某一确定的状态，而总是向未来、向新的可能生成。“生命是展现在开启中的，失去开启，就是丢弃灵魂的功能，就是沦落到与过去的平均状态相一致中去了。”④ 其意思是说，智力发展的创造性来自于内部，“自我发展才是最有价值的发展”，每一个个体都体现一种生存的探险，教学便是引导个体的生命意义自为地涌现和去蔽，“它表现了充满生命力的个体在面对环境时所具有的潜力，使不可分的个性从较低的水平进入较高的水平”⑤；其次，教学的魅力就体现在个体生成的动态过程中。“教学”和“过程”密不可分，它们“乃是生成过程中的一种不甚完善的状态。……在这个意义上，一个机体就是一种关联。其次，每一个现实体本身都只能描述为一个机体过程，……都是其后继阶段走向完善的现实基础”⑥；第三，教学不能独立，它依赖于精神世界的超越存在，并要服务于精神生活的传承，精神命运必然决定教学的内涵。如果教学只是计划内的事件，看不到人之精神生成之可能，那么教学就将变成训练机器人，而人经过教学也仅仅学会功能性的算计而无法看见超越之境。因此，教学生存论意味着教学不能改变人

---

① 艾尔弗雷德·诺思·怀特海著、徐汝舟译：《教育的目的》，三联书店2002年版，第68页。

② 同上书，第76页

③ 同上书，第24页。

④ Alfred North Whitehead：*Adventures of Ideas*，New York：Macmillan，1938，p. 58.

⑤ 艾尔弗雷德·诺思·怀特海著、徐汝舟译：《教育的目的》，三联书店2002年版，第69页。

⑥ Alfred North Whitehead：*Process and Reality*，New York：The Free Press，1978，p. 127.

生而具有的本质，不能强迫人成为什么样的人，只能根据人生而固有的本性和可能性来提升人的精神境界。教学正是借助于个人的存在将个体带入大全之中。但是，没有一个人能认识到自己天分中沉睡的可能性，因此需要教学来唤醒人所未能意识到的一切。

综上所述，我们可以对生存意义作如下理解：(1）生存即理智性的存在。人不可能没有理智，没有理智的人，与动物没有任何区别。(2）生存的意义表现为人的理智世界对物质世界的引领和沟通。理智世界离不开物质世界，理智世界借助于物质世界显现其意义，另一方面，当理智世界把自己投射于物质世界时，它不是对物质世界的迎合，而是引领。(3）寻求生存的意义在于从当下向未来的精神超越，而不是受制于当下的生命和生活，而是激活生命和创造生活，让自己的生命和生活苟日新，日日新，又日新。为此，海德格尔说，只有人能生存，动物不能生存。动物虽然也存在，但它不能理解存在。即使是沉沦的人也能聆听到良心的呼唤，解除非本真人的遮蔽，从而走向人自身。

(三)“意义生成”的意蕴

综上所述，人在寻求意义中成为人，之所以如此，“意义”让人与自身相区分，继而让人与动物相区分。人在寻求意义的过程中，并不是寻求外在于人的意义，而是寻求人的三个维度——生命、生活、生存——的意义。

人的意义在于生命。人首先是一有生命的存在。生命是一身体的存在，其具体表现为各种欲求。只要生命存在着，欲求就存在着。欲求是人的存在显现的一个标志。欲求不仅表现为欲求的渴求和欲求的满足，而且还表现为一种意向行为，即它指向某物和朝向某物。只要有生命，身体肯定存在着，没有身体，就没有生命。同样，有了欲求，身体就存在着，生命不可能没有欲求。没有欲求的时刻，是身体陨落的时刻，也是生命停止的时刻。过一种无欲无求的生活是圣人的追求，不是芸芸众生的追求。因为有了欲求，生命才能与世界发生关联。生命是知觉的主体，是与他人及世界发生关系、观察和发现对象意义的主体。一切意义都通过生命而在场，人通过生命发现意义、创造意义。

人的意义在于生活。只要人有生命，他就必然在生活中实现其意义。生活是人与人的交往，没有生活就没有生命，同样没有生命也没有生活。生活是生命与生命之间的社会关联，具有社会性。在卡尔·马克思（Karl Marx）哲学中，人是社会关系的总和，人只有在社会中才能成为人。生活表明了生命与生命之间的主体间性的交往：一切生命都是平等的，因此作为主体的人与作为客体的物之间的交往也都是平等的。因此，生活并不是从外面强加于个体生命

的，它是在生命追求意义的过程中向前发展的。也就是说，“意义”并不是生命超然于生活之外的旁观者的行为，也不是生活像“铁桶”一样束缚生命力的行为，意义生成于生命与生活的交融。在此交融过程中，生命具有了社会文化的属性，同时，生活具有了无限拓展的可能。张曙光认为，“意义”是“人的全面的普遍的生命表现和在这种表现中所体验到的与整个人类和周围世界以提供生的存在、充实和圆满感，‘意义’就是人在共同的对象中肯定和发展自身的那种属人的感受和自我澄明”①。“‘意义’是最具个人性和主观性的生命感受，但它也是最具社会性和客观性的生命感受，因为‘意义’本身就意味着人与他人、与自然以及与自身的相互生成、相互确证和相互开放。”②

人的意义在于生存。生存属于理智超越的范畴。生存具有以下的特征③：(1) 生存不是如此存在，而是可能存在；(2) 生存乃是知道由超越者赠予自己的，没有超越者就不能有存在的自由；(3) 生存是各个个体，并作为特定自我是不可代替的，不可替换的；(4) 生存是历史的；(5) 生存仅仅存在于生存之间的交往之中；(6) 不能因知道我是存在着的，故我就是现实的生存。倘若我想知道我自身的生存，作为生存的我就归于消失；(7) 生存乃是知道自己是被赠予的东西，所以在其根据中受到保护。简而言之，生存具有可能性、超越性、向来我属性、历史性、交往性、生成性、赠予性。从古希腊开始，人是理性的精神性存在，理智规定了人的思维模式和行为方式，它不仅规定人如何解释世界，而且规定人的行为，规定人如何对待世界。所以说，没有了理智，人的生命是没有意义的，人的生活是没有价值的。

综上所述，寻求意义即寻求生命、生活和生存的意义，这三者就是生活世界的三个维度，缺一不可。首先，在生活世界中，人是生命的存活，是一个有欲求的身体存在；其次，在生活世界中，人是在社会中存在的，这个社会是人安身立命的根本，是人生活的世界；第三，在生活世界中，人知道他自己是超越存在所给予，以超越存在为根据。因此，真正的人是一个生命力旺盛的人，是一个在社会中生活的人，是一个向超越存在飞跃的人。④ 可见，生命、生活、生存没有绝对的分离，它们相互依附、相互依存，没有谁先谁后、谁重谁轻之分。生活是生命的当下显现，生存是生命的应然超越。生命推动生活的延

---

① 张曙光：《生存哲学》，云南人民出版社 2002 年版，第 351 页。

② 同上书，第 129 页。

③ 邹诗鹏：《生存论研究》，上海人民出版社 2005 年版，第 69 页。

④ 卡尔·雅斯贝斯著、王玖兴译：《生存哲学》，上海译文出版社 2005 年版，第 5 ~ 7 页。

续，生存指引生活的前进。生命是生存的可能，生活是生存的反映。在生命、生活、生存之间无穷无尽的游戏中，生活世界不断拓展自身的空间，由此，人的意义生成了。

《汉语大词典》释“生成”：(1) 养育。(2) 长成。(3) 指生物。亦泛指物品。(4) 指人民。(5) 自然形成；生就。(6) 保全性命。(7) 必定。[①] 汉语“生成”，由“生”与“成”构成。如果把“生”看作动词，“生成”即先“生”后“成”，是一个突变的过程。如果把“生”看作名词，“生成”即“自在自为的成长”，不需要任何外在力量的推动，是庄子所说的生生不已的流行大化。

“生成”的英文是 generation。《新韦伯斯特的英语词典》中 generation 有如下几个主要意义：(1) 生殖，生育；产生，发生。(2) 代；一代；世代。(3) ［数］(线、面、体的) 形成。[②] 可见，generation 一方面意味着人的生长如植物生长一样，不需要借助于外在的力量，靠自己的力量成为自己；另一方面指产生或发生的过程不是过去的延续，而是“新的时代”的产生或发生。一个时期成为“代”，在于此时期与过去不一样，发生了质变。在洪堡看来，人的生成意味着某一种神秘力量于瞬息间释放出一定量的功能，从而造就出某种具有全新形式的特质。“生成”具有四个特征[③]：(1) 生成是突然发生的非规律性的行为，并且是在一瞬间完成的；(2) 生成是自然而然地发生的，它不是人凭理性预谋的行为，也非理性所能预见，而为人类本性所使然；(3) 生成源自内在动力，即它是主体独立自主、积极作用的行为；(4) 通过生成而造就的是没有任何先例的完整的创新形式。

在当代，“生成”与“意义”相连，表征了一种全新的人的存在样态：即人是一寻求意义的存在，人在寻求意义中成为了人，人的存在就是意义生成。因此，“生成论”与“实体论”的根本区别是，它不把人看作为生命、生活和生存中的某个“实体”，而把人看作是在生命、生活、生存的游戏中生成的。鲁道夫·奥伊肯（Rudolf Eucken）说，人“不可能从外在于它自身的任何存在形式获得确定性或可靠性。它永远不可能从外部获得这些，而必须从它自身内部去寻求；而且不能通过坚持某一个自明的观点，而只能通过把自身统一为

---

① 汉语大词典编辑委员会编著：《汉语大词典》第7卷，汉语大词典出版社1991年版，第1494页。

② Deluxe Encyclopedic Edition: *New Webster's Dictionary of the English Language*, The Delair Publishing Company, Inc, 1981, pp. 404 ~ 405.

③ 姚小平：《洪堡特——人文研究和语言研究》，外语教学与研究出版社1998年版，第48页。

一个整体，把自身区分为较高的层次和较低的层次，从内部展开一个真实的世界，通过所有这些丰富的表现而保持一种确实的泰然自若。不过，在这一切之中，总是隐含地认为人的劳苦和努力有赖于一种独立的精神生活的支持。否则，这整个运动仍然是一个难解的谜，绝不可能赢得我们完全的确信，也不能向我们要求全部的忠诚”①。

奥伊肯的话表明，人就是一个整体，而且是在生命、生活、生存的游戏中成为人的。因此，意义生成就是生命、生活、生存三者的游戏。这三者缺一不可，任何一方缺席都将导致游戏的失败；同时，这三者又是有差异的，每一方的存在都具有不可替代性。因此，游戏也就是三者在同一与差异中的竞争与转化，在此过程中，人的意义也就不断地生成。也就是说，人不是生命的存在、生活的存在和生存的存在，而是生成的存在。人的意义并不是生命、生活和生存的简单相加，而是在生命、生活、生存的编织中生成的。这样，不是人规定了生命、生活和生存，而是生命、生活、生存的游戏规定了人。在游戏中，新的生命、生活和生存与旧的生命、生活和生存处于斗争中。在人的生命、生活和生存与自身相区分中，意义生成了。可见，生成不是一般意义的变化，不是从一种状态到另一种状态的过渡，而是从非自由状态到自由状态的飞跃。

由上分析，我们可以得出如下的结论：“意义”是人寻求到的存在的意义；寻求意义是人的存在的根本规定；寻求意义不是寻求外在于人的意义，而是寻求人的生命、生活和生存的意义；人寻求意义的过程是人的生命、生活和生存无穷无尽的游戏；正是在生命、生活和生存的游戏中，意义生成，同时，人生成。

二、研究方法

在胡塞尔那里，欧洲科学危机不是科学自身的危机，而是方法的危机。传统的方法具有两个特征：一是以主客二分的思维看待世界，世界是客体，人是主体，世界成为人算计和利用的对象；二是以追根究底的本体论思维，去探求事情存在的根据和原因。这两个特征可以归结为一个特征——有原则的批判，那就是说，传统的方法基于一定的原则去把握世界和人。原则即立场、开端、始基、根据、原因。有原则的批判相应地从两个维度展开：一是从批判者这个维度展开，从“我”出发看世界，也就是从一个具有先见、成见、偏见、意

① 鲁道夫·奥伊肯著、万以译：《生活的意义与价值》，上海译文出版社1997年版，第108~109页。

见的主体出发看世界。人就像戴着一个有色眼镜去看世界，世界在有色眼镜里失去了本真，人却认为这个非本真的世界是真实的，如大地只是煤田、气田和矿山等，不再是人诗意的居住地，天空是各国炫耀军事武力的战场，失去了“把酒问青天”的伦理情怀。二是从被批判者这个维度展开，追问它存在的最后依据，而事实本身却被遗忘。如描述人时，不是从一个活生生的人出发描述人，而是从人是什么出发描述人，如人是使用工具的动物，人是说话的动物，人是理性的动物。不是走向事情本身，而是找出事情的本体，于是事情本身仍旧处于遮蔽状态。海德格尔正是在此将传统的哲学称为遗忘存在的哲学。这是传统方法分析事物的一般套路，不从“我”的立场出发，不追问事物的根据，批判是不可能成立的。

在现象学带动下，当代学者不再坚守“有原则的批判”的方法，而倡导“无原则的批判”的方法。① 这儿的“无原则”指无立场，不从“我”的视角看世界。实际上，事情本身确立了一条思想的道路，人要按照思想本身的道路去行走，才能让事情自身如其所是地显现出来。“无原则”还指无基础，不是找出事情背后的根据，而是显现事情本身。那就是说，看待事物的思维从what to be转向how to be。如要描述某个事物时，不再讲这个事物背后的心理根源、社会根源或者地理根源，而是直接面向事情本身。这儿的“批判”不是持否定意义上的批判，而是划定边界。边界是一个事物的起点和终点，就像边境线之于一个国家，就像0℃和100℃这个临界点之于水。正是在边界上，一物获得自身的规定，从而成为此物，而不是它物。同时随着边界的更迭，一物发生了质变，从而与自身相区分，而获得新的规定。“所谓的批判就是对于边界的规定。它是区分、选择和决定。事实上，事物只是在批判中才与它物相分离而形成自身。在这样的意义上，事物并不先于批判，事物就在批判之中，在此它表明自己的存在和非存在。”② 因此，“‘无原则的批判’不仅是否定性的，而且是肯定性的，让事情自身在批判中如道路一样敞开出来。”③

显然，“无原则的批判”的方法是现象学“走向事情本身”方法的具体运用。这并不是说现象学的方法就是“无原则的批判”的方法。现象学的描述

① “无原则的批判”的方法由武汉大学哲学学院彭富春教授提出并应用到他的研究与教学中。本文关于“无原则的批判”的方法的理解受惠于彭富春教授《哲学的主题与方法》的课堂讲授。参见彭富春：《关于“无原则的批判”的演讲》，《博览群书》2006年第5期，第73~81页。

② 彭富春：《哲学美学导论》，人民出版社2005年版，第42页。

③ 彭富春：《哲学美学导论》，人民出版社2005年版，第42页。

方法有很多种，不同的现象学家采用不同的描述方法，如马克斯·舍勒（Max Scheler）的情感现象学的方法、梅洛-庞蒂的身体现象学的方法、雅克·德里达（Jacques Derrida）的声音现象学的方法、海德格尔的语言现象学的方法等等。彭富春经过多年的研究，把海德格尔的语言现象学方法改造为操作性极强的"无原则的批判"的方法。"无原则的批判"的方法是在语言的批判、思想的批判和现实的批判中展开的：

1. 语言的批判

"无原则的批判"的方法首先强调从语言结构出发如其所是地显现出事情本身。路德维希·维特根斯坦（Ludwig Wittgenstein）说，世界的边界是语言的边界。加达默尔说，一切能被理解唯有语言。施特凡·格奥尔格（Stefan Anton George）说，语言破损处，将无物存在。海德格尔说，语言是存在的家园。在海德格尔这儿，语言不是神说，不是人说，而是语言自身在言说。① 这就是说，语言原初与事情本身同在。一物为一物，是在语言中显现的。没有言说出来的物，无法获得自身的规定性。"一个没有语言的意识仍然是黑暗的、遮蔽的和没有显现的，意识只有显示为语言的时候才是真正的意识和真正的意识的显现。"② 这儿的语言具有规定性，思想和事情是在语言中显现的。

这儿的语言不是概念，而是语词。自苏格拉底开始，以概念去把握纷繁芜杂的世界，成为西方认识论的首要任务，至黑格尔登峰造极。黑格尔从有、无、变概念出发，构建了庞大的哲学体系。可见，概念是理性哲学把握世界的方式、手段，用一个概念把握事情的差异性是传统形而上学的方法。在现代和后现代，概念不起作用，因为世界是不确定的，是有差异的，是丰富多彩的。概念一般是明晰的，而语词是歧义的、多义的，需要对其进行辨析。在海德格尔这儿，对语词的辨析首先是从内容上分类，最典型的是海德格尔的技术语言、自然语言、诗意语言的分类。自然语言晦暗不明，技术语言霸气十足，唯有在诗意语言中，语言的本性才重能出现，即语言是存在的家园。

其次是对语言结构进行诠释。按照现象学的意向性分析，思想是我在思想，思想总要思考事情。因此，思想这一语词的结构是我思想事情。但这儿的"我"、"思想"、"事情"由"语言"规定。同样，"语言"也有意向性——我

① 彭富春：《无之无化》，上海三联书店2000年版，第108~109页。

② 彭富春：《哲学与美学问题》，武汉大学出版社2005年版，第24页。

言说事情，其结构由言说、言说者、已被言说的、未被言说的和已劝说的所构成。① 海德格尔往往从语言结构出发走向事情本身。在《存在与时间》中，海德格尔从“此在在世界中”这个语言结构出发，分别描写了此在、世界、在……中，以及此结构的整体意蕴。按照海德格尔的理解，思想的道路是一条清晰之路，具有开端、中间和结尾，整体性很强。走上这条路，意味着聆听语言的呼唤。

正因为语言是诗意语言，同时又有结构，所以聆听语言，即抛弃主体的立场和事物的根据，从而走向事情本身。鉴于此，要开展当代大学教学意义研究，首先要在语言中明晓大学教学意义的内涵。

2. 思想的批判

人们自己创造自己的历史，是从过去继承下来的条件下创造的。为此，需要在历史中进行思想的批判。历史首先是编年史意义上的历史，它是按纪元发生的事件。如中国传统的天干地支与王朝纪年，西方是用基督的公元纪年；其次是历史学的历史，它是对发生的事件的描述、分析与研究；再次是历史性的历史，它使历史成为历史，即发生本身；最后是存在的历史。前三种历史是已经过去的，或是现实的，最后一种历史是对未来开放的。

历史上存在这样一些历史观：首先是儒家和道家的以过去为主导的历史观。其次是佛家的循环的历史观。第三是基督教为代表的以将来为主导的有目的的历史观。第四是以米歇尔·福柯（Michel Foucault）为代表的后现代历史观，即历史没有连续性，只是断裂，它表现为疯狂的历史。第五是以海德格尔为代表的存在论历史观，即历史是中断的，具有划时代的特点，同时又持于自身。那就是说，在时代中，存在与历史同一，存在就是历史，历史就是存在。②

西方历史大致可以分为五个阶段：古希腊、中世纪、近代、现代和后现代。每一个时代的思想主题相互区别。这儿的时代没有明确的时间标识，只有主题的不同，是按照不同的主题划定不同的时代。在彭富春看来，古希腊的主题是正义、中世纪的主题是恩惠、近代的主题是自由、现代的主题是生存、后

---

① 彭富春：《无之无化》，上海三联书店2000年版，第113页。

② 根据2006年彭富春教授讲解海德格尔《哲学的终结和思想的任务》一书的课堂录音整理。此课堂录音已由彭富春教授的博士生整理并公开在博客中，参见http：//phipeng. blogcn. com/diary，6982464. shtml/2007－6－8.

现代的主题是无原则。[①] 大学也是如此。在历史上，有以阿卡德米学园为代表的古希腊大学，有以巴黎大学为代表的中世纪大学，有以柏林大学为代表的近代大学，有以美国威斯康星大学为代表的现代大学，有以科尔的“巨型大学”为代表的后现代大学。同时，每一时代的大学教学的意义也不尽相同。

尽管时代是断裂的，但具有自持性，不管时代如何变迁，其旨趣依稀可辨。莫里斯·哈布瓦赫（Maurice Halbwachs）说，教育的“器官也各有其生命，尤其像对自主的演进，在这段历程中，也留存了各自前身的许多结构特征。有的情况下，它们会仰赖于各自的过去，以此来抗拒来自外界的种种影响”[②]。爱弥儿·涂尔干（Emile Durkheim）认为，教育史为教育研究奠定了最坚实的基础，“只有细致地研究过去，我们才能去预想未来，理解现在”[③]。他给出的理由如下：（1）教育形式不是恒常不变的，而是持续更新的，因为某个时代的教育形式是某些相互作用的特定社会力量的结果。因此，研究教育史，一方面可以避免对传统教育的过度崇拜，另一方面可以避免教育创新的主观臆想。（2）教育组织的运转有它们的过去，过去是培育它们的土壤，赋予它们现在的意义。要想了解教育组织系统，必须把它放到一个演进的过程当中。（3）教育目标是培养那个时代所属的人。但是在每个人的身上，都不同程度地蕴含着我们昨日所是的那个人，因此，教育目标不是要培养属于自己时刻的人，不是被我们感受时处在某个特定时点的人，也不是像我们一样受一时的需要和激情所影响的人，处在贯穿时间的整体性当中的人。（4）教育理论的发展是在历史长河中积累起来的，有些教育理论被淘汰了，有些教育理论剩留下来，但不管是被淘汰的还是剩留下的，都是一笔宝贵的财富。“通过这种方式，我们将会避免屈从于兴盛一时的激情与偏向所产生的备受尊崇的影响，因为历史的考察将会赋予我们感受力，这种新获得的感受力将捕捉种种具有同等正当性的需要与必要性之间的差异，对这些激情与偏向构成制衡。”[④]

总之，在历史中，思想即事情的显现。鉴于此，研究当代大学教学意义，要在西方的五个时代中展开。

---

① 根据2006年彭富春教授讲解海德格尔《哲学的终结和思想的任务》一书的课堂录音整理。此课堂录音已由彭富春教授的博士生整理并公开在博客中，参见 http：//phipeng. blogcn. com/diary，6982464. shtml/2007－6－8.

② 爱弥儿·涂尔干著、李康译：《教育思想的演进》，上海人民出版社2003年版，导言。

③ 同上书，第10页。

④ 爱弥儿·涂尔干著、李康译：《教育思想的演进》，上海人民出版社2003年版，第11～16页。

3. 现实的批判

语言的批判和思想的批判的生命力在于回到现实。“如果忽视了对现代状况黑暗面的分析，结果或者像害怕蛇的兔子那样，面对威胁只知发抖，消极地静听悲观的世界落沦；或者沉溺于虚幻的启示录，这就本末倒置了。”① 现实的批判类似于韦伯的“理想类型”（Ideal Type）方法。“理想类型”是超然性与介入性的统一体。

从超然性来看，韦伯想通过“理想类型”建构抽象理论的概念结构，去把握杂多的社会现象。他说，采用这种方法的目的是，“把历史生活中某些关系和事情集合为一个复合体，它被想象为一个具有内在一致性的体系。而实质上，这一结构本身就像一个通过着重分析现实的某些因素而得出的乌托邦”②。虽然“理想类型”不等于经验事实，但是在对繁多的经验进行概括后，突出了经验事实中具有共性的或规律性的东西，使之成为典型的形式。从这个层面上来看，“理想类型”面对的是趋势而不是规律，是一种思维逻辑上的完善物，不是对经验现实的归纳，也就不会被经验牵着鼻子走。

从介入性来看，“理想类型”不是目的，而是手段，是作为考察现实的概念工具：把它去跟现实里的经验加以对照，看看现实与“理想类型”之间的距离有多远，并力图说明存在这些差距的原因，以此更好地认识和把握世界。可见，“理想类型”仅仅近似于社会现实，绝不等于社会现实。正因为有这样的相似性，才使比较成为可能，从而能够更好地认识现实。

从现实的批判看，当代大学教学要对自身展开批判，从而明晓自身意义的边界和不足之处。

4. 批判是区分、比较和决定的统一

彭富春认为边界的划分包含了这样几个步骤③：首先是区分，划定一物与另一物的边界。其次是比较。当批判划定了边界后，批判要对这一事物与其他事物进行比较，由此区分出最值得思考的事物。再次是决定。在区分和比较的同时，批判已经作出了选择和决定，思想表现了一种冒险的勇气，从理论王国进入到实践王国。由此表明，批判自身的本性不仅是理论的，而且也是实践的。它不仅解释世界，而且也改变世界。

---

① 池田大作等著、宋成有等译：《走向21世纪的人与哲学》，北京大学出版社1992年版，第352页。

② 马克斯·韦伯著、杨富斌译：《社会科学方法论》，华夏出版社1999年版，第185页。

③ 彭富春：《哲学与当代问题》，《武汉大学学报》2005年第5期，第581~588页。

经过语言的批判、思想的批判和现实的批判后，当代大学教学意义与其他时代的大学教学意义的边界泾渭分明。由此当代大学教学意义要显现自身，还得进行思想的建构。

三、研究思路与主要观点

（一）研究思路

从“无原则的批判”的方法出发，本文的研究思路从三个方面展开：一是在语言的批判、思想的批判和现实的批判中诠释“意义生成”这一语词的内涵；二是描述“意义生成”这一语词整体结构的意蕴；三是在微观的教学形态中直观“意义生成”这一语词意蕴。

首先是思想的批判。思想的批判在于揭示“意义生成”这一语词的建筑学结构，检查其基础是否牢靠，其结构是否合理，从而划定这一语词的主格——意义表征的形态——的边界。思想的批判显现了“意义生成”从何来，其“去何处”显现于语言的批判中。

其次，语言的批判是对“意义生成”这一语词进行诠释，从已说中找出未说的，并在未说中找出将说的边界，也就是这一语词的宾格——生成了什么——的边界。语言的批判显现了“意义生成”意义“去何处”。

第三，“从何来”到“去何处”还需“如何去”这一环节。“如何去”显现于现实的批判中。现实的批判的任务是指出现实的真相，分析其问题，并划定“意义生成”语词的谓格——如何生成——的边界。

第四，批判是解构与建构同时进行的，亦即思想的发生。思想的发生表征为“意义生成”意蕴的显现。

第五，显现都是现象的显现。本文从彭富春教授的微观的教学组织形式和MIT的宏观的教学改革方案这两个现象入手，描述“意义生成”的现象。

（二）主要观点

意义生成论对大学教学有如下的规定：

面向生命开展教学。生命是世界中最可贵的存在，生命是个体与世界勾连的原初的或前反思的联系之间的一个铰链。探讨个体在世中存在的样态必须要从感性的、当下的、充满激情的血肉之躯开始。“人”的意义的在场与非在场的阐释也只有通过生命的再现才能得到表达。“在教学中，你一旦忘记了你的学生有躯体，那么你将遭到失败。”①

面向生活开展教学。个体不仅有生命，还有生活。正因为有了生活，个体的生存才被直接赋予了在社会中实践的品质。怀特海认为，生活是教学的惟一源泉，教学没有游离于生活之外的主题，它“只有一个主题，那就是五彩缤纷的生活”②。通过生活所获得的知识必然是有用的，面向生活开展的教学必然引领未来的发展。怀特海特别地谈到了现代大学教育。他认为，现代大学的发展推动了社会经济的发展，几乎所有国家都分享了大学带来的丰硕的成果。大学对社会的推动作用表现在以知识和创新人才服务社会、改善生活。因此，个体的实践不是盲目冲动，而是一个以自身为经线、以社会为纬线的自身承担责任的探险创新过程。

面向生存开展教学。卢梭说：“人生而是自由的，却无往不在枷锁之中。自以为是其他一切的主人，反而比其他一切更是奴隶。”但是，现实的遭遇和过去的境况并不能遮蔽个体超越当下而追求灵魂自足安逸和境界超然洒脱的本性。一个生存的人本然要求从人类的应然生活出发面向将来而“先在”，它是面向未来承载人类终极价值追求和普适伦理情怀的存在，是理性的个体自然地去求达无限的有限者存在。“通过教育和修养，人才开始成为精神、良心的主体。”③

大学教学是生命、生活和生存的游戏。大学不仅要让旧的生命成为新的生命，还要让旧的生活成为新的生活，更要让旧的生存成为新的生存。人“是一个不断涌现的动态非平衡系统，其中涌动着很多自成一体的小生境，这些小生境都可被一个能使自己适应发展的作用者所利用，而且每一作用者被置于一个小生境的同时又打开了许多的小生境，因而整个世界充满着永恒的新奇性”④。因此，大学不能只面向人的三维中的某一维开展教学这是一“实体论”意义，即要么把人看做是生命的存在，要么把人看做是生活的存在，要么把人看做是生存的存在，割裂了人的整体性和生成性。如果大学教学仅仅面向生命，那么大学教学忘记了人的生活和遗忘了人的生存，大学教学培养出来的人也许个性十足，但他的精神是苍白的，他的技能是低下的。如果大学教学

① 艾尔弗雷德·诺思·怀特海著、徐汝舟译：《教育的目的》，三联书店2002年版，第88页。

② 同上书，第12页。

③ 池田大作等著、宋成有等译：《走向21世纪的人与哲学》，北京大学出版社1992年版，第91页。

④ 米歇尔·奥尔德罗著、陈玲译：《复杂——诞生于秩序与混沌边缘的科学》，三联书店1997年版，第201页。

仅仅面向社会，那么大学教学成为社会的风向标，完全按照社会的要求培养人才，把人看做是社会的工具，不是一个活生生的生命。大学教学也失去了超越性的可能，不能引导社会的进步。如果大学教学仅仅面向生存，那么大学教学把人的生命看做是毫无价值的存在，同时也拒绝与社会接轨，培养出来的人也许情趣高雅，但无法在社会中立足。大学教学只有让生命、生活和生存去游戏，大学教学才是真正走向人的教学，因为人的意义就显现为生命、生活和生存的游戏。正是在生命、生活和生存的游戏中，人的意义生成，同时，大学教学意义生成。

总而言之，大学要面向人的生命、生活、生存开展教学，从而让人的生命、生活、生存不断超越自身。正是在生命、生活和生存的无穷游戏中，大学教学才能生成意义。质言之，大学教学的意义在于让人的生命、生活和生存去游戏，而不是仅仅面向人的生命、生活和生存的某一维。如果大学教学面向人的某一维开展教学，大学教学势必出现意义失落的困境。大学教学只有让人的生命、生活、生存去游戏，大学教学的意义才能显现。大学教学意义的显现就是生成人的意义。

大学教学意义是大学教学的原则、基础、起点。每个时代的大学教学意义规定了大学教学的方方面面，如师生关系、教学过程、教学方法、教学内容、教学目的、教学评价等等。一旦大学教学意义失落，大学教学的方方面面也会跟着“异化”。当代大学教学意义失落的现象并不是外在的某个力量让其失落，而是自身自行剥落，抑或说当代大学教学自身对意义的把握出现偏颇。为了回答这个问题，必须追问当代大学教学的意义究竟在哪里？海德格尔对时间的理解提供了解决这个问题的思路。他说：“那先行基于将来。那已存在于却告明为曾是。那存在于则在当前化中成为可能。”① 比附说，大学教学意义的当前化是在将来的走向、过去的回归和现在的带入中显现的。为此，本文采用“无原则的批判”的研究方法，让当代大学教学意义在思想的批判（回归过去）、语言的批判（走向将来）和现实的批判（带入现在）中显现出来。

批判有两种，即有原则的批判和无原则的批判。有原则的批判即批判者借助于某种既定的尺度来衡量被批判者，并由此发现其与尺度的不足。无原则的批判克服了作为否定意义的批判的狭隘性，它强调为事物划定边界。“边界是一条特别的界限，是一个事物的起点和终点。在起点的地方，事物开始自身；

① 彭富春：《无之无化》，上海三联书店2000年版，第38页。

在终点的地方，事物完成自身；在起点和终点的中间，事物展开和发展了自身。于是事物在边界之中使自身成为了一个完满的整体，也就是一个具有开端、中间和终结的结构。"① 基于无原则的批判的分析，当代大学教学意义获得了自身的边界，一方面，它与其他时代的大学教学意义相区分，另一方面，它获得了自己言说的空间。

① 彭富春：《关于"无原则的批判"的演讲》，《博览群书》2006年第5期，第73~81页。

第二章

大学教学意义：思想的批判

当代大学教学意义“从何来”显现于思想的批判中，即在思想的批判中，当代大学教学的意义获得了言说的可能。在彭富春的观点①——西方古代思想由于它和智慧的关系而有它的道，现代思想无道而有技，后现代既无道，也无技，惟有欲求的言说而已。这三者之间的边界性和转换性暗示着一种新的语言的可能——的启发下，本章从古代（学界将古希腊、中世纪、近代这三个时代统称为古代）、现代和后现代出发，开展大学教学意义的思想批判。

一、古代大学教学意义：笃向生存

“笃向”的意思是“专诚向往”。自苏格拉底以降，大学教学意义由生存规定，笃向生存是大学教学意义所在。

《现代汉语词典》释“生存”②：（人或生物）保存生命（跟“死亡”相对）。③《汉语大词典》释“生存”：（1）活着；活下去。汉刘向《说苑尊贤》：“夫圣人至于死尚如是其厚也，况当世而生存者乎！”（2）存在。金元好问《高平道中望陵》诗之一：“一片青山几今昔，百年华屋计生存。”（3）生活。艾青《怜悯的歌》：“请告诉我你是什么人？在这繁华的都市怎样生存？”可见，中文中的生存与生命和生活没有完全区分开来。

“生存”的英文是existence，由词根ist和前缀ex组成。ist指“存在”，ex表示“超越”、“向外”、“出”。但这里的“超越”并不是与“内在”相对立的“脱离”，而是意味着“依靠自身”、“自我挺立”；“向外”也并非指到“外面”去，而是指一种由内向外的意向性；“出”也不是指“出去”，而是指“绽出”、“显露的持续”，因而“生存”所强调的恰恰是，整个凭靠自身

① 彭富春：《哲学与美学问题》，武汉大学出版社2005年版，第93页。

② 汉语大词典编辑委员会编：《汉语大词典》第七卷，汉语大词典出版社1991年版，第1493页。

③ 中国科学院语言研究所词典编辑室编：《现代汉语词典》，商务印书馆1973年版，第915页。

力量站起来的尚未完结（也不应该完结）的过程。①

所以，有学者认为，人“并非简单的‘生命的存活’，而是指‘生成着的存在’。人的存在不是现成的而是生成的，并且不会最终完成于某一确定的状态，而总是向未来、向新的可能开放。一旦凝固下来，它就会失去生命的活力、张力、物化甚至腐化”②。

可见，“生存”乃是凭借人之本性的超越。它有两重意义：首先，要让人生存，就要让人明晓自身的本性。《坛经》释“智慧”：“善知识，智如日，慧如月，智慧常明。于外著境，被妄念浮云盖覆自性，不得明朗。故遇善知识，闻真正法，自除迷妄，内外明澈，于自性中万法皆现。见性之人，亦复如是。此名清净法身佛。”这就是说，人的本性就象日月一样。日月经常被乌云遮盖，本性也经常被各种迷妄遮蔽，所以需要明心见性。只有明心见性，才能知道人之生存的意蕴。其次，生存是超越的，不是停止不前的。但超越不是脱离人自身，而是人之本性的不断完善。生存“唤醒了一种确信，是自我表现有可能达到完全的自由和自觉，而这是一切推动人类进步与革新的伟大的创造性劳动所必需的”，同时，生存“不只是从一个线团上把线抽出来；它是一个不断地引进新材料，不断地创造的过程”。③

正因为生存相关于人的自在自为，所以古代大学教学意义笃向生存具有重要的意义。“教育者的工作意味着对实在的一种解释，要比激烈、顽固的宗教认为可能和合法的解释更友善。因为，倘若教育工作者不相信在每个人的心灵中都有某种正在沉睡而可以唤醒的真与善的成分的话，教育工作如何进行，它又如何能要求教育工作者的全部忠诚呢？”④ 在康德眼中，“笃向生存”的教学是让学生“自由地进行判断”⑤。在不同的时代，生存对大学教学意义具有不同的规定。在古希腊，大学教学的使命是洞见整体在场的意义⑥，其目标是培养出有理性的人，他与一般的城邦市民相区分，具有正义、勇敢、节制和智慧的美德；在中世纪，大学教学的使命是信仰上帝给予的意义，其目标是培养出有信仰的人，他与一般信徒相区分，具有信、望、爱三个根本特性，即他是

① 邹诗鹏：《生存论研究》，上海人民出版社2005年版，第58页。

② 张曙光：《生存哲学》，云南人民出版社2002年版，第347页。

③ 鲁道夫·奥伊肯著、万以译：《生活的意义与价值》，上海译文出版社1997年版，第68～69页。

④ 同上书，第108页。

⑤ 伊曼纽尔·康德著、赵鹏等译：《论教育学》，上海人民出版社2005年版，第69页。

⑥ 古希腊人还未与天地万物分离开来，因此对一切事情都感到惊奇。

一个在任何时候都充满希望的有博爱情怀的信仰上帝的人。在近代，大学教学的使命是证实理性怀疑的意义①，其目标是培养出有修养的人。

（一）古希腊大学教学意义：保持理性与生存的张力

大学教学的关怀在于让人成为自在自为的生存的人，因而教学意义本身就应当存在生存论的基础。当代教育哲学的生存论转向（Existential Turn）意味着，人的生存在教学中的“自觉表达以及由此所形成的自批判自超越的辩证思维精神气质，这种思维和气质既不能归结为单纯的西方哲学史上的‘逻各斯’精神即理性主义精神，也不能归结为外在于‘逻各斯’的‘努斯’精神即狭义的‘生存论’（非理性主义），而是两者的辩证综合”②。其实，理性与生存的张力早已蕴含在古希腊大学教学意义中，造就了古希腊大学教学的辉煌。③ 诚如著名教育史专家威廉·博伊德（William Boyd）和埃得蒙·金（Edmund King）所言：“确实，欧洲的教育史只有三大教育理论时期，第一，从许多方面来说，最伟大的是希腊时期。”④

从培养高级人才角度看，古希腊也有大学，如柏拉图开办的阿卡德米学园（Academy），亚里士多德开办的吕克昂学园（Lyceum）。著名哲学史专家塞缪尔·斯通普夫（Samuel Enoch Stumpf）把阿卡德米学园看作是“欧洲历史上出现的第一所大学”⑤。从苏格拉底（Socrats）开始，“保持理性与生存的张力”的意义一以贯之到古希腊大学教学中。

1. 古希腊大学教学意义的哲学基础

在古希腊人的原初直观的理解中，理性既是一个认识论概念，同时也是一个存在论概念。当理性从存在论含义向认识论和技术论含义转化时，造成了理性与生存的断裂。为此，保罗·蒂里希（Paul Tillick）区分了“存在论理性”（ontological reason）和“技术论理性”（technical reason）：“我们能够在存在论的理性概念和技术论的理性之间做出区别。……在某些逻辑实证主义流派中，哲学家拒绝‘理解’任何超越技术理性的东西，故而使其哲学与生存的关怀无涉。技术理性如果脱离了存在论理性，无论它如何被逻辑地和方法论地提

① 来自笛卡儿“我思故我在”和帕斯卡尔的“人是芦苇，然而是能思考的芦苇”的著名论断。

② 张曙光：《生存哲学》，云南人民出版社 2002 年版，第 55 页。

③ 在古代，教育与教学还没有完全分开，教育就是教学，教学就是教育。为了与研究主题一致，本文采用教学。

④ 博伊德等著、任宝祥译：《西方教育史》，人民教育出版社 1986 年版，第 25 页。

⑤ Samuel Enoch Stumpf, James Fieser: *Socrates to Sartre and Beyond A History of Philosophy*, New York: McGraw－Hili College, 2003, p. 49.

炼，都会使人丧失人性（dehumanize man）。"① 蒂里希"将理性概念与人性概念并提，意指作为存在论的理性的外延，远大于数学与逻辑推理的技术理性，真正的理性并不与人性中的审美、激情、直观相对峙，相反它包容了今天技术理性所拒斥的因素，它内在地容纳了形上与形下、认知与道德、逻辑与审美、规定性与创生性、确定性与非确定性"②。

按照海德格尔的理解，理性来源于对逻各斯的解释。范明生先生在《希腊哲学史》中认为逻各斯一词有十种含义：（1）计算、尺度；（2）对应关系、比例；（3）说明、解释；（4）灵魂的内在思考或思虑；（5）陈述或言说；（6）口头表达；（7）特许的说法，如神谕、格言、命令；（8）所言说的对象、主题；（9）表达方式；（10）神的智慧和言语。概括说，逻各斯之义有三点：具有宗教神圣、作为对象尺度和能被主体言说。③ 如赫拉克利特（Heraclitus）认为，生命本身如同熊熊燃烧、不断传承的"永恒的活火"（everliving fire）。通过活火说，他揭示了生命运动的逻各斯：生命"不是任何神所创造的，也不是任何人所创造的，它过去、现在和未来永远是一团永恒的活火，在一定分寸上燃烧，在一定分寸上熄灭"④。"熄灭"作为生命的完成并不是通常意义上的生命终止，而是生命的某种"善"的价值实现。正因为如此，生命的燃烧过程决不是任意的，而是存在着内在的秩序与法则。所以说，逻各斯既是从生命过程中提升出来的，同时又构成一切生命过程的本质，显示出了生命彻底能动的本质。但自亚里士多德以后，逻各斯被抽象为"作为对象尺度"的形式逻辑规则，"随着亚里士多德用枯燥的、学究气十足的散文（书面语）取代了早期哲学家诗意的语言……逻各斯失去了它丰富的暗示性含义，变成了干巴巴的'定义'和'公式'的意思"⑤。

逻各斯从一开始就具有侧重于"尺度"、"规律"的含义。但在古希腊思想中，理性也不仅仅由逻各斯表示，还由阿那克萨哥拉（Anaxagoras）的努斯（Nous）表示。努斯指心灵对感性经验的超越，对规定性的不断突破。它表明了生存不光要维持自身为"一"，还要认识世界，安排世界，使世界成为美的、善的世界。在阿那克萨哥拉看来，这就是贯穿人的灵魂和整个世界的

① 高秉江：《生存与理性的张力》，《天津社会科学》2002 年第 6 期，第 39 ~ 43 页。
② 同上。
③ 汪子嵩等主编：《希腊哲学史》第 1 卷，人民出版社 1993 年版，第 456 ~ 457 页。
④ 邹诗鹏：《生存论研究》，上海人民出版社 2005 年版，第 97 页。
⑤ 邓晓芒：《思辨的张力》，湖南教育出版社 1992 年版，第 31 页。

“努斯”的生存方式，即理性①。寻求普遍规定性，又不断突破已有规定性的张力，贯穿于古希腊的思想史中，“整个希腊哲学史在比较明显和表面的对逻各斯的追求和确立地下，潜流着一股生存论的本体冲动”②。

“逻各斯”和“努斯”的结合构成了完整的理性概念，这种真正的理性不断建构规定性，又不断自身突破这种规定性。质言之，理性与生存处于某种张力的平衡中，真正的理性并不外在于人的生存，而是内在地蕴含着生存论的维度；真正的生存并不排斥理性，而是内在地包容理性。③

2. 古希腊大学教学意义的理论阐释

“教学”（education）源于两个拉丁词根：一个是 educere，意思是引导或诱导（to lead or draw out）；一个是 educare，意思是培养或塑造（to train or mold）。④ 这两个词源是“逻各斯”和“努斯”在教学中的统一，而未出现后世对教学的那种二元对立的理解。这种对教学整体的理解首先归功于苏格拉底，“是苏格拉底及其后继者们发展了明确的教学理论”⑤。

苏格拉底的教学论

苏格拉底之所以能引领一代教育大师的风骚，这与他的教学论从“万物有灵论”转向“生存目的论”紧密相关，“人的生存不是盲目冲动，而是一个以自身为目的的自觉的创造过程。为了实现这一过程，人又必须超越个体生命的有限性，意识到全人类的共性，最初是意识到每个人身上赋有的共同‘神性’，于是，个人以自身为目的就表现为以神、以自身中的神性为目的，以‘类’为目的，生存目的论就成了对善的追求”⑥。这种“过日子”的大学教学主张，通过辩证法让个体“认识你自己”，发现灵魂中潜存的“善”，以此规范个体过一种有意义的生活。如果教学能让个体过这样的“日子”，教学也就“止于至善”了。所以，苏格拉底认为，好的教学具有“善”的特征。“善”并不是外在于人生存，它本身就是人生存的根本规定，人的生存存在着自身内在目的（善），并通过生命和生活趋向“善”。教学即生成，是将上述尚是一个原则的善的现实化过程；教学即生存澄明，人们追求知识、美德、正

---

① 邓晓芒：《思辨的张力》，湖南教育出版社 1992 年版，第 46 页。

② 同上书，第 54 页。

③ 高秉江：《生存与理性的张力》，《天津社会科学》2002 年第 6 期，第 39～43 页。

④ 托马斯·马格奈尔著、董立河译：《教育和价值的几个问题》，《教育研究》2004 年第 10 期，第 24～29 页。

⑤ 博伊德等著、任宝祥译：《西方教育史》，人民教育出版社 1986 年版，第 25 页。

⑥ 邓晓芒：《思辨的张力》，湖南教育出版社 1992 年版，第 49 页。

义绝不是为了获得一种“知识”，而是为了达到自我理解，即达到对自身生存的理解。因而“知识即美德”，因为“知识”直接意味着寻求生存的智慧。相应地，“美德即知识”，因为行善的过程本身是“知识”的理性应用，它是人对自身存在意义的体验与思考。“在他的学科表上，注重的是伦理学，而不是论理学。当一个人对这些方面的事情都能思考得正确和准确时，他就能做对事，做好事，行为理智，于是他成为一个好人、公正的人。”①

如何实现灵魂的“善”？这就是苏格拉底开创的“反讽”教学法②：它不仅是一种求知方法，更是一种超越自身的生活样式，即通过反讽，青年人能“自知自己无知”，除掉蒙在知识面上的“尘垢”，以定义的方式指引人的生存实践。雅斯贝斯认为，苏格拉底式的“反讽”教学法是最好的教学范式。苏格拉底式的教学也树立了教师人格的丰碑：为了唤醒年轻人潜存在“灵魂”中的真、善、美，他凭借特有的使命感并一生以“牛虻”为己任，以其道德实践了属于教师的神圣的生存方式。“在苏格拉底式的教学中，学生的敬畏心情表现在精神的无限上，在这无限的精神内，每个人要负起超越自身存在的责任”③。

柏拉图（Plato）的教学论

苏格拉底的教学哲学，一方面通过个体反省求得人的理性，另一方面又用内在秩序引导人的感性活动，这无疑代表着一种古老的生存论教学意义传统。这种传统经柏拉图发展后更富有魅力，以致卢梭说，《理想国》是“以往任何时候写的关于教育的最佳论著”④。

柏拉图认为，人如同居住在黑暗洞穴中的“囚徒”，在模糊不清的世界中产生了错误的知识，却怡然自乐地享受着被奴役的“快乐”。只有教学才能把人从无知的锁链中解脱出来，“被猛烈地强迫站起来，转过身……抬眼向着光明走”⑤。引导个体离开“洞穴”进入“光明世界”正是教学的功能。教学即转变，即从意见世界到理念世界的彻底转向。“灵魂的转变”，不是“将看的

① S. E. 弗罗斯特著、吴元训等译：《西方教育的历史和哲学基础》，华夏出版社 1987 年版，第 61 页。

② “反讽”教学法也叫“产婆术”。在苏格拉底看来，教育的任务是把学习者固有的优秀品质引发出来，犹如产婆的做法。

③ 卡尔·雅斯贝斯著、邹进译：《什么是教育》，三联书店 1991 年版，第 9 页。

④ 博伊德等著、任宝祥译：《西方教育史》，人民教育出版社 1986 年版，第 33 页。

⑤ Samuel Enoch Stumpf，James Fieser：*Socrates to Sartre and Beyond A History of Philosophy*，New York：McGraw – Hill College，2003，p. 63.

能力植入灵魂的眼中，灵魂已经拥有它了，而是保证它没有看向错误的方向，它朝向它应该朝向的方向”①。换句话说，人类自身隐藏着一股潜藏的 idea，它的生成即是它自己的潜在性的实现。只有把握 idea 的人，才能以 idea 为蓝图来塑造人间的理想国。教学不能使用“规范”的手段，而让个体自由地追随、聆听、体验“神”的伟大。当个体按照“神”的意愿行事，“神”的智慧就体现在他的理性运用、劳作上。因此，柏拉图的教学论具有生存——实践论特征，即教学引领人走向本真的生存，既要超越于当下的感性世界，更要以理性实践参与到社会的完善中。因此，教学就是将灵魂曾经知道的东西，通过回忆让其“站立”、“绽放”、“显露”的过程，是一种引导人顿悟、回头的艺术。正因为教学具有如此重要的作用，柏拉图把教学作为实现理想国的根本手段。

不过，当人仰望 idea 时，心中会产生一种“理性的迷狂”，“急于高飞远举，可是心有余而力不足”②。灵魂之所以“心有余而力不足”，因为人的灵魂是由欲求、激情和理性构成，欲求总是引诱人沉迷于物质的追求，因此，教学目的在于保持人的灵魂各功能之间的和谐，使灵魂受制于理性的指引。柏拉图说，灵魂就像一辆两匹马拉的马车：一匹马代表欲求，是一个“无理傲慢的同伴，它只屈从鞭子和马刺……猛烈前冲跑开去，给他的同伴和驾驶者造成了各种麻烦”；另一匹马代表激情，它“不需要鞭子，而只需要言语和告诫来引导”；掌管缰绳的马夫代表理性，他有权利、责任和能力引导这两匹马行驶在正确的轨道上。两匹马没有马夫的约束毫无方向感，马夫没有这两匹马也不能到达目的地，要达到目标必须共同努力。③ 灵魂的三部分就如同马车的三要素，激情和欲求是生命不可缺少的，教学不能漠视个体的情感欲求，必须要满足它们的要求。教学必须“因材施教”，将个体从“处于地下，被塑造、被赋形……送到光天化日之下”。如何将个体“送到光天化日之下”呢？柏拉图说，孩子并不总是与他们的父母具有相同的质，“如果他们的孩子天生就是铁或铜的合金，不得有任何怜悯，他们必须将他送到与他的本性相符合的地方，将他扔到农民和工匠之中”。类似地，如果金质的或银质的孩子出身于工匠家

① Samuel Enoch Stumpf, James Fieser: *Socrates to Sartre and Beyond A History of Philosophy*, New York: McGraw－Hill College, 2003, p. 51.

② 邓晓芒：《思辨的张力》，湖南教育出版社 1992 年版，第 51 页。

③ Samuel Enoch Stumpf, James Fieser: *Socrates to Sartre and Beyond A History of Philosophy*, New York: McGraw－Hill College, 2003, p. 60.

庭，“他们将根据他的价值提升他”。[①] 这表明人相对于动物的神圣性和相对于造物主的有限性而言，个体还具有个人的独特的天赋，教学必须面向具体个人，才能超越生存的当下性，为国家的繁荣做出自己的贡献。因此，柏拉图的教学论代表了人类早期文明最高的一种理性直观。

亚里士多德（Aristotle）的教学论

亚里士多德从生物学的基本原理出发，认为教学首先面对的是一个有生命的个体，而不是某种抽象的idea。只有从这些儿童的实际情况（质料）出发，才能按照成人的“形式”充分发展他们的“潜能”。个体的生成，并不是将无形式的质料和无质料的形式结合在一起，相反，生成总是发生在形式与质料已经结合在一起的个体中，即儿童潜在地是一个成人。所谓教学，就是儿童的“潜能”向“现实”生成的“推动者”，是按照“不动的推动者——神”的“善”给孩子“赋形”的自我实现的过程。

那么如何实现“潜能”向“现实”的生成呢？亚里士多德抛弃了柏拉图“肉体是灵魂的牢狱”的学说，认为灵魂与身体紧密相关。为了表明身体的能动性，亚里士多德区分了三种灵魂：营养灵魂（植物灵魂）、感觉灵魂（动物灵魂）和理性灵魂（人类灵魂），它们代表了身体活动的各种能力。第一种仅仅是存活的活动，第二种既是存活的又是感知的，第三种包括了存活、感知和思想。[②] 这样，教学目的的实现，要根据这三种灵魂相对应的天赋、习惯和理性等生理特征，来安排教学制度：（1）婚姻和育儿以健康和天赋为主，重视体格教育；（2）儿童和青年以情欲和习惯为主，重视品格教育；（3）青年至成人以思辨和理性为主，重视智力教育。他说，“理性是自然本性的目的，所以公民的出生和习惯的培养训练都应以它为准则。其次，由于灵魂与身体是不同的两个部分，它们有两种状态，一是情欲，一是理智，正如身体的降生先于灵魂，非理性以同样方式先于理智。因此，应当首先关心孩童们的身体，尔后才是其灵魂方面，再是关心他们的情欲，当然情欲是为了理智，关心身体是为了灵魂。”[③] 这样，亚氏的教学论明显基于三项准则：中道、可能与适当。中道主张避免极端，教学内容要和个体的身心发展相符合；教学应该追求可能的目标，又应追求与自身情况相一致的适当目标。

---

① Samuel Enoch Stumpf, James Fieser: *Socrates to Sartre and Beyond A History of Philosophy*, New York: McGraw - Hill College, 2003, p. 66.

② 同上书，p. 87.

③ 苗力田主编：《亚里士多德全集》第7卷，中国人民大学出版社1992年版，第264页。

理性既然分为理性部分和非理性部分，那么相应地，教学也具有双重目的。从非理性看，像植物一样，教学让个体掌握生活的技术或生存的技巧，“使个体能够吸收营养维持生理的生命”；其次，像动物一样，教学不仅要张扬个体的欲求，也要约束不自足的欲求，形成良好的习惯。从理性方面来说，教学有“一种主动的生命，它具有一个理性的原则。人类的善就是与德性相一致的灵魂的活动”。过幸福生活就是这种活动的表现，“幸福……就是灵魂以善或德性的方式做一件事”①，因此，教学目的是为人的幸福生活做准备。为了实现个人的幸福生活，教学必须给予个体理论理性和实践理性。实践理性给予人的价值判断，理论理性给予人的思想完善。

3. 古希腊大学教学意义评析

在当代形形色色的反理性的教学思潮中，似乎只有根除掉理性这根“莠草”，才能焕发教学的生机与活力。胡塞尔指出，理性永远不能被根除，它已经深深渗入人类生存活动中。理性的危机并不是理性本身造成的，而是理性的外在形式导致的，只有回返人类的理性之源，才能恢复理性的真正魅力。从古希腊大学教学意义看，确实没有出现后来教学中面临的二元对立的问题，如身体与灵魂、认知与超越、事实与价值、做人与成人、规训与诱导、技术与智慧的对立。在古希腊人圆融生存观的“牵引”下，“理性”与“生存”具有某种张力，这种教学意义才显得如此大气深邃：教学彰显了个体的个性与能力，却没有忘记培养公民对社会的责任感和道德心；教学立足于个体的感性经验，却通向了对“神”的虔诚与敬畏；教学强调个体从实践中感知“善性”，但“善性”的付诸行动依赖于“静思”和“思辨”；教学通过语言的“逻各斯”训练个体严谨、清晰、普遍的思维，但思维的训练还离不开个体对生活的感悟和对“神”的体悟；教学潜存于个体灵魂中的“知识”生成的过程，但生成还得依靠“规训”将个体从“无知的洞穴”中“扶出来”；教学追求过一种幸福式的“善”的生活，而这个追求本身也就是它所追求的那个“善”；教学离不开对个体进行科学知识的“传道授业解惑”，但获得知识并不是为了解释世界，而是通达对超验存在的领悟与反思。

“亚里士多德以后，‘整体建立于个体之上并在更高层次上具有个体性特点’这一公式便明确地并且自觉地被确立为西方哲学传统的主导性模式。”②

---

① 苗力田主编：《亚里士多德全集》第7卷，中国人民大学出版社1992年版，第97页。

② 魏敦友：《回返理性之源》，武汉大学出版社1999年版，第43页。

但这样一来，这种“更高层次上的个体性”，就凌驾于原来的作为本源的生存个体之上，人的能动性便消失，并转化为对“神圣主体”（上帝、自然）的盲目崇拜了，导致了西方教学论上的“超验实存观”传统和“自然主义实存观”传统，“这两种传统都是撇开生存的个体性与感性丰富性（在同样意义上也撇开了生存的历史性与社会性），把生存限定为一种实体存在”①，具体表征就是，追求精神及其智慧的生存教学意义、重视技术及其运用的生活教学意义、彰显体验及其当下的生命教学意义之间的平衡。

当然，保持“理性”与“生存”之间的张力的教学意义，其实早在柏拉图之后就埋下了异化的“种子”，只不过没有到达完全漠视“生存”的地步罢了。第一，柏拉图的 idea 和亚里士多德的“形式”，最终导向一种超验的造物主的存在，教学有无意义全在于能否引导人向超验的造物主无限逼近，个体的能动性、批判性在教学中没有得到很好的体现，“凡是最少有机遇的职业就最需要真正的技术，凡是对身体伤害最大的职业就是最下贱的，最需要体力的职业是最卑微的，最不需要德性的职业是最无耻的”②；第二，柏拉图和亚里士多德都强调感性的重要性，但这里的感性只是认识论意义上的感觉，并不是活生生的主体的、生存论意义上的具体感性，“智慧的特征属于具备最高级普遍知识的人；而最普遍的就是人类最难知的，因为他们离感觉最远”。这样，教学从另一个角度漠视了个体感性上的历史性与丰富性，个体生命和情感价值处于被教学论边缘化的地带；第三，柏拉图和亚里士多德的确从个体出发演绎城邦、国家的地位，但是最终个体的自由消失于满足政治需求的洪流中，“城邦在本性上先于家庭和个人”③，教学逐渐成为政治、经济的附庸，个体的创造性、超越性限定于社会“链条”之中，人成了整个社会机器的一个“螺丝钉”，平庸、机械、无奈地继续“单向度”的生活。可以说，后世对生存的实体化理解与古希腊教育家“生存论”开启不彻底息息相关，而这恰恰也是今天大学教学意义超越的主题。

（二）中世纪大学教学意义：在理性中寻求信仰

古希腊教学意义体现为，求知是为了理性地生存，用亚里士多德的话说，

---

① 邹诗鹏：《生存论研究》，上海人民出版社 2005 年版，第 125～126 页。

② 苗力田主编：《亚里士多德全集》第 7 卷，中国人民大学出版社 1992 年版，第 24 页。

③ 同上书，第 7 页。

就是“过理智的生活，做有德行的人”①。在中世纪，求知与人的此岸世界的生存失去了关联，而与彼岸世界的信仰相联系。在理性中寻求信仰，成为中世纪大学教学意义的根本旨归，这体现在如下几个方面：

1. “知识的最高层次是关于上帝的知识”

从词源上说，中世纪指从古希腊到近代的“中间时代”；从内涵上说，中世纪指的是人文主义的爱好从遮蔽到彰显的过渡时代；从根本上说，中世纪是一个宗教信仰的时代。② 当时的人们认为，世界是由上帝创造的，上帝的智慧恰当地表现在全部被造事物的秩序中；上帝不仅创造了一个世界，而且还拯救这个世界，以自己的“博爱”感化世人。既然万事万物都承蒙了上帝的恩惠，那么，事物之间的关系是相似的，摹写了上帝的智慧。所谓知识，乃是寻找自然世界与超验世界的对应关系，知识产生于对相似性的探寻中。在知识的秩序中，“知识的最高层次是关于上帝的知识”③，对上帝知识知之最多的人，可以最为深刻地理解世界的真实本性。与上帝的全知全能相比，人是一个有限的存在；作为一个有限存在的人，是永远无法洞悉上帝的智慧的。但是，上帝在创造世界时，把人放入“存在之链”中一个独特的位置上，人“可以堕落到低级动物的形式之中，或者通过灵魂的理性攀升到一个更高的神圣的本性上去”④。这样，与动物和天使相比，人拥有独一无二的选择自己命运的能力，或者兽性大发，或者成为上帝的信徒。因此，尽管人类不能完全认识上帝的无限，但凭借自己的理性，在对相似性关系的探究中，可以最大限度地领悟到上帝的智慧。

但是，物与物之间的相似并不是显而易见的，它们隐藏在语词、符号中。世界充满着需要被诠释的符号。只有对相似性关系作永无止境的诠释与破译，才能昭显上帝的伟岸。对上帝的信仰与对世界的知识的理性探究，牢不可破地结合在一起。

2. 开设的课程“都是创世主的作品”

中世纪的知识观决定了大学教学所采用的课程，不管是普通课程还是专业

---

① Samuel Enoch Stumpf, James Fieser: *Socrates to Sartre and Beyond A History of Philosophy*, New York: McGraw – Hill College, 2003, p. 89.

② S. E. 弗罗斯特著、吴元训等译：《西方教育的历史和哲学基础》，华夏出版社 1987 年版，第 137 页。

③ Samuel Enoch Stumpf, James Fieser: *Socrates to Sartre and Beyond A History of Philosophy*, New York: McGraw – Hill College, 2003, p. 131.

④ 同上书，p. 194.

课程，都是围绕着图书开设的，“每个作品都是创世主的作品”①。有什么样的图书，就有什么样的相关课程。如通过研读亚里士多德的著作，进行逻辑学和辩证法的学习；通过研究西塞罗的《论创造力》和《支持赫伦纽斯》，来学好修辞学；通过学习欧几里得和托勒密的书，进行数学和天文学的教学；法学专业学生以《格拉蒂安教令集》为基础教科书；民法方面的评注是关于公元6世纪东罗马皇帝查士丁尼下令编集的《法学汇纂》；医学院用的是康斯坦丁在11世纪编的希波克拉底和盖伦的著作集《医学论》，稍后还加上阿拉伯人的重要著作：阿维森纳的《医典》，阿威罗伊的《科里杰特》或《治疗学》，拉泽斯的《奥曼索尔》；神学以彼埃尔·朗巴德的《教父名言录》和彼埃尔·康默斯托的《经院哲学史》为教材。②

围绕图书开设的课程，目的是通过对符号与语词的解释，让学生坚定对上帝存在的信仰。当时的一位潜心钻研普通课程（即“七艺”——课程、文法、修辞、逻辑、算术、几何、天文学和音乐）的学者、美因兹的大主教拉班对七艺的内涵作了如下解说③：学会文法才能理解语词的意义和文字、音节的意思，也才能理解《圣经》中的寓言、谜语、比喻等各种修辞法；修辞与教会的布道及传教息息相关，“谁娴悉修辞，就能传布上帝的圣言，做一件有益的事”；辩证法“使我们懂得人生及其本源，通过它，我们认识善、造物主和造物三者的来源和活动。它教我们去发现真理，揭露谎言，教我们作结论”；算术。“对数无知，就难以理解《圣经》中有引伸意义或神秘意义的段落和句子”；几何学。“几何学在建筑教堂和神庙方面也有用途”；音乐。“对音乐无所知的人是不能以合适的方式胜任神职的。在教堂里，口齿清晰的读经和优美的唱赞美诗都是由音乐知识加以调节的”；天文学。“教士要努力学会建立在探索自然现象基础之上的天文学知识。探索自然的目的是为了确定太阳、月亮和星星的运行路线，也是为了准确地计算时间。”

不仅普通课程如此，专业课程也体现出了相同的特征。欧坦的贺诺留斯在其《教学大纲》中说：“人们通过人文学科到达科学的家乡，而每种人文科学都表现为一个城市阶段。”除了前面提到的“七艺”之外，第八座城是物理学，“希波克拉底在这里把草本与木本植物、矿物和动物的天性和本质传授给

① 雅克·勒戈夫著、张弘译：《中世纪的知识分子》，商务印书馆2002年版，第52页。

② 同上书，第70~71页。

③ P·克伯雷选编、任宝祥等主译：《外国教育史资料》，华中师范大学出版社1991年版，第119~121页。

朝圣者”。第九座城是力学，“朝圣者从中学会了木材和大理石的加工，学会了绘画、雕塑和所有的手艺。”第十座城是经济学。“它是通向人的家乡的门户。在这里地位与尊严得到安排，职能与秩序得到区分。急于奔向自己家乡的人们在这里进行学习，以便根据功绩进入到天使的等级中去。”第十一座城是政治学，按照上帝的启示去管理国家。①

3. 诠释的教学方法

在中世纪，并没有出现现在所谓的宗教文化与世俗文化的对立。中世纪的整个文化都是在《圣经》的精神领域之内产生的。如果全部知识是上帝启示的结果，那么对《圣经》的诠释也就具有百科全书般的价值。

在教学中，诠释的方法首先表现为对语词意义的评注。在经院哲学家看来，文字的意义至少有四种：字面上的、譬喻的、道德的和通往的，即通往或通达神圣以及不可言喻之物。里拉的尼古拉以诗的形式报道了这四种意义，“字面的意义说明事实，譬如的意义说明信仰的内容，道德的意义指明应当要做的事情，而通往的意义则指明你应当努力争取的东西。”②

在评注的同时，会产生一系列疑难问题。通过进一步辩论，推动师生对这些问题作进一步的研究，“大学知识分子就在这一时刻诞生了……教师不再是注释者，而成了思想家。他提出了自己的解答，他体现了创造性。他从研究中得出的结论，是他思想的成果”③。辩论一般有独辩与互辩之分。独辩指一名学生就某一个问题的两面提出论据，自己辩驳。互辩指双方就一个问题的正反两面提出各自的论据。互辩又分问题辩论和自由辩论。在问题辩论中，题目事先由提出辩论的老师确定，继而通知学院的其他部门。问题辩论又分为两个环节。首先是预备论证，在教师必要给予的支持下，学生要解答来自其他教师、同班同学、非同班同学、以及校外人士的提问。依此辩论整理出来的教学材料是不系统的，需要第二步的“主导论证”④：教师在自己所在的学校再次把头天或前几天辩论的材料仔细阅读一遍。首先他在资料允许的情况下，把针对他的论点提出的异议按照逻辑顺序或依自然次序列出，最后确定它们的最后措词。列举这些异议后他就自己的理论作若干论证，然后再举行一次讲学报告，逐一答复针对他的论点所提出的异议。这是论证的中心和主要部分。

---

① 雅克·勒戈夫著、张弘译：《中世纪的知识分子》，商务印书馆2002年版，第52~53页。

② 洪汉鼎：《诠释学》，人民出版社2005年版，第35~36页。

③ 雅克·勒戈夫著、张弘译：《中世纪的知识分子》，商务印书馆2002年版，第82页。

④ 同上书，第83页。

与事先加以思考和进行准备的问题辩论相比，随意辩论的难度要大得多，“对接受提问的教师是一个巨大的威胁……所以谁要是打算经历一场随意性辩论，他就必须具备非同寻常的决断能力和几乎有通晓万物的知识”①。

中世纪大学的教学法磨练了人们敏锐的心智，培养了人们探究、辩驳、推理的思维习惯。“信仰寻求理智力”是这种教学方法实施的最好写照。所以勒戈尔说②：

经院哲学把模仿的法则同理性的法则结合在一起，把权威的规定同科学的论证结合在一起。不仅如此，神学还立足在理性的基础上，从而变成了科学——这是本世纪具有决定性意义的一大进步。经院学家们阐释了圣经中没有阐明的内涵，这鼓励信徒们为自己的信仰找到根据。

4. 师生的精神状况

在一个信仰的时代，“把学习有关辩证法技术的理解看成是通往上帝真理的门径和拯救灵魂需要的知识时，我们就可以知道，这是为什么很多人接近学者，并把他和他的技术看作神明的缘故”③。此论断揭示了一个有名的学者或者学者社团，往往能吸引不同国家的年轻人来求学的原因。即使当时的教学环境狭小而又简陋，但是年轻人依旧乐此不疲。“人的流放是无知，他的家乡是科学”，概括出年轻人求学的心态。他们相信：“没有任何人再比教师更重要和更有影响了，那些想升高到这个地位的人必须有完美的道德和知识。他要掌握各种事物。圣经、历史、雄辩术、‘格言的深奥意义’、医学、基督教理论、各种知识和绅士的美德和仪表——这是引导人们到耶稣那里，并了解他的天国和人所具备的标准才能。”④

中世纪史专家雅克·勒戈夫（Jacques Le Goff）把教师称为“知识分子”，“只有知识分子这个词确切表明一个轮廓清楚的群体：学校教师的群体。‘知识分子’一词出现在中世纪盛期，在12世纪的城市学校里传开来；从13世纪起在大学中流行。它指的是以思想和传授其思想为职业的人。把个人的思想天地同在教学中传播这种思想结合起来，这勾勒出了知识分子的特点。”⑤ 简单

① 雅克·勒戈夫著、张弘译：《中世纪的知识分子》，商务印书馆2002年版，第84～85页。

② 同上书，第81页。

③ S. E. 弗罗斯特著、吴元训等译：《西方教育的历史和哲学基础》，华夏出版社1987年版，第159页。

④ 同上书，第151页。

⑤ 雅克·勒戈夫著、张弘译：《中世纪的知识分子》，商务印书馆2002年版，引言。

来说，知识分子的特点表现在：

第一，他是研究者。知识分子相信，用自己的理性，能探究到上帝将自己的智慧刻在世界中的印记。[①] 为了不受任何干扰进行学术研究，知识分子仿效行会的形式组成了学术团体（拉丁文 universitas，意味着学者联合体），为求知创造了相对自由的环境。

第二，他是教师。知识分子“认识到科学与教学之间的必然联系。他们不再认为科学需要像珍宝一样看管起来，相反，相信应该让科学得到广泛流传”[②]。寻找真正的信仰并把信仰知识传播开来，是他们作为上帝选民的神圣使命。“每个有才智的人，……都可以教学，因为他需要通过教学，把他发现是背离了真理或道德的正确方向的兄弟引回正道。”[③] 作为一名教师，他并不是照本宣科，而是讲解自己独到的研究成果，作为“第一个伟大的新时代的知识分子，第一个教授”的阿贝拉尔说，“在教学中我从来习惯于依靠我的思想力量，而不是依靠传统”[④]。

第三，他是教士。知识分子把知识看成是上帝的赐予，学术团体“首先是个宗教组织”[⑤]，“神学胜过其他爱好，教学占统治的方法是权威的逻辑的详尽阐述”[⑥]，知识分子的虔诚笃信表现在，师生参加风行一时的圣餐礼拜和参加“基督复活”的游行，并把圣母玛利亚作为朝拜的偶像，“大学成员希望在这颗圣洁之星下寻找科学之光”[⑦]。

简而言之，“知识分子”指中世纪随着城市的发展而从事精神劳动、以教学为职业的教士，他们“在理性背后有对正义的激情，在科学背后有对真理的渴求，在批判背后有对更美好的事物的憧憬”[⑧]。

勒戈夫对师生的精神状况的刻画表明，信仰并不等同于愚昧迷信，信仰靠理性来追求，理性靠信仰来保证，理性与信仰之间是有活力的统一。“追求真

---

① 雅克·勒戈夫著、张弘译：《中世纪的知识分子》，商务印书馆2002年版，第44~45页。

② 同上书，第56~57页。

③ 同上书，第88页。

④ 同上书，第33. 页。

⑤ 同上书，第65页

⑥ S. E. 弗罗斯特著、吴元训等译：《西方教育的历史和哲学基础》，华夏出版社1987年版，第163页。

⑦ 雅克·勒戈夫著、张弘译：《中世纪的知识分子》，商务印书馆2002年版，第75页。

⑧ 同上书，引言。

理，做时代的儿女”①，是对中世纪大学师生的精神状况的最好写照。

5. 严格的教学管理

中世纪大学的产生是理性寻求信仰的产物，严格的管理为开展教学提供了必要的保障。

首先，制订规章制度以调节组织的内部关系：第一，设置专业和开设相对稳定的课程，保证了师生身份的社会认同。中世纪大学设置的艺学、法学、医学和神学等专业，为当时社会提供了一批经过很好职业训练的人才；第二，制定严格的入会标准，保持了团体的学术水平。要想获得大学授课许可证，要通过一系列考察：包括一些要读的书，参加一些规定数目的讲演，出席规定所需数目的学术讨论，讲授一定数目的课。当一个人满足了所有的要求，还要通过博士学位考试。这个考试分几个不同的阶段。最重要的一个阶段就是做出一系列评注，以及回答由四名教师组成的委员会的提问。只有当他通过了所有的考核标准，才被接受入会，并给予相应称号；第三，通过考试来颁发学位证书，保证了学术研究的质量。刚入学的新生称学士。要想拿到学士学位，要通过三个阶段的考试②：在第一个阶段，学位申请人必须在 12 月举行的“问答”中同一位教师展开讨论。第二个阶段是在次年的四旬斋期进行考试。考试通过后，他才可以参加“预考”，以表明他已掌握了大学大纲中规定的著作。第三个阶段是“大考”：在四旬斋期间，申请人要讲几堂课，而且还要回答学生和同行提出的相关问题，证明他有能力继续自己的大学生涯；第四，建立民主管理制度，保障了大学组织的稳定。在中世纪大学中，一般都有四个学院，即艺学院、法学院、医学院和神学院。学院院长常由著名教授兼任。大学的最高领导人是校长（大学校长的完整的称呼是 rector scholarium，即学者的领袖）。大学校长候选人由具有 7 年以上教授文法或修辞学，或教授哲学两年以上资质的长者担任；开始每月改选一次，后来改为 3 个月，16 世纪以后改为一年选举一次；选举程序是先由各民族团的首领、各学院的院长参加，再由各民族团和学院选举出的代表参加。大学校长任职仪式十分隆重，他必须手按《圣经》向上帝宣誓，誓死要捍卫大学的权利。③

其次，争取特权以划定组织与外界的关系。争取自治的权利一直贯穿于整

① 雅克·勒戈夫著、张弘译：《中世纪的知识分子》，商务印书馆 2002 年版，第 11 页。

② 同上书，第 72 页。

③ 李兴业编著：《巴黎大学》，湖南教育出版社 1983 年版，第 23～24 页。

个中世纪大学发展中。为了争取自治权，大学不得不与教皇、国王或地方当局开展各种形式的斗争。而且，通过与教权和王权博弈、与世俗势力斗争而获得的特权，是促成大学自治权形成的一系列条件。中世纪大学迁徙与罢教这两种斗争的方式与权力的获得，分别发端于“大学之母”之称的波隆那大学与巴黎大学。以迁徙权与罢教权为基础，大学逐步争取到更多的权利，特权的范围逐步扩大，如师生有不纳税、不服兵役权；大学有设立特别法庭权、享有最终裁决权；教授有参政、管理内部自治权；学院有审定教师资格、授予学位权，从而使大学与教会、国家的关系逐步制度化，为学术研究创造了相对自由的环境。勒戈夫认为，中世纪大学之所以能开展有序的教学，首先靠师生的团结与坚定；其次，“世俗势力和教会势力从大学成员的存在中得到许多好处，他们是一批不容忽视的经济上的主顾，并为培训顾问与官员们提供无与伦比的教育场所，还是造成赫赫声望的基础，因此罢课和分离出去的强硬方法不会不奏效”①；第三，大学有一个至高无上的同盟者——罗马教廷。正是在罗马教廷的庇护下，大学获得了独立的特权，即或像巴黎大学和牛津大学这样一些比较古老的大学，也都试图通过从教皇那里寻求对其独立地位的承认。

正是这些内外制度的实施，中世纪大学冲破了教会对知识的垄断，为文化传承、高深学问的探究、社会精英的培养做出了不可磨灭的贡献。更重要的是，它彰显了作为学术殿堂的自由、独立、卓越、超然的精神气质。拉斯代尔对中世纪大学作了高度的概括与评价：“基督教社会理智生活中的独一无二的最高地位”、“灵魂之殿堂中一盏光芒四射的明灯”、“没有任何教育组织还能像中世纪大学那样，在组织及其传统研究及其活动方面，对欧洲的进步以及智力的发展产生深刻而广泛的影响”。②

6. 中世纪大学教学意义评析

由上可以看出，中世纪大学教学意义的定位，在于把人分裂成肉体与灵魂两个部分：灵魂是有理性的，得到上帝之光的照耀；肉体是受欲求支配的，总是试图背离上帝的旨意。人的“原罪”表明，欲求无穷无尽，而理性之光又是如此微弱，只有借助教学，才能提升人的理性，摆脱物欲的诉求，过一种纯粹的精神性生活。通过肯定理性而否定感性、肯定信仰而否定欲求的教学意

---

① 雅克·勒戈夫著、张弘译：《中世纪的知识分子》，商务印书馆2002年版，第63页。

② Samuel Enoch Stumpf, James Fieser: *Socrates to Sartre and Beyond A History of Philosophy*, New York: McGraw – Hill College, 2003, p. 69.

义，当然有失偏颇，如课程内容过分超验化的倾向，与人的实际生活脱节；教学方法过于注重咬文嚼字，与人的情感体验脱节；知识分子过于自我封闭，与时代发展的需求脱节；大学发展过分地依赖教皇的庇护，与真正的自由与独立相去甚远。随着文艺复兴及宗教改革的兴起，这种教学意义的取向开始与环境格格不入，大学开始走入了冰河期，“17 和 18 世纪，除了某些例外，可以称为欧洲高等教育的黑暗时代”①，“对知识分子来说，独立的时代，满怀无私地献身于研究与教学的精神时代，同时也结束了”②。

但是，教学意义正是以理性主义和理想主义为基石，才使中世纪大学成为了对抗世俗主义及享乐主义的精神资源，成为了社会肌体上的一只硕大的“牛虻”。“牛虻”是一种精神象征，来自苏格拉底的一个著名的比喻，“国家好比一匹硕大的骏马，可是由于太大，行动迂缓不灵，需要一只牛虻叮叮它，使它精神焕发起来”。“牛虻”主要有两种涵义，一是像苏格拉底那样，做一个坚定的理性主义者，对充满庸俗气的知识痛加批判；二是小说《牛虻》中展示的那种理想主义精神，它作为一种纯洁的精神财富，能够帮助知识者挣脱物欲的污染与功利性的泥潭，使失去灵魂的浮士德重新变成一名英勇的当代骑士。③ 中世纪大学的雅名——“象牙塔”（Ivory tower），是“牛虻”精神的具体化。在“象牙塔”里，人们崇尚理想甚于崇尚金钱，关心信仰的真实甚于关心眼前的利益，着眼于彼岸甚于关注此岸，相对远离实际生活而沉湎于终极关怀。为此，约翰·布鲁贝克（John S. Brubacher）深有感触地说，大学存在的根本，在于它是一种世俗化的教会，“大学应该成为世俗的教会，那里的一切活动都适合于学生的个人成长”，“大学作为真、善、美的保护人，它提出了一种毫不动摇的忠诚于探索精神的宗教”。④ 所以毫不怀疑地说，中世纪大学教学意义的精神向度，是人类精神圣殿中一块永不褪色的丰碑，是当代大学重新定位其教学意义的重要标尺。

---

① 菲利普·阿特巴赫著、符娟明等译：《比较高等教育》，文化教育出版社 1985 年版，第 30 ~ 31 页。

② 雅克·勒戈夫著、张弘译：《中世纪的知识分子》，商务印书馆 2002 年版，第 64 页。

③ 刘士林著：《阐释与批判：当代文化消费中的异化与危机》，山东文艺出版社 1999 年版，第 374 页。

④ 约翰·S·布鲁贝克著、王承绪等译：《高等教育哲学》，浙江教育出版社 2001 年版，第 143 ~ 144 页。

（三）近代大学教学意义：由科学达至修养

近代是一个“启蒙”的时代。“启蒙”的英文是 enlightment，由前缀 en 和词根 light（光亮）组成，其意思是说，让人接受理性之光的照耀，从而摆脱愚昧、迷信和盲从，走向明智、理性和自主。近代启蒙的任务是消除神话，用科学代替想象，使人摆脱恐惧，成为独立自主的主体。在启蒙思想家看来，追求科学的理性进步统领一切进步，人的主体性的张扬、社会伦理道德的进步，都涵盖在科学理性中，“人类的整个发展，直接取决于科学的发展。谁阻碍科学的发展，谁就阻碍了人类的发展”①。启蒙思想对后世影响极大，以致有些西方学者说，“我们是启蒙的孩子”②。近代大学也是“启蒙”的“孩子”。艾伦·布鲁姆（Allan Bloom）说，“虽然大学的产生可以追溯到很远的过去，我们现在知道的大学，大学的内容和目的却都是启蒙运动的产物。”③启蒙精神贯穿到近代大学教学意义中，就是洪堡提出的“由科学达至修养”（Bildung zum geisteswissenschaft）。

1. 手段：科学教育是最有价值的

近代科学教育的先驱是培根。培根批评了中世纪大学以来的相似性知识观，把相似性斥责为“幻像”。在他看来，只有通过如观察、试验、归纳等方法获得的知识，才是确定的。只有确定性知识才是科学知识。人拥有了科学知识，就拥有了改造社会的力量，“知识和人类的力量是同义词”④。赫伯特·斯宾塞（Herbert Spencer）的见解更是激进，他说，“什么知识最有价值，一致的答案就是科学。这是从所有各方面得来的结论。”⑤ 这个结论是，掌握了科学知识的人，不仅能保全自己生命，还能履行作为公民的职责，更能享受生活的愉悦。

威廉·冯·洪堡（Wilhelm von Humboldt）的大学教学意义也烙上了科学教育的印记。他指出，大学是高等学术机构，是学术机构的顶峰，“它总是把

---

① 约翰·费希特著、梁志学等译：《论学者的使命、人的使命》，商务印书馆2003年版，第40页。

② Charles L：*Adam Smith and the Virtus of Enlightment*, Cambridge：Cambridge University Press, 1999, p. 1.

③ 艾伦·布鲁姆著、缪青等译：《走向封闭的美国精神》，中国社会科学出版社 1994 年版，第 276 页。

④ 弗兰西斯·培根著、何新译：《新大西岛》，商务印书馆1960年版，第26~37页。

⑤ 赫伯特·斯宾塞著、胡毅，王承绪译：《斯宾塞教育论著选》，人民教育出版社 1997 年版，第 91 页。

科学当作一个没有完全解决的难题来看待，它因此也总是处于研究探索之中"①。洪堡把从事科学研究的师生称为学者，并且还为学者从事研究提出了5条原则②：（1）科学研究是对真理和知识的永无止境的探求过程；（2）科学与强调单一技能的手工业不同，它是从不同角度对世界进行整体性的反思；（3）科学有它的自我目的，至于它的实用性，其重要性也仅仅是第二位的；（4）教学只有与科研相联系，才能培养出有独立判断力和个性的人才；（5）大学的生存条件是宁静与自由。这就是"坐冷板凳"和学术自由，国家必须保护学术自由，在科学中永无权威可言。

总之，大学教学与科学研究的统一，一方面是学者作为"自在的人的使命"，即"每一个学者，都本能地要求进一步发展科学，特别是发展他们所选定的那部分科学"③；另一方面，是学者作为"社会的人的使命"，即学者通过他所掌握的科学知识和传授技能，去服务社会。因此，大学是造就学者的场所，学者不但引领科学的进步，而且通过科学知识的传授与研究，促进社会进步。从这个意义上说，学者是人类的"教师"。

2. 目的：培养有修养的人

"学者"不但是人类的"教师"，还是人类的"教养员"④，那就是说，由学者组成的大学，其教学意义在于培养有修养的人。洪堡把有修养的人称为"完人"。"完人"有六条特征：（1）充分的自由性；（2）适度的规律性；（3）生动的想象力；（4）高超的思辨能力；（5）独特的个性；（6）完整的民族性。其中（1）和（2）之间，（3）和（4）之间，（5）和（6）之间，又都存在着相互依存的关系。⑤

在（1）和（2）之间，一方面，人性、人的各方面的能力，不受压抑而自然而然地生长，不受规律束缚能动地进行创造，即自由性是自然性与能动性的统一；另一方面，任何人都不应享有绝对的自由，都不得损害他人的利益，受到社会规则的约束。但是，社会规则对人的制约也是相对的，真正创造性的力量可以不受规则的限制。因此，自由与规则相比，自由起着主导作用。人愈

---

① 威廉·冯·洪堡著、陈洪捷译：《论柏林高等学术机构的内部和外部组织》，《高等教育论坛》1987年第1期，第93~96页。

② 同上书，第93~96页。

③ 约翰·费希特著、梁志学等译：《论学者的使命、人的使命》，商务印书馆2003年版，第43页。

④ 弗·鲍尔生著、滕大春等译：《德国教育史》，人民教育出版社1987年版，第65页。

⑤ 姚小平：《洪堡特——人文研究和语言研究》，外语教学与研究出版社1998年版，第22~29页。

自由，就愈独立自主，愈会善意对待他人。

在（3）和（4）之间，一方面，学生应该具备丰富的想象力，即拥有艺术创造的能力；另一方面，学生要发展深邃缜密的思辨能力，即通过演绎和归纳进行逻辑思考的能力。这两种能力相互牵抑，构成人类思维的两个方面——具象思维和抽象思维。不过，作为新时代的人，思辨力应强于想象力，数学、哲学、逻辑学、语法学等培养思辨力的课程，应优先设置。

在（5）和（6）之间，一方面，学生要具有鲜明的个性；另一方面又体现出完整的民族性，或者说，民族性在个人身上都全部折射出来。只有所有的个人是完善的，一个民族才真正臻于完善。只有面向所有民众的教育，才能提高整个民族的素质。

洪堡认为，只有六条标准都达到，而且让每一组两条标准保持有机的共存，人才能是完人。因此，在洪堡看来，大学教学不是把人功能化，不是把人固定在个别特长上，而是使人自身的各种力量构成一个和谐的整体，让人变成自身行动的主体。对于该主体，大学教学是人权也是人的义务。之所以是人权，是因为任何人作为人本身，有权要求教学去培养其固有的、不可转让的个性；之所以是人的义务，是因为人作为社会的人，需要获得立足于社会所需的一般知识，成为合格的公民，成为社会有用的人。

总之，培养“有修养的人”是教学的出发点。“有修养的人”的特征，完美地体现在古希腊人身上。谈到古希腊，洪堡的敬仰之情溢于言表。“用希腊模式塑造你自己”，是他的一个长久的理念。① 不过，洪堡并不是想用古希腊的“七艺”达至修养，而是用“科学”，“由科学达至修养”是洪堡的大学教学的意义。

3. 实施：科学与教学的统一

洪堡指出，科学最适宜完人的培养，“科学的目的虽然本非如此，但它的确是天然合适的材料”②。科学研究成了培养“有修养的人”的重要手段，这体现在如下的教学要素中。

课程设置：精神科学与自然科学共存

教学的最终目的是培育出“有修养的人”，这唯有依靠“源于内心并能够

① 弗·鲍尔生著、滕大春等译：《德国教育史》，人民教育出版社 1987 年版，第 11 页。

② 威廉·冯·洪堡著、陈洪捷译：《论柏林高等学术机构的内部和外部组织》，《高等教育论坛》1987 年第 1 期，第 93～96 页。

在内心之中栽培起来的科学”，这样的科学首推“纯科学”，即教师所传授的应该是有教养的全面的知识，而不是种种具体技能。① 在德文中，“科学”（Geisteswissenschaft）不仅指内在的精神科学，还指外在的自然科学，都是培养“有修养的人”的重要手段。② 这可以从 1892～1919 年柏林大学哲学系课程设置中看出来（见表 3－1）。

表 3－1　1892～1919 年柏林大学哲学系课程设置

科目	科目	科目	科目
欧洲语言学 古典语言学 德语 英语 拉丁语 斯拉夫语 德国文学 近代文学 法国文学 地中海语言学 拜占庭语言学 欧洲以外语言学 埃及文学 印度文学 汉学、日本学 梵语 藏语、蒙古语 比较语言学 物理学和气象学 印度、日耳曼语言学	普通语言学 比较语言学 历史学 古代史 中世纪和近代史 中世纪史 近代史 近代德国和普鲁士史 欧洲和东方史 国家、经济、国家学说 人类学 统计学 国民经济学 艺术学、古典、考古学 艺术史 音乐学 德国考古学 史前学、考古学 东方考古学 古代东方艺术	近代艺术 民族学、历史地理 民族学 历史、地理 美洲民族学 伦理学和民族学 哲学、教育学、心理学 哲学 哲学和教育学 试验心理学和教育学 数学 高等数学 数学和哲学 物理学 理论物理学 实验物理学 气象学 地球物理学 天体物理学 化学	有机化学 药物化学 工业化学 工程化学 法医化学 植物学 动物学 植物解剖、生理学 植物地理学 伦理学 细菌学 地质学和古生物学 地质学 古生物学 地理学、测量学 地理学 测量学 测量学和航海学 矿物学和岩石金属学 矿物学 天文学

资料来源：黄福涛：《欧洲高等教育近代化》，厦门大学出版社 1998 年版，第 130～131 页。

从上表可以看出，哲学系的课程设置有如下几个特征：首先，课程内容不仅包括人文和社会科学等知识，而且还引进了自然科学方面的科目。这 81 门

① 威廉·冯·洪堡著、林荣远等译：《论国家的作用》，中国社会科学出版社 1998 年版，第 74～75 页。

② 姚小平：《洪堡特——人文研究和语言研究》，外语教学与研究出版社 1998 年版，第 57 页。

课程，几乎囊括了除法、医、神等专业课程之外所有的高级学问。不过，哲学系中有关自然方面的课程，少于人文和社会科学方面的课程，并且直到20世纪初，仍然没有开设有关技术方面的课程，而且几乎所有的课程都强调基础理论的研究，反对科研的应用性和功利性；其次，与中世纪大学的课程作一比较，哲学系的课程内容，不再建立在某种抽象的观念学说、或直接的经验基础之上，而以近代自然科学的理论和实验为依据；第三，哲学系开设的课程，不再是神学、法学、医学等学科的基础课，也不是培养各科教师的必修课，而是通过课程的学习，以培养出具有独立研究能力的学者为目标。

师生关系：为科学而共处

洪堡指出，教学与科研相结合，体现在大学教育工作者身上，就是既是教师，又是科学研究工作者；体现在受教育者身上，就是既是学生，又是研究者。他们都是献身于科学、用比较系统的科学方法进行研究的学者，他们为科学而共处。于是，大学教师的主要任务并不是“教”，而是激发学生研究的兴趣，再进一步指导并帮助他们做研究；学生的主要任务也并不是“学”，他们在教授的指导下，协助教授进行科学研究，养成独立从事研究的能力。所以说，科学研究既能促进知识的发展，也能很好地培养人才。没有科学研究，不通过科学研究，大学就不能培养出“有修养的人”。“在大学中，听课只是次要的事情；重要的是，使学生与情趣一致、年龄相同以及具有自觉性的人紧密合作；在这里应当有一批卓越的有教养的人才，他们只为发展和传播科学而献身，而且在若干年中，只为自身和科学而活着。”① 由这种师生关系出发，柏林大学创建了很多研究所，如在1810～1909年间，医学系的研究所就由1所增加到8所（见表3－2）。

① 威廉·冯·洪堡著、李其龙译：《立陶宛的学校计划》，瞿葆奎主编：《教育学文集》第21卷，人民教育出版社1991年版，第3～8页。

表 3－2　1810～1909 年柏林大学医学系研究所

	1819	1829	1839	1849	1859	1869	1879	1889	1899	1909
解剖学研究所	√	√	√							
药物学				√						
生理学					√	√				
病理学										
解剖、生物研究所										
卫生学研究所										
X 光线近代生物实验室							√	√		√
生物实验室										
合计	1	1	1	2	4	4	4	7	7	8

资料来源：黄福涛：《欧洲高等教育近代化》，厦门大学出版社 1998 年版，第 142 页。

教学方法：生成与教养的结合

洪堡倡导的教学方法是，“按各人不同的才能与状况，对科学及其结论作出不同的处置、理解、观察和应用；另一方面，使每一个人受到纯洁的相同志趣的鼓舞而得益，从而培养他们对科学本身具有最深和最纯的认识”①。简而言之，大学教学方法是生成与教养的结合，教学既要让每一个学生拥有的科研能力生成出来，“一切教养仅仅根源于心灵的内部，外在机制只能起推动的而非生成的作用”②；也要创设一个良好的科研环境，促进学生自我生成。这种教学方法的操作模式是习明纳（seminar）。一般来说，习明纳向他的学生提出问题，或鼓励学生自己发现问题，然后在他的指导下解决问题。在此过程中，创造性的研究方法得到阐明，创造性的科研能力得到训练，创造性的动手能力得到实践。洪堡认为习明纳的作用在于，“它仿佛把一切可能解决问题的办法都提出来，仅仅使人作好准备，自己去从中找出最巧妙的解决办法，或者最好是仅仅从对一切障碍适当的描述中，自己去发明这种解决方法。”③

教学管理：在自由中教与学

① 威廉·冯·洪堡著、李其龙译：《立陶宛的学校计划》，瞿葆奎主编：《教育学文集》第 21 卷，人民教育出版社 1991 年版，第 3～8 页。

② 姚小平：《洪堡特——人文研究和语言研究》，外语教学与研究出版社 1998 年版，第 22 页。

③ 威廉·冯·洪堡著、林荣远等译：《论国家的作用》，中国社会科学出版社 1998 年版，第 74～75 页。

虽然柏林大学的创办离不开国王的支持，但是洪堡深信，“只有大学才能使人通过自身并在自身中获得一切，即对纯科学的认识。对于这种真正意义上的自我行动来说，自由和有益的独立性是必不可少的”①。自由包括“教的自由”和“学的自由”。“教的自由”表现为，教授可以自由地选择自己认为最好的教材，制订教学计划，确定教学方法，政府不干涉他们以任何形式讲授任何内容；教授们可以根据自己的兴趣爱好从事研究，大学允许“百家争鸣”。“学的自由”表现为，学生拥有使用课本和图书馆、转系的自由，学校视转系为正常和必需；学生听课是自由的，他们可以选修自己感兴趣的课程，可以自由地从一所大学转入到另一所大学，而原来的成绩依然有效。可以看出，大学教学独立于政府管理系统，纯粹按照学术逻辑组织教学；大学教学也独立于社会经济生活，教学目标在于探索纯粹的学问，而不在于满足实际社会需要。洪堡说：“当科学似乎多少忘记生活时，它常常才会为生活带来至善福祉。”② 按照纯粹的学术逻辑组织教学带来的变化是，德国的医学教授不允许去从事具体的医疗工作，法学教授不从事具体的法律工作，神学教授不兼神职，教授们在各自的研究领域从事纯粹的研究。

4. 近代大学教学意义评析

洪堡的最大贡献在于，他突破了中世纪大学以来的似是而非的知识观，确立了实事求是的科研观。这样，教学不是探讨悬而未决的问题，而是以事实为依据，以逻辑为准绳，以精确为旨归，对事物进行主客二分的实证分析的过程，“无理则无物”。科研与教学的统一不仅带来柏林大学，甚至是整个德国的科学的繁荣与昌盛，而且也推动了世界范围内的教学改革。弗·鲍尔生（Friedrich Paulsen）说：“19 世纪开展的德国教育运动，在欧洲各国之中，处于领先的地位。德国大学已成为全世界公认的科学研究中心。举世的学者不断到德国走访和留学；各国大学，……力图仿效德国的大学。”③ 但是，洪堡对大学教学意义的定位，摇摆于激进与保守之间，是激进与保守之间的调和物。

“修养”的复古性

说洪堡保守，在于他秉承了苏格拉底以来的“知识即美德”的传统——大学教学不是实用性技能的训练，而是灵魂的教化和精神的提升，是有修养、

① 威廉·冯·洪堡著、李其龙译：《立陶宛的学校计划》，瞿葆奎主编：《教育学文集》第 21 卷，人民教育出版社 1991 年版，第 3～8 页。

② 同上。

③ 弗·鲍尔生著、滕大春等译：《德国教育史》，人民教育出版社 1987 年版，第 121 页。

有理智的“类似希腊人的”德国人的教养活动[1]。同时，洪堡确立的“纯科学”的孤寂与自由的特征，与中世纪大学的“象牙塔”特征如出一辙。“纯科学”有两重特征：首先指研究之纯，表现在（1）学者出于纯粹的好奇心和求知欲进行科学研究，通过“发现”达到精神上的自我实现；（2）学者进行研究，不是出于职称的提升、俸禄的增加等外在激励，而是在实验室里“坐冷板凳”的甘于寂寞。(3) 每当学者有什么重大的发现，都毫不吝啬地将它公布于众，接受同行的评议。

“纯科学”还指教学之纯：教学内容以精神科学为主，目的是陶冶学生的情操与品行；从教学关系看，师生双方都在从事着高深学术的研究，神圣而又纯洁；从教学方式看，多采用“习明纳”和实验室等形式的小班教学，学生不仅得到方法的训练，还得到教授魅力的感染；从教学管理看，大学课堂是远离尘嚣的“象牙塔”，师生为献身科学而交往。

依上所述，洪堡的教学意义定位的缺陷是显而易见的。例如，因为固守传统而厚古薄今；因为强调教学的独立性，却忽视了教学与现实社会的丰富联系；因为强调永恒人性，永恒的价值，却完全排除了教学的实用性、功利性，等等。以复古的方法来解决今日教学的问题，用古人的智慧来拯救今日社会，不管他的思想有多么雄辩，不管他的魅力有多么持久，其教学意义在现实中是行不通的。“1810年创立的柏林大学实际上并没有完全按照洪堡的理念进行教学改革”[2]。

“科学”的僭越性

洪堡毕竟是新时代的人，虽然他不赞同斯宾塞等人鼓吹的绝对的科学教育，但也洞悉到培根“知识就是力量”的内涵，以“科学”为手段进行大学教学改革。但是，他对科学的内涵理解有失偏颇。

一方面，他过分狭隘地理解了科学的本质，崇拜以数学和实验方法为基础的自然科学，并将其方法应用于大学教学中。严谨的科学态度和分析批判的精神，被看成达到学者的首要条件。研究的实证性、事实性、确定性、客观性，被看成是教学的起点，甚至运用到精神科学的研究之中。观察、试验、归纳、在调查中提取样本、用数据说话等科学方法，被看成是最有说服力的研究方法。例如，历史学教学要求学生调查原始资料、筛选档案记录、搜集墓志碑

① 彼得·贝格拉著、袁杰译：《威廉·冯·洪堡传》，商务印书馆1994年版，第76页。
② 黄福涛：《欧洲高等教育近代化》，厦门大学出版社1998年版，第138页。

铭、编著各种文献资料等，力求将历史的发展纳入到因果证明中。即使是“那死抱着旧习陈规而不肯向实证主义屈服的神学和法学，也开始用自然科学方法进行教学了”①。

另一方面，他过度夸大了科学理性的认知作用，认为它是人认识自然的合适工具，是解决社会问题的合适工具，是人摆脱自己加之于自己的不成熟状态的合适工具。人一旦获得科学知识，或掌握科学方法，不仅可以揭示自然界的种种奥秘，而且可以揭示宗教、道德、政治和社会的规律，从而使人通过社会制度的理性设计，实现社会和谐与道德进步。

然而，康德一针见血地指出，科学理性只能保证人获得知识，但不能回答“灵魂不朽”、“意志自由”、“上帝存在”等超验问题。如果人类真的一意孤行，就会导致“二律背反”。那就是说，获取知识只能保证人类改造自然，但不能保证人类在道德方面的进步。“由科学达至修养”，只是启蒙精神的无比乐观的信念，在大学教学中的反映罢了。正因为如此，在 1840 ~ 1870 年中，“就大学的精神生活而言，……用纯粹推理就能洞察生存奥秘的信念，到这时已成彻底破灭的幻想；对于古代希腊文化的热情情趣也被眼前迫切问题的利害关系所驱散，严肃认真的科学的治学精神，到十九世纪中期则成了德国大学的陈词滥调”②。

总之，洪堡对大学教学意义的定位，势必会遭到保守主义者和激进主义者的诟病。保守主义者如约翰·纽曼（John Henry Newman）在 19 世纪中叶，就主张教学与科研“分而设之”，大学教学意义在于知识的传播而不在知识的创造。在激进主义者看来，随着学科日益分化，入学人数激增，科学技术作为“第一生产力”功能的凸现，“面向生活”的教学意义是时代发展的必然，洪堡的“纯科学”的教学模式，不再适应技术化的社会需要。但是，“柏林大学不仅拒绝和反对开设实用技术学科或从事这方面的研究，而且还百般阻挠和抵制技术教育机构的建立，尤其是反对当时综合技术学校升格为工科大学的运动”③。更为重要的是，洪堡秉承了古希腊“抑身扬心”的理念，认为精神教化和理性提升最重要，学生的情感、欲求等都可以忽略不计。科学理性一旦凌驾于人的活生生的生命之上，生命个体就变成了工具性的存在。洪堡以弘扬古

① 弗·鲍尔生著、滕大春等译：《德国教育史》，人民教育出版社 1987 年版，第 129 页。

② 同上。

③ 黄福涛：《欧洲高等教育近代化》，厦门大学出版社 1998 年版，第 146 页。

希腊的人性教学为目标，却是以牺牲人的生命力为代价的。正因为洪堡的教学理念受到两方面的夹击，他的教学意义才没有完全贯彻到柏林大学的教学实践当中。

（四）坚守古代大学教学意义

“笃向生存”滥觞于苏格拉底的“认识你自己”的教学理念，经由中世纪大学“在理性中寻求信仰”，以及近代柏林大学“由科学达至修养”的教学实践，已成为大学教学意义所在。面对现代大学教学越来越严重的功利化、工具化的倾向，许多学者不约而同地以理智①培育为突破口，以此改变大学教学作为“职业训练营”、“社会服务战”、“既定人才的装配线”的现状。

科尔曾揶揄纽曼的观点导致牛津大学的衰落，罗伯特·赫钦斯（Robert Maynard Hutchins）的理论被认为是“不合时宜的真理”（Unseasonable Truths），布鲁姆的观点也被贴上新保守主义的标签。然而，在厄内斯特·博耶（Ernest L. Boyer，1928 年——1995 年）任卡内基教学促进基金会主席期间，在 1969、1976、1984 年对全美本科教学进行全面的调查的基础上写出的《大学：美国大学生的就读经验》，以详尽的案例和铁一般的数据告诉世人，“笃向生存”作为大学教学意义的取向不可丧失。他是基于如下数据得出这个结论的：

首先，从大学教学满足市场需求看，职业主义支配了东西南北的各大学，“很多学校提供了狭窄的技术性培训，发放各种职业证书，但却没有提供丰富的心智教育”②。在 1970 年，学习者选择艺术和人文学科的百分率是最高的。在 1985 年，以商业作为志愿专业的学生的百分率上升到最高。（见表 3 -3）

---

① 信奉古代大学教学价值意义的思想家往往从“理智”出发看待教学。“理智”的英文是 intelligence。我们可以从“理”与“智”的中文意思看“理智”的意蕴。《说文解字》释“理”：“理，治玉也。顺玉之文而剖析之。”这就是说，按照玉石的纹理来雕琢玉石就是“理”。《说文解字》释“智”：“从日，从知，知亦声。”“知”是“智”的古字。《说文解字》释“知”：“从矢，从口”。“矢”是象形字，象镝括羽之形，本意是箭，引申为正直、端正。“矢”与“口”结合，引申为“口说出了天地之道、人世之理”的意思。所以，“智”指真理、仁义。“理”与“智”合起来，意指“按照事物如其所是的样子去认识事物的能力”。“理智”是思想，它不是一般的思想，如你的思想，或者我的思想，而是思想自身，即它提供了事情的原则、根据、本因、开端、基础。

② 厄内斯特·博耶著、徐芃等译：《大学：美国大学生的就读经验》，北京师范大学出版社 1993 年版，第 101 页。

表 3-3 1970~1985 年新入学大学生想主修所挑选专业的百分率

想主修的专业	1970	1975	1983	1984	1985	从 1970 到 1985 年间的变化
艺术和人文学科	21	13	8	8	8	-13
生物科学	4	6	4	4	3	-1
商业	16	19	24	26	27	+11
教育学	12	10	6	7	7	-5
工程学	9	8	12	11	11	+2
自然科学	6	4	3	3	2	-4
专业性职业	×	×	14	14	13	-1
社会学	9	6	6	7	8	-1

资料来源：厄内斯特·博耶著、徐芃等译：《大学：美国大学生的就读经验》，北京师范大学出版社 1993 年版，第 63 页。

其次，从大学教学满足学习者需求看，功利主义支配了大学课程的设置。面对学习者利益的需求，大学教学作出了相应的改革。从学习者对大学教学取得的“基本”成果评判看，“为某一职业进行技能训练”和“详细地掌握一门专业知识”，这两种答案的排列顺序从几乎最低上升到最高。（见表 3-4）这说明，教学的技术培训意义得到了肯定。

表 3-4 大学生认为从大学教学中得到的基本成果（根据回答的百分比）

大学教学成果	1969 年	1976 年	1984 年	1969~1984 年
学会同人相处	76	69	65	-11
确定个人生活的价值和目标	71	63	63	-8
详细掌握一门专业知识	62	68	70	+8
进行职业训练与学习职业技能	59	64	73	+14
全面的基础教育	57	58	60	+3

资料来源：厄内斯特·博耶著、徐芃等译：《大学：美国大学生的就读经验》，北京师范大学出版社 1993 年版，第 63 页。

博耶以不可置疑的事实证明，当前的大学教学在满足市场需求和学习者需求方面是成功的。但是，“如何赋予存在意义并帮助大学生正确地对待他们的人生，各大学对这些更为远大、更为超越性的问题的注意一直是远远不够的。……首要的是，我们需要有教养的男男女女，他们不仅追求个人利益，同时也随时准备去履行社会的和公民的义务。这些优秀的品质和特性正是在本科经历的这一段时间比其他任何时间会更多地得到培养"①。如果大学教学丧失了"笃向生存"意义，这就是大学的灾难。大学教学只有"笃向生存"的传统，才是其意义保证的根源。

可以看出，大学教学要一以贯之地坚守"笃向生存"的传统。这是不是说死抱住传统不放呢？当然不是的，因为"笃向生存"虽然是历史的传承，但其生命力是时代赋予的。只有着眼于时代的发展，不断赋予"笃向生存"新的内容和新的方法，大学教学才能达到净化灵魂、教化精神的目的。如纽曼认为大学教学不应具有科学研究性，这与现代大学教学的使命是相去甚远的。赫钦斯反对大学教学技术获取的意义，这也相悖于一个技术社会的要求，在大学里如果没有学到一技之长，这个人很难在社会中立足。布鲁姆过分强调按照贤者圣人的理念办事，这与社会的发展和要求完全脱节了。这说明，"笃向生存"具有动态性，要随着时代的发展不断地调整大学教学。正如杜德斯达说的，"大学必须要寻求保留它核心意义最珍贵的部分，同时还要开拓新的道路来热切回应这个飞速发展的世界所带来的种种机遇。"②

早在古希腊的毕达哥拉斯（Pythagoras），就把人的生命、生活和生存区分开来。他说，来到奥林匹克赛会的有三种人。最低级的是那些做买卖的人，他们满足于追逐金钱的生命欲求；其次是那些参加比赛的人，他们以获取荣誉证明自己拥有的生活技能；最后是那些作为观众而来的生存的人，他们思考、分析正在发生的事情。在这三种人里边，观众体现了哲学家的沉思，他们的灵魂超越了日常事物的诱惑，以纯思作为清洁灵魂的清洁剂。③ 柏拉图的"洞穴论"想说明的是，人的肉体生命是向"理智世界"飞跃的"锁链"。只有打断"锁链"，人才能从"黑暗的意见世界"来到"光明的理智世界"。大学教学在此充当了砸碎"锁链"的力量。亚里士多德进一步将人定义为"理性的动物"。大学教学是人潜在的、固有的理智生发出来的激活剂。培养出"哲学王"，表征了古希腊大学教学"笃向生存"的意义。

中世纪大学作为现代大学之母，其产生的根源是为了摆脱教权与皇权的干涉，自由地用理性寻求上帝存在的知识。中世纪大学里的教师和学生被称为

---

① 厄内斯特·博耶著、徐芃等译：《大学：美国大学生的就读经验》，北京师范大学出版社 1993 年版，第 6 页。

② 詹姆斯·杜德斯达著、刘彤等译：《21 世纪的大学》，北京大学出版社 2005 年版，第 3 页。

③ Samuel Enoch Stumpf, James Fieser: *Socrates to Sartre and Beyond A History of Philosophy*, New Yor: McGraw - Hill College, 2003, p. 12.

“知识分子”，他们不盲从教皇的信条，也不顺应皇权的律令，而是以自己的理性坚定对上帝的信仰。培养出“有信仰的人”，表征了中世纪大学教学“笃向生存”的意义。

近代大学教学遵守了“教研相统一”的原则，教学不但要传授知识，还要创造新知识，更要通过严格的方法训练，造就思维敏捷、逻辑严谨、言谈清晰、在学科的某一领域有突出成就的学者。培养出“有修养的人”，表征了近代大学教学“笃向生存”的意义。

可以说，从古希腊到近代，“笃向生存”是大学教学意义的主旋律。在现代和后现代，随着“理性”的式微和解构，纽曼、赫钦斯、布鲁姆等人倡导“以传统文化提升理智”，无疑是古代大学教学意义的传统在当代的延续。总之，在他们看来，“大学要做的事情就是要把理智的培育作为其直接范畴，或者是投身于理智的培育”。①

二、现代大学教学意义：面向生活

如果说，古希腊是去洞见在场的意义，中世纪是信仰上帝给予的意义，近代是证实人的理性怀疑到的意义，那么，现代是生产出人这个主体设定出来的意义。由此，现代大学教学与社会需求紧密结合起来，以生活作为其意义的规定，把培养出专家作为自己的使命。作为现代大学教学意义，“面向生活”指大学面向生活开展教学，生活成为大学教学意义的标识。

《现代汉语词典》释“生活”：(1) 人或生物为了生存和发展而进行的各种活动。(2) 进行各种活动。(3) 生存。(4) 衣食住行等方面的情况。(5) 活儿（主要职工业、农业、手工业方面的)。② 《汉语大词典》释“生活”：(1) 生存。(2) 使活命。(3) 只指生存发展而进行各种活动。(4) 衣食住行等方面的情况；境况。(5) 犹生长。(6) 家产；生计。(7) 活儿；工作。(8) 指生活费用。(9) 指用品；器物。(10) 美事；美好的时光。(11) 笔的别称。③ 可见，中文中的生活与生命和生存没有完全区分开来。

“生活”的英文是 livelihood，由词根 live 和后缀 hood 构成。《新韦伯斯特的英语词典》中 live 既是不及物动词，也是及物动词和形容词。作为不及物动

① John Henry Newman: *The Idea of a University*, London: Longmans, Green, and Co., 1907, p. 125.

② 中国科学院语言研究所词典编辑室编：《现代汉语词典》，商务印书馆 1973 年版，第 915 页。

③ 汉语大词典编辑委员会编：《汉语大词典》第七卷，汉语大词典出版社 1991 年版，第 1502 页。

词，live 有如下几个主要意义：（1）活着。（2）生活。（3）居住。（4）留存在人们记忆中。（5）享受人生，生活过的满意。（6）［宗教］获得永生。作为及物动词，live 有如下几个主要意义：（1）过生活。（2）实践，经历。作为形容词，live 有如下几个主要意义：（1）活的，有生命的。（2）真的，活生生的。（3）充满活力的。（4）燃着的。（5）尚在争论中的。（6）正在使用着的。（7）运转的。[①] hood 作为后缀，一方面表示“身份”、“资格”，如 childhood（童年），另一方面表示“性质”、“状态”，如 falsehood（谬误，谎言）。可见，livelihood 的意义比较广泛，既可以表示作为不及物动词 live 的“身份”和“状态”，也可以表示作为及物动词 live 的“身份”和“状态”，还可以表示作为形容词 live 的“身份”和“状态”。质言之，生活一是作为人的身份的确认，二是人实践状态的显现。

从“身份”来看，生活具有社会性，没有社会性的生活不是生活，任何生活都是在社会中的生活。马克思从类生命、社会生命、个体生命出发，认为人是社会关系的总和。在不同的个体生命形成的社会关系中，生活是自然的人化和人化的自然。海德格尔认为生活是此在与世界的勾连：与物打交道是操心，与人打交道是操神。可见，生活与社会的关系是：生活总是需要社会，但社会的基础是生活。因此，“尽管生活是需要社会这一形势，但却不是为了服务于社会。恰恰相反，社会必须服务于生活。为社会而进行社会活动是背叛生活的不幸行为。……好的社会只是好生活的必要条件，却不是好生活的目的，相反，好生活必定是好社会的目的”[②]。

从“状态”看，生活是可能的，不是完成的，任何完成了的生活不是真正的生活。生活是开放的，不是封闭的。“生活本身向多种‘可能生活’敞开着，就像思想向多种‘可能世界’敞开一样。生活的意义就在它的各种可能生活中展开和呈现，生活的意义就在于生活自身，而不可能在别处。”[③]

不管是身份的认可还是状态的延续，都以获取在社会中实践的技术为旨归。现代大学教学贯穿了“技术获取”意义，是与现代社会技术化的特征相一致的。《说文解字》释“技”：“技，巧也。从手，支声。”“术”的古文为“術”。《说文解字》释“術”：“術，邑中道也。从行，术声。”“行”在甲骨

---

① Deluxe Encyclopedic Edition：*New Webster's Dictionary of the English Language*，The Delair Publishing Company，Inc.，1981，p. 558.

② 赵汀阳：《论可能生活》，中国人民大学出版社 2004 年版，第 10 页。

③ 同上书，第 13 页。

文中指“道路”。“技”与“术”合在一起，意指“人对工具的使用和手段的应用”。不过，“技术”一词是外来词汇，是西方语系中的 technique 及其对应词的汉语表述。通行于世的关于“技术”的观念是工具论的，即技术无非是人为了自己的目的而改变事物的手段，手段本身无所谓好坏，它在造福还是为祸，取决于人出于什么目的发明和运用它。

从上分析，所谓“专家”无非是“用获取到的技术去更好地生活的人”。早在古希腊，智者学派反对“笃向生存”的大学价值取向。如和柏拉图同时代的智者伊索克拉底，在他创办的学园中，以更加实用的方法，训练学生的雄辩和写作才能，认为纯粹的理智培育没有丝毫的实际价值。由于他们教导学生如何使一件坏事看起来很好，如何使不公正的案件看起来很公正，而且引导他们怀疑传统的伦理价值，这使得柏拉图轻蔑地称他们为“销售灵魂食品的商人”①。

中世纪大学教学担负起了为社会培养牧师、律师、医生、公务员的使命。但其浓厚的宗教性，让学生意识到是在上帝委托中去行动，是在上帝的名义下去开始并结束他的工作。自近代自然科学的兴起，以普遍性、客观性、中立性为特征的实证知识，在改造世界中获得了前所未有的成功。但近代大学教学贯穿了“由科学达至修养”的价值取向，“技术培训”仍旧游离于大学教学之外。

以美国的赠地学院为先驱，“技术培训”逐渐成为现代大学占主导性的价值取向。尤其在科尔提出“多元化巨型大学”理念以来，为社会培养出各式各样的技术人才，成为教学的主要使命。他说，“（多元化巨型大学）有若干个目标，不是一个；它有若干个权力中心，不是一个；它为若干种顾客服务，不是一种。它不崇拜一个上帝，他不是单一的、统一的社群；它没有明显的固定的顾客。它标志着许多真、善、美的幻想以及许多通向这些幻想的道路，它标志着权力冲突，标志着为多种市场服务和关心大众。”②

进入 20 世纪以来，美国大学技术人才培养观，经历了从查尔斯·范海斯（Charles R. Van Hise）的开创，到科尔的扩展，再到博克的折衷，最后到杜德斯达的超越，约一个世纪的嬗变，迄今仍旧是学界关注的热点。回顾近一个

① Samuel Enoch Stumpf, James Fieser: *Socrates to Sartre and Beyond A History of Philosophy*, New York: McGraw – Hill College, 2003, p. 32.

② 克拉克·科尔著、陈学飞等译：《大学的功用》，江西教育出版社 1993 年版，第 96 页。

世纪以来美国大学关于技术人才培养的观点，对于树立正确的技术人才教学论很有必要。

（一）培养服务于州的知识型技术人才：范海斯的开创

威斯康星大学在校长范海斯（1904 年——1918 年任校长）的卓越领导下，成为当时整个赠地学院教学论和实践的典型代表。“服务应该成为大学的唯一理想”、“把整个州交给大学”的“威斯康星理念”（Wisconsin Idea）由此而来。

在威斯康星大学，技术人才具有两层含义：第一层是有一般性知识的技术人才。教学对象是州的普通大众，让他们掌握基础性的技术常识就行。第二层是有创造性知识的技术人才，教学对象是全日制的在校青年，他们不仅要具有广博的知识，还要具备解决实际问题的能力。范海斯说，“州里的每一个青年都能选择语言、文学、历史、政治经济学、纯科学、农业学、工程学、建筑学、雕塑、绘画或音乐。他们将在州立大学里找到充分的机会去学习所选择的学科，直到成为其中的创造者。”① 范海斯通过以下的措施培养州发展所需的知识型技术人才：

建立了服务型的教授队伍。威大的教学不仅仅限制在课堂中，教授服务到哪儿，课堂也就搬到哪儿，教学与教授的专家服务结合起来，通过传播知识、推广技术、提供信息为州的发展服务。如社会科学教授帮助起草法案，工程科学教授帮助规划道路、桥梁、建筑，农业科学教授帮助乳制品企业改良产品。大学教师确实成了全州发展的智囊。

开设了多样化的课程。在“把整个州交给大学”的原则指导下，范海斯完善了“大学推广部”（University extension），成功地把威大办成了“任何人可以学习任何东西的地方”。大学推广部是专业课与日常课相结合的综合化教学体系：在专业课方面，威大的畜牧科学、生物科学和细菌科学等学科，当时就处于全美领先地位。在日常课程方面，大学开设了面向社会开放的几百门课程，包括从大学专修课到小学课，从普通知识学习到手工训练，从牛奶保鲜到小麦育种。

提倡实践性的教学方法。由于课程的实用性、技术性的特点，教学不再以讲课为主，教授亲自带领学习者参与州的工农业发展，“靴子上沾满牛粪”的

① Clarence J. Karier: *Man, Society and Education*, Illinois: Foresman and Company, 1967, pp. 87~88.

教授是更好的教授。学习者必须自己动手实验，必须走出学校去观察自然、动物和植物，去考察工业、社会制度及其机构，自己动手设计和到车间实习。许多在校研究生以及本科生根据自己的专业，也参与了政府某些部门的工作。

“威斯康星理念”引发了大学走出还是坚守“象牙塔”的争论。有学者认为，大学应该发挥全州实验室的作用。① 不过，也有学者如赫钦斯就认为，大学教授帮助农民照看牛群、讲授一般性知识，“有别于那些致力于发展教育和增进知识的教授”②。

（二）培养融入社会的智力型技术人才：科尔的扩展

走出还是坚守“象牙塔”？这的确是一个问题，科尔（1952年——1958年任加州大学伯克利分校校长，1958——1967年任多校区加州大学校长）既反对大学教学固守“象牙塔”传统，也不赞成范海斯的大学教学论，认为当代大学是完全融入社会中的“多元化巨型大学”，其边界不再是“州的边界”，已经伸展到能够拥抱整个社会了。大学教学只有培养出融入社会的智力型技术人才，才会出现真正的美国大学。他引用怀特海的话去证明培养智力型技术人才的重要性：“一个不重视培养智力的民族注定将被淘汰，……当命运之神对未受良好教育的人作出判决时，将不会有人为他们提出上诉。”③

科尔认为，智力型技术人才不但是一个积极的公民，还是积极的生产者和消费者。从公民来说，他了解一些基本的政治、经济和社区生活的管理知识、能批判性地分析现存社会的目的和行为、为弱势群体谋求福利等；从生产者来说，他能以一技之长谋求一份职位，包括用新思想和新技术服务社会的能力、具有解决社会公共问题的能力、具有适应社会变革、处理紧急情况的能力；从消费者来说，他不但知晓本民族、本国家的文化遗产，也了解他民族、他国家的文化精髓，从而能与他人愉快地交流。基于上述理解，科尔认为大学教学相应地要完善其公民价值、生产价值和消费价值。

首先，从生产价值的角度出发，以往的大学教学考虑的是知识与道德，是“比较学术性的”。随着社会发展，人才培养要以市场需求为导向，以“准学

---

① John S. Brubacher, Willis Rudy: *Higher Education in Transition*, NewYork: Harper and Row, 1976, p. 203.

② 罗伯特·M·赫钦斯著、汪利兵译：《美国高等教育》，浙江教育出版社2001年版，第4页。

③ 克拉克·科尔著、陈学飞等译：《大学的功用》，江西教育出版社1993年版，第63页。

术性的”或“无学术性”来促进技术人才的培养[①]：（1）掌握尖端科技。教学要加强高级技术人才和新兴专业人才的培训；（2）参与政治改革。培养学生管理社会、参与政治生活的能力；（3）促进社会公平。为那些来自贫困家庭或离散家庭的青年提供专业教育；（4）履行全球责任。培养学生可持续发展观和跨文化交流能力。

其次，从消费价值的角度出发，怎样处理好教学与科研的矛盾、怎样创造一个既满足学习者需要，又符合教师研究兴趣的课程、怎样在一个寻求更好的普通教育的专门化时代，既培养专家也培养通才、怎样把学习者当成独特的人来对待、怎样使班级小一些，尽管它正在变大、怎样在教师与学习者之间建立一系列联系，而不仅仅是通过讲台或电视屏幕这一种方式、怎样建立既避免学习者失败，又奖赏胜利的评分标准……这些都是当前大学教学改革必须要处理的问题。[②]

第三，从公民价值的角度出发，科尔认为，本科教育把四分之一的时间用于普通教育，把一半的时间用于强化专业学习，剩下的四分之一的时间用于选修课、辅修、补习课程或其他技术训练。为此，他亲自设计了两套普通教育方案，一套方案叫“教育的全球视角”（Global Perspective in Education)，让学习者了解世界主要文明的发展历史。另一套方案叫“综合学习计划”（ Integrative Learning Experience ），给学习者提供横向的或跨学科的知识。

科尔倡导的大学教学意义，不仅在美国，而且在全世界都产生了深远的影响。他站在历史发展的高度，认为社会要发展，离不开大学提供的智力支持，同时，大学要发展，也要紧随社会发展的历史步伐。两者步伐一致了，“双赢”的局面也就实现了。培养出智力型技术人才正是这种局面的具体性表征。

（三）培养关怀世界的道德型技术人才：博克的折衷

博克（1971 年——1991 年任哈佛大学校长）认为，一方面，大学要为养育自己的社会服务，服务于社会是大学最重要的功能；另一方面，大学不是“服务站”、“镜子”，不能完全依照市场培养技术人才，它不仅仅要服务于所在的社会，更要面向世界，要关心世界的发展。培养关怀世界道德型的技术人才，才真正是大学教学的目标。

---

① 克拉克·科尔著、王承绪译：《高等教育不能回避历史》，浙江教育出版社 2001 年版，第 264～266 页。

② 克拉克·科尔著、陈学飞等译：《大学的功用》，江西教育出版社 1993 年版，第 70 页。

博克欣赏的道德型技术人才的内涵包括：他应获得丰富的基础知识，包括深度和广度方面：在深度方面，应集中精力学好一门专业；在广度方面，视野要涉及几门学科，应获得恰当而体面的交际能力，大量的实际知识和基本技术，熟练掌握至少一门外语，以及批判性的思维能力，熟悉人类，获得知识，理解自然、社会和人类本身的研究方法和思维方法，了解其他文化及其不同价值、传统和习惯。通过多次探索，应该对知识和文化方面产生持久的兴趣，获得自知之明，最终做到能够对自己未来的生活和职业作出正确的选择。通过与各种各样的同学共同学习和生活，应该更加成熟，获得人类所具有的宽容的性格。① 博克由此认为，大学教学要培养出道德型技术人才，需要进行如下的改革：

推行核心课程计划。“核心课程计划”是由核心课、专业课和选修课组成的课程体系，这套课程体系涉及历史、文学与艺术、外国文化、道德推理、科学和社会分析等6个学科领域的一百多门课程，要求学生在规定的6大类、10个领域的核心课程中，从其中8个领域中各选修1门课程。学习者在选修课中有选择权，即使在核心课程和专业课中也有很大的选择权，可以在一定领域范围内选择自己需要的课程，但要求学习者必须修满一定学分的核心课程、专业课和选修课才能准许毕业。

创设良好的学习环境。创造更好的学习环境，是为了帮助那些还没有发挥出自己能力的学习者尽快地成长。这些措施包括：首先，行政人员应鼓励教师进行长期的教学规律的研究；第二，鼓励学习者对课程进行认真、系统的评估，然后建立学习者评估信息目录卡，用来让教师发现教学和教材的弱点；第三，给教师提供补助，激励他们把课教的更好、试验新的教学方法；第四，建立帮助研究生和低级教师提高教学水平的中心；第五，开展学习者的思想和态度变化的研究，用来指导大学教学。

重视道德教育。博克非常重视大学的道德教育，“在这样一个人们对社会道德行为标准表示普遍关注和不满的时代里，我们的教育机构更应义不容辞地运用它们特殊的地位来鼓励学生更深入地思考社会道德问题”②。博克说，对于学习者不要简单说教、灌输，不要向他们直接说明正确的答案，而应该通过积极地引导，让他自己得出正确的道德判断；其次，道德教育课程应安排在学

① 德里克·博克著、乔佳义编译：《美国高等教育》，北京师范学院出版社1991年版，第43页。

② 德里克·博克著、除小洲等译：《走出象牙塔》，浙江教育出版社2001，第132页。

习者大学生活的头几周进行。因为这个时期是形成学习者专业理想和学术态度的关键；第三，将伦理课程引进专业课程，帮助学习者解决在职业领域中所产生的道德两难问题；第四，大学应该制定一些规章制度，以便制止一些不良行为的发生；第五，为学习者创造更多的实践机会和合作环境。通过参加大量的课外活动、社区服务项目，通过与他人建立良好的合作关系，才能真正理解和形成责任心和义务感。①

由上看出，博克的技术人才培养观与科尔的有很大不同。他既认为大学教学应急社会需求之所急，技术获取是教学的中心使命；也认为大学教学更要着眼于世界的长远所需，坚持对真理、道德的追求。培养道德型技术人才才是教学的根本使命。正是博克意识到大学自身与外界需求之间的张力，将“象牙塔”与“服务站”的特征有机地结合起来，开创了哈佛大学的“博克时代”，也引领了现代大学教学改革的潮流，功不可没。

（四）培养引领未来的学习型技术人才：杜德斯达的超越

在杜德斯达（1988 年——1996 年任密西根大学的校长）看来，21 世纪是一个知本社会（knowledge - based society），知识已成为经济增长的引擎，是一个国家繁荣、安全及人民幸福安康的关键。② 在新世纪，追问大学应走出还是坚守“象牙塔”毫无意义，它只有以自身的变革回应新知识日新月异的时代，才能适应高度知识化的社会。成为知识的服务器、学习内容的提供者和知识的证明者③，是 21 世纪大学引领未来的需要。它不再仅仅保留、传播、应用知识为社会服务，还要综合、更新、创造知识引领未来。由此，21 世纪大学教学的目标集中到一个单一的使命说明上：培养出引领未来的学习型技术人才。“除非大学教授给学生们进入 21 世纪所必需的基本技术，否则就不能说自己成功。”④ 对于学习者来说，大学就是一个在生活的时候学会怎样生活的地方，大学不是为学习者的第一份工作做准备，而是要为他们的最后一份工作做准备。

大学教学培养目标的转变，必然带来培养模式的转变。杜德斯达将此模式概括为 10 点⑤：（1）从教的组织到学的组织；（2）从被动的学生到主动的学

① Derek Bok: University and the Future of America, Durham: Duke University Press, 1990, pp. 84 ~ 89.

② 詹姆斯·杜德斯达著、刘彤等译：《21 世纪的大学》，北京大学出版社 2005 年版，第 34 页。

③ 同上书，第 72 页。

④ 同上书，第 70 页。

⑤ 詹姆斯·杜德斯达著、刘彤等译：《21 世纪的大学》，北京大学出版社 2005 年版，第 260 页。

习者；（3）从以教师为中心到以学生为中心；（4）从单独的学习到互动的协作的学习；（5）从课堂学习到学习化社会；（6）从线性的、连续的课程到超学习经验；（7）从学习式课堂学习时间的认证到学习评价；（8）从“以防万一式”的学习到“及时式”学习再到“量身定做”的学习；（9）从学生或校友到学习化社会的终身成员；（10）从以校园为基础的学习到异步学习再到普遍的学习。可以从以下三个方面进行详细的论述：

学习社区式的教学课堂。在传统大学教学中，大学教学课堂是以教师为中心的，教师决定教什么，谁来教，怎样教，以及在哪里教和什么时候教。而在学习社区里，课堂转变为以学习者为中心的机构，学习者决定学习的内容、方法、时间、地点以及和谁学习。如此，教师和学习者的区别是模糊的，教师引导本科生加入与学术科目和专业有关的社区，引导研究生加入有经验和专门知识的更专业化的社区，让学习者在社区里主动地、协作地、探究地、交往地学习。所以，“每一位本科学生都有机会，甚至被要求，在有经验的教师的指导下，参与到原创性的研究或者创造性的工作中”①。

为学习共处的师生关系。在学习社会里，教师的作用在于启发、激励、管理、指导学习者主动学习，而不再是确定并传授特定的教学内容。这就是说，教师的角色不复存在。他是学习内容的设计者、是学习过程的指导者、是学习方式的开发者、是学习环境的创造者。同时，学习者的角色也是学习社区中的一员。在学习社区里，学习者主要通过自己阅读、写作和解题来学习。学习者与教师的关系成为学习化社会的终身成员关系，大学允诺为其学习者或成员提供终身所需要的任何学习资源，无论需要什么，如何需要以及需要的地点在哪里。

学科交叉的教学内容。在一个学习化的时代里，大学教学要以跨学科组织开展教学，以便教师不受专业限制综合思考问题，以便知识不受院系限制自由地流通。因此，大学管理者要激励具有共同学习爱好的教师成立教师小组，以小组的学习内容设计教学课程，不再简单地把课程分割成片断分配给每一位教师，而是要求教师小组的每一位教师掌握他们所提供给学习者的所有内容。这样，教师不仅跨越了学科的界限，还拓展了自己的学术空间，这样才有利于学习型技术人才的培养。

---

① 詹姆斯·杜德斯达著、刘彤等译：《21世纪的大学》，北京大学出版社2005年版，第72页。

（五）高扬现代大学教学意义

从范海斯到杜德斯达将近一个世纪以来，大学教学技术人才培养观经历了从知识型技术人才，到智力型技术人才，再到道德型技术人才，最后到学习型技术人才的嬗变。（见图3－1）总结这一嬗变过程，可以看出，有如下几点值得关注：

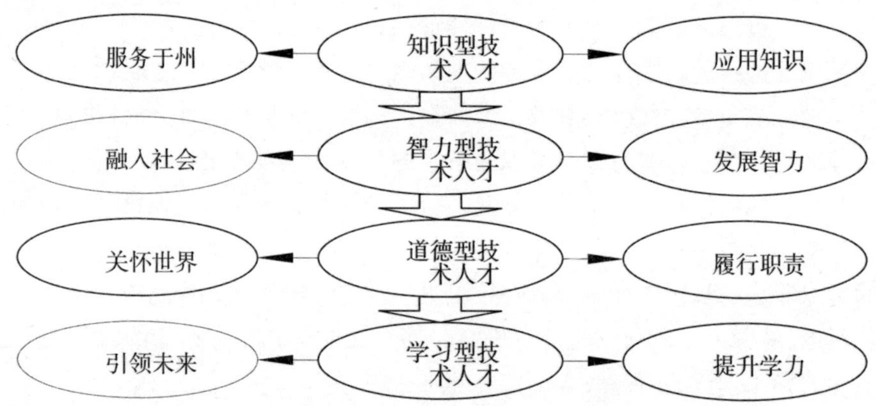

图3－1　美国大学技术人才培养观的嬗变

技术获取与理智培育的统一。现代社会是一个技术化的社会，不懂得一技之长的人不能在社会中立足。大学教学需要面向社会，以培养有技术的公民为己任。正如杜德斯达看到的，“21世纪的技术竞赛将会反过来把整个劳动力大军的知识和技术看作是经济繁荣、国家安全和社会稳定的关键”①。不过，博克等人也敏锐地看到，大学教学不仅要给予学习者“以何为生”的技术，还要提升学习者“何以为生”的智慧。技术仅仅让学习者能在竞争日益激烈的社会中生存，但智慧却能指导他该做什么、不该做什么，让他懂得如何优雅地生活。那就是说，大学教学一旦按照市场需求“制造”人才，教学不再是启迪人类心智的伟业，它只是附和依从生活的需要，教学习者掌握生活技巧而已。所以，大学教学不在“制造”基督徒、民主党员、共产党员、工人、公民、法人或商人，而在理智培育，由此而发扬仁性，以成仁人。② 所以，大学教学是人性养习场而不是人力储备场，不是创造物质财富的工厂，也不是为政府决策提供咨询的智囊团，甚至也不是进行科学研究的实验室，因为这样的价

① 詹姆斯·杜德斯达著、刘济良译：《美国公立大学的未来》，北京大学出版社2006年版，第172～172页。

② R. M. Hutchins：The University of Utopia，Chicago：The University of Chicago Press，1953. pp. 26～32.

值可由其他同样的机构完成。大学之所以为大学，就在于它的教学性，在于通过教学提升学习者的思想，教化其精神，陶冶其性情。

“学历”向“学力”拓展。学生作为主动的学习者，是知识经济时代的迫切需要。如果说在工业社会初期，在大学里获得的“学历”就可以应付一生职业的需要，那么，在知识经济时代，面对源源不断出现的新知识，“学历”根本不足以保证学习者在未来的工作中得心应手。美国《哈佛商业评论》载文指出，工科大学生迈出校门时，其所学知识的50%已经过时。① 正因为如此，重视“学力”须成为大学教学改革的重心。从“人”看：教师不再是知识的控制者、课堂的施威者、管理的执行者，而是面向具体的学习者去诠释知识、调和课堂气氛、促进学习的实践智慧者；学生不再是接受知识填灌的被动容器，而是积极的知识构建者、发现者和改造者；教师的目标不是像按字典编纂似的，将学生进行分门别类，而是挖掘学生的学习潜能，让学生成为其所是的人。从“事”看：知识不是由教师单向度向学生传输的，而是由师生共同建构的。同时，课程内容将超越学科的藩篱，以跨学科为基底开展教学；课堂气氛不再同而不合，而是和而不同，和谐、文化多样性取代了紧张、文化统一性；教师与教师之间不再“老死不相往来”，都是学习社区的合作者和团队中的一员；从教学评估看，不再以考试分数给学生定级，而是根据学习中的表现和学习档案中的记载，对学习者进行持续性评估；从教学技术运用看，课本、粉笔、讲课等形式，将被对话、交流、合作、信息渠道等形式取代；从课堂外延看，以院系为单位组建的小课堂，将与虚拟跨学科组织、或以社会为平台的大课堂和谐共处。

关注点不断拓宽并向时间延伸。从范海斯到博克，大学教学关注的空间不断拓宽，已由大学所在的州转向世界了。这足以证明，大学已经成为社会的知识工厂和思想库，成为科技进步的孵化器和社会进步的加速器。不过，正如杜德斯达意识到的，大学教学不应只着眼于当下所在的空间，更要关注其时间维度，因为大学教学培养出来的人是面向历史走向未来的，它是保持代内平衡和代际平衡的调节器。所以说，随着大学教学目标的空间和时间的拓延，这需要大学上上下下取得教学目标共识。教学目标取得共识后，还要有意识地将这些目标与教师所教的课程联系起来。大学必须把这些目标及重要性向学生讲清

① 辛志勇：《生命中难以承受之重——当代大学生压力简论》，《东方》2002年第2期，第11～14页。

楚。系里有关人员和教学人员需要碰头讨论，改变教学和作业方式，确保教授个人目标和兴趣不致干扰学校共同目标。由于考试对学习者学习方法影响很大，教职员应合作设计方案，拟定考题，努力实现共同目标。最后，对学习者的论文和考试，教师应迅速给以反馈信息，以便让学习者明白自身是否达到了这些目标。

但是，由于范海斯、科尔等人受到固有的实用主义和工具主义的羁绊，一方面，理智、道德、智慧的重视，目的是为了更好地为社会服务，人在他们的眼中，只是促进社会发展的工具而已；另一方面，为了更有效地生产出社会所需要的"工具"，教学如同"车间"、"批量加工厂"，不必面向学习者生理、心理和情感的欲求，吞噬了学习者个体超越的、自我发展的无限可能。"无人的教学"是当前大学教学反思的焦点。因此，建构当代大学教学价值取向，就要为"面向生活"的大学教学意义划定边界，既要重视技术在当代社会中的重要作用，也要消解技术的强制性和限定性。只有这样，大学教学既不倡导"技术万用论"，也不倡导"技术无用论"，而是让技术成为技术，也因此让学习者成为人。

三、后现代大学教学意义：走向生命

从古希腊大学开始，大学教学就忽视了生命，其隐秘而曲折的起源悄悄地驻扎在柏拉图的"身体是灵魂的坟墓"的教学论中，即生命与生存是对立的。要想笃向生存，首先得阉割掉与生命相关的身体和欲求。当亚里士多德把人定义为理性的动物的时候，生命完全淡出了教学，教学无需关照学习者的身体和情感。中世纪大学和近代大学也分别以不同的方式，忽视了教学中的活生生的生命。到了现代，大学教学成为了服务站、训练营、加工厂、装备车间。福柯把这种教学称为"规训"：用主流道德规训学习者，用政治意识形态规训学习者，用市场需求规训学习者，视学习者是一无生命的实体。

在弗里德里希·尼采（Friedrich Wilhelm Nietzsche）的"权力意志"、弗洛伊德的"性欲冲动"、赫伯特·马尔库塞（Herbert Marcuse）的"爱欲文明"、吉尔·德勒兹（Gilles Louis Réné Deleuze）的"欲求机器"等理论的洗礼下，生命作为精神科学的主题，登上了历史的舞台，这是对传统禁欲主义思想的批判。后现代则将生命作为解构根据、中心、基础、结构、理性的尺度。

《现代汉语词典》释"生命"：生物体所具有的活动能力。生命是蛋白质存在的一种形式，它的最基本的特征就是蛋白质能通过新陈代谢作用不断地跟周围环境进行物质交换。新陈代谢一停止，生命就跟着停止，蛋白质也就跟着

分解。[①]《汉语大词典》释“生命”：（1）生物生存；生物所具有的活动能力。（2）比喻事物借以生存的根本条件。（3）犹命运。（4）活命。（5）只有生命之物。特指动物。（6）指生活。（7）生物学上认为生命是蛋白质存在的一种形式。它的最基本的特征是蛋白质能通过新陈代谢作用不断地跟周围环境进行物质交换。新陈代谢一停止，生命就停止，蛋白质也就分解。[②]“生命”的英文是 life。《新韦伯斯特的英语词典》中 life 的意思[③]大致与中文的意思相同。可见，东西方主要从生物学的意义上来理解生命，即万事万物都有生命，包括人。

可见，生命是生活的前提，也是生存的归宿。“最崇高、最尊贵的财宝，除生命外断无他物。”。[④] 在德勒兹看来，生命就是一台永不停歇的欲求机器，生命在欲求的无限生产中显现自身。因此，关于“谁在说话”的这一核心问题，后现代的回答是明确的，不是我在说话，而是它在说话。所谓它的语言正是生命的语言，意即无规定性的语言。如尼采说，思想是血写的文字，要像五月的麦地发出的芬芳。德里达也说，一种理性曾守护思想，一种疯狂也守护思想。“血”与“疯狂”就是生命的彰显。在后现代主义者的推动下，大学教学牢牢打上了“走向生命”的烙印。

（一）生命的缺席

在后现代看来，“笃向生存”和“面向生活”这两种意义看似针尖对麦芒，实则两极相通，都把学习者当作“实体”对待，遗忘了学习者是一个有生命力的个体：前者把他看作是生活在真空的思想者，后者把他看作是满足社会需要的工具。只有把学习者当作生命的存在，大学教学才能焕发出生机与活力。德里达认为，生命的缺席根源于理性中心主义：理性以我们的名义描绘了普遍的人类历史，同时也宣布要把他们变成我们的历史，我们要通过教育等方式，使他们接受我们的思想和行为特征，以此组成人类共同体。这个统一无非是把他者的差异变成自我的同一，然后又在自我的同一的基础上，将他者的差异限定在自我的同一的范围内，从而进行科学知识和道德价值的体系建构，并被权力赋予某种典范化和标准化功能。“党同伐异”的启蒙话语表征了，教学

---

① 中国科学院语言研究所词典编辑室编：《现代汉语词典》，商务印书馆 1973 年版，第 915 页。

② 汉语大词典编辑委员会编：《汉语大词典》第 7 版，汉语大词典出版社 1991 年版，第 1499 页。

③ Deluxe Encyclopedic Edition：New Webster' s Dictionary of the English Language，The Delair Publishing Company，Inc，1981，p. 551.

④ 池田大作著、铭九等译：《我的人学》，北京大学出版社 1990 年版，第 257 页。

无非是我们的技术话语、权力话语和道德话语的扩音器，学习者成为被权力、道德和技术三者规训的“实体”，丧失了生命在场的可能。

被技术化了的话语。“教学与研究统一”滥觞于洪堡改革。教学成为研究必不可少的补充有三个条件：首先就话语的发出者——教师而言，他们的教学与研究成果既能被证实也能被证伪；其次就话语的接受者——学习者而言，他也要像科学家一样对教学成果进行证明和反驳；第三就话语的所指物而言，它即教学和研究成果应该正确地辨别和表达言说物，这当然也需要在争论中达成科学的共识。从洪堡改革开始，教学被可以证实和证伪的语言游戏主导后，必然要求教学和研究本身去寻找证据；寻找证据必须依赖技术，证明越复杂，技术要求也就越高；技术要求越高，越依赖政界和商界提供金钱；外界干预越多，教学也越就丧失了“为科学而科学”的崇高性，沦为政界和商界的工具，科学知识也就成了技术科学；技术科学主导了教学的语言游戏后，教学成了为社会培养“螺丝钉”的“车间”，学习者的活生生的生命通通被革除掉，好像就是一个“实体”似的。这样，教学打着科学、求真的旗号，不知不觉地把学习者塑造为商界、政界所需的人力资源，成为了一种工具性的存在。

被权力化了的语言。从柏拉图和孔子开始，政治图谋如幽灵一般死死地拽住了教学的脉搏，即便是纯粹性的证实与证伪的科学行为，也离不开权力话语的牵制，更何况在一个知识经济的时代，民族国家将着力为控制知识话语生产和分配的特权而战。而且，政治家所说或写出的言语或言谈，往往以社会正义或社会良心的名义，设法通过教学向学生贯彻他们的图谋，而且实现这种贯彻的制度化、法制化，成为统治者赖以建立其统治的正当理由。因此，被权力化了的语言不只是包括教学中充斥的政治家所说的言语，还包括已经被正当化、制度化和法制化的教学制度，教学制度无非是被权力化的话语本身，“权力关系总是直接控制它，干预它，给它打上印记、训练它、折磨它、强迫它完成某些任务，表现某些仪式和发出某些信号”①。在一种被权力化了的语言中，生命也就失去了自身涌动的可能。“教育是造就承担未来时代的青少年人格的领域，如果加入政治的干涉，那么造就人这一最神圣的事业就会受到当时权利的左右，人的尊严就有被践踏的危险。”②

被道德化了的语言。在一个被福柯称之为“监狱这个规训社会的最高典

① 米歇尔·福柯著、刘北成等译：《规训与惩罚》，三联书店1999年版，第27页。

② 池田大作等著、宋成有等译：《走向21世纪的人与哲学》，北京大学出版社1992年版，第240页。

范”的时代，学习者自以为在获取知识的过程中完成了自身的主体化，实现了个人自由。实际上，学习者总是被知识、权力和道德所控制、约束，继而自身内部也学会和实行某种自我教育，沦为被道德者规训的“顺民”。规训是当代教学的基本特征。现代的道德教育被权力和技术奴役后，日益丧失了教化的生活性和实践性，所以当代道德教育只追求一种德性：这种单一的德性就是对道德法则的服从，而德性则被定义为服从道德法则的倾向，它总是引导学习者离开自身而寻求虚假的真、善、美和寻求虚假的主体地位。这突出表现在教学对身体的规训：在西方教育史中，古希腊对学习者身体的鞭笞始终居于首要地位；中世纪则将身体的折磨与心灵的控制结合起来；近现代虽然不再采取直接性的肉体惩罚的方式，但高度制度化、科层化和法治化的教学管理如一张大网，牢牢地控制、监督、支配和规训了身体。一旦身体被规训化了，生命也被规训了，因为生命总是身体的生命。

具体来说，大学教学凭借三个规则控制学习者的话语权：第一个规则是真理。教学按照科学知识的可重复性、确定性和客观性等标准，并将此标准强加给一切话语形式，教学等同于科学知识的获取；第二个规则是禁止。教学从权力话语出发，要求学习者能说什么和不能说什么，培养忠诚和顺从的意识；第三个规则是区别。即教学以主流社会的道德语言为标准塑造学习者的灵魂。不难看出，受技术、权力和道德等话语支配，教学彻底地将学习者——他者的差异性纳入到规范化、总体化、统一化的体系中，生命被彻底根除了，他不能说什么了。这种宏大叙事的语言游戏遭到利奥塔诟病，“让我们向总体性挑战吧，让我们做不可表现者的见证人吧，让我们激活差异并挽回这一名称的声誉吧”①。德里达也深有感触地说，“对逻各斯中心主义的批判首先是对他者的追求，尊重他者是唯一可能的伦理律令。”② 不管是差异还是他者，都走向了活生生的生命。

（二）生命的表征

很明显，后现代大学意义反对教学追求一致、统一、共识、同质的宏大叙事，倡导面向多样性、丰富性、差异性、异质性、他者性的生命。那么，生命在大学教学中是如何表征出来的呢？

---

① Jean－Francois Lyotard：What Is Postmodern? Manchester：Manchester University Press，1992，p. 82.

② 王治河等主编：《中国过程研究》，中国社会科学出版社2004年版，第7页。

在大学教学中，学习者是一生理成熟而心理未成熟的“成人”。说他成“人”了，是因为他的生理发育渐趋完成；说他在“成”人，是因为他的心理素质还有待提高。生理的完善让他觉得自己就是生命的主人，可以指点江山、激扬文字；心理的不完善让他觉得自己并不是生命的主人，面对生活中诸多困苦，常处于变化无常的折磨中。生理与心理之间的鸿沟，注定了学习者是一不完满的存在，他时时刻刻处于欠缺状态中，生命的欲求也就伴随着他的始终。而且，这些生命的欲求是具体的，与每一个学习者的生命相一致。所以在大学教学中，每一学习者都是有差异的存在，因为他们的生命欲求不尽相同，大学教学也就要面向一个个具体的学习者的生命，让他意识到自己欠缺了什么。只有这样，他才知道去学什么，从而创造属于自己的生活。在这个意义上，生命的欲求一方面是欠缺，另一方面是创造。因此，大学教学首先面对的是一有欲求的生命存在。

正因为学习者的成长处于欠缺状态中，所以他才有自己的生命的欲求。生命的欲求并不是外在于他的某个不好的东西，好像一旦释放了生命的欲求，大学教学就失去了其高洁性。马斯洛认为，只有从学习者的自身出发，大学教学也就具有了生机与活力。他将生命的欲求分为五层。第一，生理欲求，如大学教学要满足学习者的游戏欲求、生理舒适的欲求；第二，安全欲求，如大学教学要创造和谐、融洽的学习气氛，让学习者毫无拘束地投身于教学理解中；第三，友爱欲求，如在大学教学中，学习者有需要教师的关爱、帮助、倾听等的欲求；第四，尊重欲求，包括给予学习者的成就、名誉、威望、地位等欲求；第五，自我实现的欲求，即大学教学要让学习者充分发挥自己的潜能，为他的梦想插上腾飞的翅膀。后来，马斯洛又进一步将学习者的欲求分为两个不同的大层次，一个是生存性欲求（缺失性动机），包括生理欲求、安全欲求、友爱欲求和尊重欲求；另一个则是发展性欲求（超越性动机），包括自我满足、真实、正义、完善等欲求。在大学教学中，学习者首先以这两种生命的欲求显现出来。大学教学之所以富有生机与活力，在于面向了学习者的生存性欲求和发展性欲求。

可见，生命的在场并不是空洞的，而以如下的特征显现于大学教学中。首先是自然性的或身体性的，即生命表现为身体的欠缺，以及由此而来的不安与烦躁。它一方面显现为外在身体的征候，如面部表情、四肢的运动，甚至整个躯体的变化等；另一方面显现为内在身体的感觉，如呼吸的急缓，心跳的快慢等。有智慧的教师往往能根据学习者的身体反应，采取相应的行为去调和教学

气氛。其次是社会性的或心理的，即生命表现为社会心理的符号。他一方面显现为暗示，通过这些只可意会，不可言传的符号，我与他能拥有相同的心理体验；另一方面显现为生产，生命只有被生产出来，它才是真实的，否则就是虚幻的。如教师体验到了学习者的不想学习的情感，进而采取相应的措施，激发学习者的求知热情。第三是情感的或意义的，即生命表现为有价值的情感。舍勒认为，情感具有四类价值：感官的价值、生命的价值、精神的价值和神圣的价值。那就是说，大学教学首先是情感交流的场域，情感交流在大学教学中具有根本性的奠基作用。如果大学教学具有情感性，学习者不仅身心愉悦，而且精神饱满斗志昂扬。

从上分析，在大学教学中，学习者首先是一有生命的存在，他的生命存在于大学教学中，也以自己的生命投身到教学中。因此，学习者不能被看作是毫无生命力的物体，而是生命力充盈的身体；他不能被看作是空空如也的容器，而是积淀了丰富的社会历史文化；他不能被看作是在荒原里流浪的无家可归者，而有自己的情感偏爱。

（三）面向在场的生命

既然学习者首先是一生命，大学教学就要让生命在其场域中显现出来。从生命的身体性、心理性和情感性来看，大学教学要让学习者的生命在场，相应地要具有机智性、批判性和体验性。

1. 机智性

大学教学充满机智性，在于对学习者身体的关注。后现代教学论认为，大学教学是对身体留意的智慧学。如马克斯·范梅南（Max Van Manen）说的，尽管事实和价值对于理解如何进行教学是很重要的，但在教育的时机中，事实和价值都无法告诉教师怎样去做；方法和哲学对了解如何进行教学是很重要的，但在教育的时机中，方法和哲学的思考都无法告诉教师怎样做，因为教学是对身体召唤的留意，“教育的召唤就是那种召唤我们聆听需求的召唤”①。

脸。有“脸”了，才有了属于自我的标志与身份。教学是“脸”对“脸”的交流：学习者从教师的脸上读出了睿智、幽默、深沉、情感、经历，教师也能从学习者的脸上读出他的困惑、喜悦、恒心、追求……

眼睛。眼睛是心灵的窗户。教师和学习者通过自己的眼睛，表达着彼此对

① 马克斯·范梅南著、李树英译：《教学机智——教育智慧的意蕴》，教育科学出版社2003年版，第35页。

对方的理解。一个有智慧的教师，一方面知道如何理解学习者的眼神所传达的信息，进而采取恰当的行动，调和教学的进展；另一方面，教师通过眼神表达自己，展示自我人格的魅力。一个教师必须成为他所传递的目光本身，他的目光浓缩了他对教学的理解。

嘴。课堂中的嘴是用来说话的，但不同的嘴传达的是不同的声音。“坐下”与“你的回答太精彩了，请坐下”两者相比，哪个措词更能让学习者感受到语言的魅力呢？平铺直叙的语调与抑扬顿挫的语调相比，哪一种语调更能吸引学习者呢？毋庸置疑，善于使用语言的教师能瞬间与学习者建立一种心心相惜的情感。

耳朵。一个有智慧的教师不但要听到学习者对课堂的评价，更要听出学习者的内心的呼唤：老师，我心情不好，下课后能和我谈谈吗？老师，昨天的考试我失败了，您能给我说说原因吗？……这种聆听才能走进学习者的生活世界，达到一种心灵的交流。

姿势。从师生开始相遇的那一刻开始，他们就是以他们的身体和身体的动作出现的。从这些姿势中，身体分明地传达了某种意义。一个富有洞察力的教师，一方面能理解学习者的姿势背后的心理或情感状态；另一方面，他能用姿势创造和谐融洽的课堂气氛。所以说，姿势的合理运用能引着学习者自然进入教学中。

范导。“学高为师，身正为范”，只有“身体”“正”了，教师才能为学习者树立好的榜样，才能具有言传身教的教化功能。成语言传身教、身体力行、身先士卒、身临其境也说明了相同的道理。

2. 批判性

大学教学充满批判性，在于对学习者的心理的关注。在后现代看来，学习者在大学教学中是被压迫者，丧失了生命自我暗示和自我生产的社会功能。批判性大学教学要让学习者明晓社会的真正面目，从而以自身的生命筹划自己的生活，它具有如下的特征：

以民主对话的方式组织课堂。教学以对话和讨论为主，而不是教师的一言堂。因为教学不仅仅是传授知识、解释事物，教学更是一种激励学习者、批判思考的对话过程。

树立正确的师生观。教师和学习者都是教学过程中的主体、认知的主体、学习的主体、对现实进行批判的主体。教师不是要对学习者做什么，而是要与学习者一起做什么。

以学习者的经历为起点来开展教学。学习者是当下感受、历史境遇、家庭背景、性别特征、地域差异等各种社会关系的总和，教学不能无视学生的经历。无视学习者经历的教学是失败的、压迫的教学。

教学即政治。传统教学培养学习者服从、接受不平等的现实、承认在社会现实中的地位并追随权威。批判性大学教学鼓励学习者对他们生活在其中的社会制度，以及对提供给他们的知识提出质疑；鼓励学习者讨论他们所向往的未来；鼓励学习者改造学校和社会。

培养学习者的批判意识。学校问题的根源就在社会和世界之中，课堂内的教学要与社会变革联系起来。通过对话式教学，让学习者去明晓社会的各种阴暗面；针对一篇文章或社会的某一阶段进行批判性对话，了解事物存在的本原；通过探究，认识政治和历史的本真意义。

3. 体验性

大学教学充满体验性，在于对学习者情感的关注。因为学习者是一个个情感的存在，所以大学教学充满混乱与无序。在教学中，针对下一步要做什么，或者对突发事件如何反应，教师必须迅速作出一连串判断。这些本能的瞬间判断，不是基于先前的计划或预定，而是来自发诸内心的直觉：究竟采取什么行动最合适。因此，大学教学课堂是充满各种不安宁因素的竞技场，教师就是场上的斗士。① 成为一名情感体验的教师，是保证教学节奏的关键。体验性大学教学意味着，教师主动调整教学手段、内容和方法，以适应学习者的学习情感的需要。如何体验学习者的情感呢？有四个来源尤为重要②：

学习者对他学习中最关键事件的描述。关键事件是学习者所写的关于他们学习体验的简单的书面报告。从这些报告中，教师通过调整教学方法，帮助学习者意识到自己获得知识、发展技能和悟透道理的方法。

描述学习者学习旅途中的高低起伏的学习日志。学习日志直接地再现了学习者的学习经历。从学习日志中，教师知道了学习者对自己的评价，也知道了什么样的活动与材料对学习者是很有意义的。

研究人员编纂的有关学习者学习体验的文献。这些文献为教学提供了坚实的经验基础，对教师的行动具有极强的指导作用。

---

① 斯蒂芬·D·布鲁克菲尔德著、周心红等译：《大学教师的技巧》，浙江大学出版社2005年版，第2页。

② 同上书，第19~27页。

教师对自己做学习者时的体验的回忆。大多数教师都参加过师资培训活动、职业发展实验室或研究生的学习，因此他们本身也都是学习者。对学习经历进行回忆，有助于教师体验到学习者真实的情感，并采取相应的教学实践。

在后现代看来，大学教学并不是面向学习者的身体、心理、情感一方孤独的活动，而是三方共同的游戏，因为它们都是生命的本身。在游戏中，每一方都要将自己传递给另一方，同时也要接受另一方给予自身的传递。因此，这三者的游戏成为了传递与再传递的活动，并且是没有限制而成为无限的。因此，大学教学不但面向生命，而且还产生新的生命，它是生命生成的场。

（四）让生命在场

如果不想让大学教学的机智性、批判性和体验性成为一个口号，而真正走向生命，还需要教师身份的转变，即教师成为知识叙事者、学术志业者和真理引导者。在后现代视野中，要砸碎大学教学日益技术化、政治化和道德化的枷锁，在于教师对自身使命的全新洞见。因此，教师成为知识叙事者、学术志业者和真理引导者，是历史赋予的使命。

1. 知识叙事者

大学教师成为知识叙事者，既是对教学过分技术化的克服，又是教学让生命在场的必要。

自近代技术科学当阳称尊后，工具性语言逐渐排除了其他类型的语言游戏，教学成为了技术科学语言深度耕犁的农场。其实，知识不能归结为科学，更不能归结为技术，“知识一词根本不是仅指全部知识性陈述，这个词中还掺杂着做事能力、处事能力、倾听能力等意义”①，即科学知识只占知识系统很小的部分，更大一部分是由知道怎样做，知道怎样说，知道怎样听的叙事知识组成的。“走向生命”的大学教学就是要从科学知识的“宏大叙事”中解放出来，彰显叙事知识的魅力：

首先，叙事知识（如神话、民歌、寓言、传奇）宣告了人类最朴实的价值标准。根据这些标准，学习者知道了什么是可以做的，什么是不可以做的；其次，与科学世界只进行工具性语言游戏相比，教学叙事由于与学习者的生活世界紧密联系，从优势文化决定的解释中解放出来，而肯定个人经验。学习者在批判能力的成长过程中，逐渐深入了解自己与他人之间的关系，认同自己也认同不同文化背景下具有不同价值观的人；第三，在教学叙事中，学习者不仅

① 让－弗朗索瓦·利奥塔著、车槿山译：《后现代状况》，三联书店1997年版，第41页。

掌握了科学知识，更知道如何利用这些知识与他人、他物和谐相处；第四，教学叙事具有时间节奏，它来自于过去的文化传统、但影响到现在的精神教化；第五，在教学叙事中，叙事已先在地决定了谁在说话和说什么。教师作为叙事者不具有主体的权威性，他和学习者一样需要共同聆听叙事知识的智慧声音。

教师之所以要成为知识叙事者，就在于走向生命。让生命在场也就是让学习者说话。让学习者说话首先表现为呈现的功能：学习者在场首先就意味着他说话了，说话呈现了自我存在的意义；其次是构造的功能：在教学中，学习者的语言不是胡言乱语，而是把自身投身于理解和阐释教学意义中，语言出场时也是教学意义创生时；第三是传达的功能：学习者说话了，即一连串信息的发生、接受和反馈动作的完成，它不仅传达学习者对教学意义的理解，传达了他与其他人之间的差异，也传达了他的生活经历、当下感受和将来的志向，更传达了他对世界、自然、社会的看法。

2. 学术志业者

大学教学要走向生命，还需要教师成为学术志业者。也就是说，大学教师不再是政治图谋的工具，而根据学术发展的内在逻辑，按照志业者对学术的虔诚开展教学活动。

德里达认为，当代教学模糊了教师劳动是学术志业的特有属性，进而把教师的志业当做满足工业生产的样态加以规定：一是将劳动还原为生产劳作的生产性；二是将劳动还原为行为活动的行为性；三是将劳动还原为职业操守的职业性。但是，教学作为寻求意义的实践劳动，绝不能混同于一种生产性、行为性和职业性的劳动：

首先，与工业生产受条件限制（如需求原材料）不同，教学是无条件追求真理的劳动，“大学与所有类型的研究机构不同，它原则上是真理、人的本质，人类，人的形态的历史等问题应该独立，无条件被提出的地方，即应该无条件反抗和提出不同意见的地方”；其次，教学不能仅仅通过行动的外在性来说明，“志业”一词不仅是职业和志向的意思，它还表示信仰、对义务、责任的承诺，内含宗教的超然性和神圣性。因此，教师作为学术志业者，不仅要求真，还要向善、成圣；第三，与按工种进行机械操作的职业行为不同，教学是一切为了学习者好的“成人”的劳动，具有强烈的审美感，是“向发生、在发生、正在发生的事情的开放……当他人像‘事件’一样到来时，就把‘行为'导引上路."①。

总之，教师作为学术志业者，其求真、向善、成圣和审美的劳动具有无条件性。在德里达看来，这种无条件性又是有条件的，因为它受制于它要呼应欲求的召唤，释放欲求的目的是教师成为学术志业者的根本原因。"我一进入与他者的关系之中，与他者的凝视、观看、要求、爱、命令或者召唤的关系之中，我就知道我只能通过牺牲伦理来作出回应"。②

3. 真理引导者

在后现代主义者看来，教师不再是道德宣讲者，而是真理引导者，即引导学习者认清各种意识形态、权力与知识之间的关系，借以培养一种求真的能力，最终解放自己。"如果教学中没有真理的创造，或者更确切地说，如果课堂不是寻求真理、发现真理、分享真理的首要地方，那么，教学难以称为生活"。③

大卫·史密斯（David Geoffrey Smith）从三个方面阐述了教师作为智慧转化者的意蕴④：（1）个人的真理。如海德格尔所言，真理既显示又遮蔽。这意味着，教师必须在真理的揭示与遮蔽的张力间保持开放的态度，即教师的个人真理不是自我封闭于预先确定的例如教师之类的身份标识，而是与学习者对话、交流的互惠式关系中显现出来的，是在感受到学习者所体现出来的欲求中、学会从他身上反观自我的过程中获取的。作为教师，如果不能对学习者持完全开放的态度，便不可能深入他的心灵中；（2）共享的真理。个人真理要求教师对课堂中所发生的一切保持开放态度，要求教师有能力针对具体问题予以具体地解决。不过，教学不仅要面向一个个具体的学习者，更要阐明他得以安居其上的道德基础和"成人"的普适情怀，"课堂有多少真理存在取决于它在多大程度上作为共享的真理存在"。在一个文明、种族、地域冲突日益激烈的时代，教学理应承担起既自己生活又让别人生活的共生共存责任；（3）回家的真理。追求共享的真理也是让人"回家"。"回家"一方面意味着我们离家很久了，另一方面意味着我们并不是无以为家，"家"永远向远方的游子敞

---

① 雅克·德里达著、张宁译：《教授的未来和无条件大学》，《当代国外马克思主义评论》2002年第三辑，第5～33页。

② 希利斯·米勒著、生安锋译：《从主权与无条件性看德里达的"整体性他者"》，《清华大学学报》2005年第2期，第29～32页。

③ 大卫·杰弗里·史密斯著、郭洋生译：《全球化与后现代教育学》，教育科学出版社2000年版，第24页。

④ 同上书，第27～34页。

开。寻求回家真理的努力，最终要克服我们与世界的疏离感。因此，教师有双重责任：治愈自身与世界的隔离感，以便有能力引导学习者回家。回家的真理需要教师既不能从未来的希冀出发，也不能从过去的伤感出发，只能从学习者现在的境遇出发。如果教学没有开启一扇让学习者透过它可以理解其自身的现实处境之门，那么教师无法完成自身内在的引导职责。

（五）倡导后现代大学教学意义

后现代以“走向生命”作为大学教学意义，具有十分重要的理论与实践意义。的确，传统大学忽略了学习者生命的存在，教学过程中存在的普遍情况仍然以教师为中心、以教材为中心、以课堂为中心。教师以讲为教，学习者以记为学，经过题海式的训练，以求在考试中取得好分数，教师和学习者之间缺少甚至没有平等的交流与对话。威廉·派纳（William Pinar）揭露了生命被遮蔽的事实：（1）幻想生活的过度膨胀或萎缩；（2）通过模仿他人而致使自我分裂，或迷失在他人之中；（3）依赖他人，且自主性的发展受到禁锢；（4）受他人批评，且自爱（self－love）丧失；（5）附属性需要受到挫折；（6）自我的疏离，且疏离的自我影响了个性化过程的进行；（7）自我导向变为他人导向；（8）自我迷失，且将外在自我内化；（9）将压迫者内化：虚假自我体系的扩展；（10）学校群体的非个性化导致真实的个性遭到异化；（11）由于得不到肯定而使人格萎缩；（12）审美知觉能力退化。① 派纳在《理解课程》一书的结语中说：“我们毕业了，拿到了证书却没有消醒的头脑。知识渊博却只拥有人类可能性的碎片。”②

在后现代“走向生命”意义的倡导下，大学教学开始面向一个个有生命力的具体学习者，开始从他的身体、心理和情感等维度出发组织教学，它是面向学习者生命去游戏的场。在这个场域中，大学教学具有了机智性、批判性和体验性，大学教师成为了知识叙事者、学术志业者和智慧转换者。因此，强调“走向生命”，也就是让大学教学以学习者为中心，让他摆脱技术、权力和道德的约束，成为一个自我筹划、自我决断、自我生成的自由自在者，而不是一个道德说教者和技术崇拜者。

后现代以“走向生命”作为大学教学意义有其合理性，它是对身心二元论教学传统所导致的对生命遗忘的一场反省和解蔽性工作。面对一个个活生生

---

① 威廉·派纳等著、张华等译：《理解课程》，教育科学出版社2003年版，第540～541页。
② 同上。

的生命，大学教学必须创设良好的学习环境，加强与学习者生活世界的联系，在他的生活和学习之间架起桥梁，如使学习内容和他的生活相联系、把现实带进课堂、提供机会使学习者与学习者之间、学习者与教师之间、学习者与其他有丰富实际学习经验的成人之间互相影响、互相作用。

但是，后现代在解构传统的"实体论"意义中，也不自觉地造就了另一个"实体"——无原则的人。说得极端一点，就是享乐主义者和无政府主义者。这在于后现代大学教学意义是没有规定性的。这包括了两个方面：一方面是反规定性的，它解构了传统大学教学意义中"笃向生存"和"面向生活"的合理因素；另一方面是无规定性的，大学教学不再受外在的道德、权力和技术的规定，它是面向生命无意识冲动的场，任凭冲动的涌动与翻滚。在迎合旧的冲动和生产新的冲动中，大学教学是一台永不停歇运转的机器，它使学习者成为了在荒原中流浪的无家可归者。因此，建构当代大学教学意义，就要为"走向生命"划定边界，既要为"走向生命"保留空间，也要为"走向生命"规定使命。只有这样，大学教学不是禁欲主义，也不是纵欲主义，而是让生命成其为生命，也因此让学习者成为人。

四、小结

从思想的批判中可以看出，大学教学"笃向生存"的意义具有永恒的价值。"除人类之外，所有的生命形态都在成长时表现其个性，或出生时表现其个性。只有人在其出生时未完成其个性，因此，必须通过接受教育或称教养，才能'完善'自己，必须由自己努力形成自己的个性。"① 但是，能否回到过去，完全按照古代大学教学意义开展教学呢？当然不行，因为时代是断裂的，一个时代的大学教学意义只适合那个时代，而对其他时代失去了规定性。尽管"笃向生存"的方式各不相同，但其让学习者成为有理智、智慧、精神的人的核心价值不可偏废。所以，大学教学是人性养习场而不是人力储备场，不是创造物质财富的工厂，也不是为政府决策提供咨询的智囊团，甚至也不是进行科学研究的实验室，因为这样的价值可由其他同样的机构完成。大学之所以为大学，就在于它的教学性，在于通过教学提升学习者的思想，教化其精神，陶冶其性情。

大学教学面向生活具有划时代的意义。因为在一个技术社会里，如果大学

---

① 池田大作等著、宋成有等译：《走向21世纪的人与哲学》，北京大学出版社1992年版，第74页。

教学忘记了给予学习者某种技术，他就很难融入社会，更不用说引领未来社会的发展。毕竟，历史的进步离不开技术的应用。但是，能不能把技能培训作为大学教学唯一的使命呢？也不可以，因为这种大学教学只在乎人力的增加，而不是人性的教化。培养出来的学习者缺乏人性的光辉，这表现在（1）缺乏判断力，是非不明，“不能辨别什么是精华，什么是糟粕；什么是见识，什么是宣传”①；（2）丧失了伦理规范，善恶不分，打着“真理相对”的旗号，鼓吹“一切皆行”、“一切皆也不行”，铁肩担道义的行为不复存在；（3）不再进行良知反省，好坏不管，从“个人中心主义”出发，父母、朋友、教师、室友都成了社会的人质，“自私不是道德的缺陷，也不是罪恶，而是自然必要”②。因此，大学教学意义面向生活的同时要笃向生存。

大学教学要走向生命也具有同等重要的意义。在后现代看来，以往的教学具有外在性：它视学习者为机器或动物，丝毫不顾及他的内在需要和价值选择，完全剥夺了学习者学习的主动性，从而使教学沦落为规训的场所。所有这一切足以注定教学必将严重阻碍学习者意义世界的建构。让生命在场的大学教学具有内在性，这意味着教学的目标绝不仅仅是知识的获得，抑或技巧与能力的发展。从根本上来说，大学教学通过关照生命，让人主动学习。“内心充实和自我克制的习惯，是通过悠久的文化传统和教育传统培养起来的，而且并非外面赐予的，它只能靠每个人的自觉努力，方可逐步取得。”③

总之，生命、生活和生存这三者并不是你死我活的斗争，而是一有机体。这是思想的批判的启示。可以看出，“意义生成”的主格并非还原为生命、生活和生存中的某一维，而是这三者的有机统一。质言之，大学教学意义即让生命、生活和生存去游戏。

---

① 艾伦·布鲁姆著、缪青等译：《走向封闭的美国精神》，中国社会科学出版社1994年版，第60页。

② 同上书，第7页。

③ 池田大作等著、宋成有等译：《走向21世纪的人与哲学》，北京大学出版社1992年版，第28页。

第三章

大学教学意义：语言的批判

思想的批判显现了“意义生成”从何来，其去何处显现于语言的批判中。语言的批判有三个任务：首先要找出“大学教学”说了什么，然后从已说中找出未说的，第三在未说中划出要说的边界。

一、已说的

要理解大学教学，还得从“教学”出发。B. O. 史密斯（Smith，B. O.）把教学（teaching）的涵义归为五类①：

描述式语义指教学是传授知识和技能。中国有韩愈说的“师者，所以传道、授业、解惑也”。西方有扬·夸美纽斯（Johann Amos Comenius）说的“一个教师是容易对付很大一群学生的”：（1）每个学校只应该有一个教师，至少每班只能有一个教师；（2）每门学科只应该用一种书；（3）全班都应该得到同样的练习；（4）一切学科与语言都应该采用同样的方法去教授；（5）一切无用的事物，一定要抛弃。② 从描述性定义看，“教学”中只有“教”，没有“学”，“填鸭”式教学、“银行储蓄”式教学是描述式语义的极端表现形式。保罗·弗莱雷（Paulo Freire）尖锐地批评了这种教学论，认为它“是一种‘储蓄’行为，学生就像是银行里开的‘户头’，教师则是‘储户’。教师进行讲授，进行存款，而学生则被动地听讲、接受、记忆和重述，进行储存”。③

成功式语义是对描述式语义的修正，即“学”即掌握“教”的内容。中国有王夫之说的，“教者但能示以所进之善，而进之之功，在人之自悟”。西

---

① B. O. Smith：Definition of Teaching，M. J. Dunkin（Ed.）：The International Encyclopedia of Teaching and Teacher Education，Oxford：Pergamon，1987，pp. 11 ~ 15.

② 扬·阿姆斯·夸美纽斯著、傅任敢译：《大教学论》，教育科学出版社 2002 年版，第 123 ~ 125 页。

③ 黄志成：《被压迫者的教育学：弗莱雷解放教育理论与实践》，人民教育出版社 2003 年版，第 92 页。

方有约翰·赫尔巴特（Johann Friedrich Herbart）说的，教学是新旧概念的融合过程，即一个心理学意义上的“统觉”过程。成功式定义看到了“教”与“学”的相互关系，但把“学”等同于“教”，这有失偏颇。马斯洛把这种教学描述为，“学生们自然已经浸透着外在学习的态度，并会像黑猩猩对拨弄者的技巧做出反应那样对分数和考试做出反映。”①

意向式语义又是对成功式语义的修正，即尽管教学在逻辑上可以不包括学，但教学的意向在于诱导学习者学习，“学”才是“教”的逻辑前提。西方的约翰·杜威（John Dewey）认为，在传统的教学中，教室如同牢狱，学习者如同囚犯，教师如同看守，书本如同刑具，教学和学习如同服刑，全无半点乐趣。他提出以学习者的经验、兴趣、活动为中心进行教学。陶行知深受杜威教学理论的影响，确立了“生活即教育”、“社会即学校”、“教学做合一”的教学理论。不过，事实证明，杜威的教学理论不能让学习者掌握系统的知识，这在一个知识就是力量的时代是一个致命的缺憾。美国在19世纪中期开展的教学改革，就是对杜威教学论的拨乱反正。

科学式语义。自然科学兴起后，人们试图把“教学”当作一个客观的对象，然后对它进行量化分析，以此找到一个放之四海而皆准的概念。于是就有了斯金纳的“程序教学”、沃尔夫冈·克拉夫基（Wolfgang Klafki）的“范例教学”、尤·克·巴班斯基（Юрий Констинович Бабанский）的“最优化教学”等。如此多的“科学”概念，本身就意味着科学式语义行不通。理查德·彼特斯（Richard Stauley Peters）转而借助于语言分析，想找出教学的科学概念。由于语言分析过分注重语言，忽视了具体的教学情景而广遭诟病。为此，范梅南提出了“人文科学视野中的教育学”的口号，呼吁用生活体验的言说方式取代自然科学的言说方式。

规范式语义，即将教学作为规范性行为。它表明，教学的活动符合特定的道德条件，如训练、教导属于教学行为，而恐吓、蛊惑是反教学的行为。教学作为人类社会实践的产物，从一开始就具有规范性。《学记》说：“君子如欲化民成俗，其必由学乎。”又说：“建国君民，教学为先。”意思是执政的国君如果想要统治国家、教化人民，培养良好的风俗，只有通过教学。在西方，苏格拉底的看法是知识即美德，而福柯的看法是知识就是权力。可以看出，规范在不同的文明中有不同的说法，即使在相同的文明中，其内涵也是不同的。

---

① 亚伯拉罕·马斯洛著、林方译：《人性能达的境界》，云南人民出版社1985年版，第182页。

上述语义之间看似彼此对立，实际上都有一个共同之处，即试图在教学之外给教学找到一个根源。但是在探讨教学背后那些无穷多个的根源中，反而遗忘了教学自身。因此，真正的问题不在于指出教学自身之后的某种本质，而是让教学作为其自身显现出来。

大学教学可以理解为在大学里的教学①。“大学”作为教学的限定词，有两个方面的含义：首先，它不同于基础教育阶段的教学：从学习者的平均年龄来看，他们是成人；从教师来看，他们是某一学科领域极有研究的学者；从教学内容来看，它们是高深知识；从教学管理来看，它奉行教的自由和学的自由；从教学过程来看，研究、创新、批判是其主要的活动。

其次，它不同于高等教育系统中的其他系统的教学，这可以从它的“大”（“大”也暗含了其英文 university 的本义。university 的词根是 universus，有普遍、广泛、包罗万象的意思）看出来。“大”不仅体现为教师是大师，教学内容是大学问，教学目标是培养出大智大慧的大才，更体现为它的大追求，它承千古之文脉，继历代之技艺，秉民族之精魂，引文化之风气，海纳百川、壁立千仞，续继了文明的终极价值和普适情怀的感悟，守望人类的精神家园。

在日常语义中，大学教学的本性是在与其他类型的教学相区分中显现出来的。大学教学不同于基础教育阶段和高等教育系统中的其他系统的教学等区分，还未真正切入到大学教学的本性，因为它始终囿于大学与非大学的区分之中，而没有达到大学教学与自身的区分。那什么样的教学才算得上是大学的教学？蔡元培说：“大学者，研究高深学问者也”，这是众所周知且得到普遍认可的说法。

既然大学教学自身与高深知识密切相关，那么它就显现于高深知识的理解中。“知识”，言外之意是“知道的知识”。这儿的“道”是自然之道。《易

---

① “教”与“学”两字的汉语释义，见本文第六章第一小节和第二小节。教、学、教学对应的英语单词分别是 teaching、learning、instruction。teaching 的古英语形式为 taecan，来源于希腊语 deiknne，意思是解释、指示、引导。有学者考证，teach 和 learn 是同一个词源派生出来的，表达的是同一个意思。learn 与所教的内容相联系，teach 与使教学得以进行的媒介相联系。后来，随着语义的发展，教与学的活动分离开来。20 世纪以前，教学通常使用的是 teaching，重在教师的教；20 世纪初，随着“进步教育”运动的兴起，instruction 逐渐替代了 teaching。instruction 由前缀 in 和词根 struct 组成，意味着“把……建立进去”，具有“指导”、“教导”的意思。1903 年 J. J. Findly 提出 instruction 的含义是教授和学习（teaching and learning）；1960 年布鲁纳在《教育过程》一书中更明确地指出，instruction 指的是教学，阐述教学过程应包括教师的教和学习者的学两个方面。用 instruction 替代 teaching，标志着一种崭新教学观的诞生。参见施良方等主编：《教学理论：课堂教学的原理、策略与研究》，华东师范大学出版社 1999 年版，第 7 ~ 8 页。

经》说："古者包羲氏之王天下也，仰则观象于天，俯则观法于地，观鸟兽之纹与地之宜，近取诸身，远取诸物，于是始作八卦，以通神明之德，以类万物之情。"汉语的"高"和"深"与位于天地间的人相关。"高"相关于天空，对于人来说，它高不可攀。"深"相关于大地，对于人来说，它深不可测。"体万物为一体"的自然之道是高深知识的最高境界。王阳明说："大人之能以天地万物为一体也，非意之也，其心之仁本若是，其与天地万物而为一也。"

从"知识"的英文 knowledge 的词根 know（知道）看，知识是对知道的东西的系统的表达。因此，知识的规定是知了"道"，即知道什么是有，什么是无，也就是什么是存在的，什么是虚无的。当一种知识知道了存在的真相的时候，它是真知；当它不知道存在真相的时候，它是无知；当它遮盖了存在的真相的时候，它是假知或者是误知。"高深知识"的英文是 advanced knowledge 或 profound knowledge。从 advanced 的词根 advance（前进、发展），和 profound 的前缀 pro（在……之前）和词根 found（建立）看，高深知识是始终朝向某个方向行进却还没有达到的知识。这个方向就是神灵之道：古希腊是诸神之道，中世纪是上帝之道、近代是人类的神性——理性之道。因此，神灵世界之道指引了高深知识的产生，大学教学也就是要洞见高深知识所蕴含的"道"。由此，大学教学意义受神灵之道规定。

在古希腊，是奥林匹亚山上的诸神在指示。毕达哥拉斯和苏格拉底等大教育家，都把自己看作是神的化身，以此向年轻人传达真理。中世纪大学作为一个团体，首先是个宗教组织，一切教学活动都是为了坚定对上帝的信仰，如师生参加风行一时的圣餐礼拜和参加"基督复活"的游行，并把圣母玛利亚作为朝拜的偶像。① 在近代，以科学研究开启人的神性——理性成了大学教学的主旋律。康德说，大学教学就是启蒙，"启蒙就是人类脱离自我招致的不成熟。要有勇气运用你自己的理智！这就是启蒙的座右铭"②。康德所说的公开运用自己的理智，指的是要像学者一样，不要再盲从权威，不要再膜拜偶像，以科学的客观性、中立性、普遍性等理性价值，对一切事物进行穷根究底的追问。学习者一旦自己做出决定、自己确立目标且自己指导自己的行为时，他就

① 雅克·勒戈夫著、张弘译：《中世纪的知识分子》，商务印书馆 2002 年版，第 75 页。

② 伊曼纽尔·康德著：《对这个问题的一个回答：什么是启蒙》，詹姆斯·施密特编、徐向东等译：《启蒙运动与现代性》，上海人民出版社 2005 年版，第 61 页。

开始由动物性欲求朝向文明状态发展。总的来说，西方的神灵世界之道规定了大学教学要培养出有理智的人。这可从柏拉图那儿找到根源。

柏拉图认为，人的生存不是盲目的冲动，而是一个以自身为目的的自觉的认识过程。为了实现这一过程，人又必须超越个体生命的有限性，意识到每个人身上固有的善，继而意识到“神”的善。于是，人的生存是求知的过程，也是对善的追求过程。但是，人如同居住在黑暗洞穴中的“囚徒”，怡然自得地享受着被奴役的“快乐”，无法明晓自身灵魂中潜存的善。只有教学才能把他从无知的锁链中解脱出来，引导他离开“洞穴”的黑暗世界，进入到阳光普照的“光明世界”。因此，教学即让学习者在求知中去认识自己的过程，是将上述尚是一个潜在的善的现实化过程，从而达到对“神”的善的洞见。他的“线喻”①（见图4－1）形象地概述出了大学教学以高深知识开启“神”的善的功用。

	事情	Y	思想类型	
[善] 理智世界	善（相）		知识	知识
	数学事物		思考	
[太阳] 可见世界	事物		信念	意见
	影像		想像	
		X		

图4－1　柏拉图的“线喻”

从X到Y的垂直线是一条连续线，暗示知识教导的连续过程。随着这条线从最低形态到最高形态，相应地真理也从其最低级变到最高级。首先，这条线被分为两个不平均的部分，上面更大的部分代表理智世界，下面较小的部分代表可见世界。这两个部分又分别以与整个线段同样的比例再次分割，这样产生了四个部分，每个部分都代表了比下面一部分更清晰更确定的思想类型。它们分别是想像、信念、思考、知识。想像仅仅表示显现的感性经验。信念给予事情的某种程度的确定，但不是绝对的确定。思考才是绝对的确定，因为它让

① Samuel Enoch Stumpf, James Fieser: Socrates to Sartre and Beyond A History of Philosophy, New York: McGraw－Hill College, 2003, p. 52.

学习者寻找到事情背后的规律或原则。知识则摆脱了感性认识，直接处理“神”的善，它是世界的最高规定。可以看出，知识是关于事情本质的知识，这些本质是“神”的善，它能断定事情是美的或善的。

在柏拉图看来，教学之所以能让学习者从可见世界转向理智世界，在于让他回忆起了灵魂中固有的“神”的善。教学就是将灵魂曾经知道的东西，通过回忆让其显现的过程，是一种引导学习者顿悟、回头的艺术。正因为教学具有如此重要的作用，柏拉图把其作为造就哲学王的根本手段。

哲学王是一个理智的人。他具有四个美德：正义、勇敢、节制和智慧。正义是勇敢、节制和智慧这三种美德的和谐，因而是全面的德性。正义指依据自己的份额而得到自己的那一份的美德；勇敢指知道什么是该害怕的，什么是不该害怕的。对有理智的人来说，唯一真正害怕的东西应该是道德邪恶，必定不会害怕金钱的贫困与物质的困乏；节制指克制自己的内心欲求而让自己的行为符合于外在的规范和内在的价值尺度，即它是自律与他律的统一；智慧是相关于命运的知识，是对真理的永恒把握。只有在智慧的基础上，所谓真与假、是与非、对与错才能区分开来。

在柏拉图看来，哲学王的挑选并不依据于他的出身或者拥有的财富，而在于他自身灵魂中的“神”的善。他打了一个比方①，“如果（有钱人家）的孩子天生就是铁或铜的合金，不得有任何怜悯，必须将他送到与他的本性相符合的地方，将他扔到农民和工匠之中”。类似地，如果金质的或银质的孩子出身于工匠家庭，“将根据他的价值提升他”。

如何“提升”呢？这需要通过几个教育阶段。在他 18 岁的时候，他将受到文学、音乐和初等数学的训练。接着，他将受到广泛的体能和军事训练。在 20 岁时，将从中选拔一些人致力于数学的高级课程。在 30 岁时，将开始为期 5 年的辩证法和道德哲学的训练。接下来的 15 年，将通过公共服务来积累他的实践经验。最后，在 50 岁时，最有能力的人将达到知识的最高水平——洞见到“神”的善的知识，这样他可以统治国家了。当然，教学的最好方法是“反讽”法，即教师不断地与学生对话，让其自知自己无知，再引导他去探究真理。简言之，哲学王所接受的教学，已经引导他一步一步通过分割线的逐步上升的知识，而达到了对“神”的善的知识的把握。

---

① Samuel Enoch Stumpf, James Fieser: Socrates to Sartre and Beyond A History of Philosophy, New York: McGraw - Hill College, 2003, p. 66.

二、从已说中找出未说的

西方的神灵世界之道和中国的自然世界之道，从根本上规定了大学教学的方方面面。当前，大学教学意义由历史主义和现实主义所规定。

一种观点认为，大学教学意义具有历史性。在历史主义者眼中，历史是黑格尔笔下的“密纳发的猫头鹰”。在希腊神话中，智慧女神密纳发肩上的猫头鹰，是智慧和理性的体现。猫头鹰的一个特点是，只有等到黄昏到来时才起飞。黑格尔借这个譬喻说明，历史是跟随在现实后面的反复思考，就像猫头鹰等待黄昏的来临，然后展翅飞翔。另外它还暗示，历史一旦形成，能分辨出什么是真实的，什么是虚假的，犹如黑夜中猫头鹰的眼睛，能捕捉到田鼠的一举一动。意义的历史性表明，大学教学作为一种历史性的存在，已经形成了固有的意义。这些意义是永恒的，放之四海皆准的，不随时代的变化而变化。自苏格拉底以降，大学教学坚守了“笃向生存”的意义，无论是是纽曼的“纯知识”，无论是洪堡还是亚伯拉罕·弗莱克斯纳（Abraham Flexner）的“纯科学”，无论是赫钦斯还是布鲁姆的“经典文化”，尽管教学实践各不相同，但其意义是通融的，以培养有精神、有道德、有修养、有文化、有智慧的人为取向。既然意义具有历史性，那么，大学教学应远离时代，时代也无须给大学教学提出任何要求，以保证意义的恒常性与纯洁性。一旦意义成为社会的“风向标”或“镜子”，大学教学就失去了自身应有的超然性，沦为市场的工具、政治的附庸、道德说教的宣传机构。

另一种观点认为，大学教学意义具有现实性。它源于以下理由：一方面，现实是最真实的，是意义的合理性的保障。没有现实作为参照物，意义不能指引大学教学带来任何实际利益：培养出来的人是不会实践的“书呆子”，创造出来的知识与社会需求毫不相关。因此，大学教学应完全融入社会中，其意义也应植根于时代，不以自身而以时代为目的。囿于“象牙塔”的意义，既虚伪又最无用。科尔曾讥讽纽曼和弗莱克斯纳，前者造成牛津大学差点灭绝，后者则完全不合时宜。另一方面，现实是最有用的，是意义的合法性的保障。大学教学作为社会系统中的一个子系统，主动承担社会责任，是其合法存在的根由，它不仅要为经济发展提供“利”，也要为政治稳定提供“力”，还要为文化传承提供“理”。只有当意义着眼于社会责任时，大学教学才有生机与活力。17～18 世纪是大学发展的“冰河期”，根源于大学教学与时代的隔绝。所以科尔说，当代大学不再是僧侣居住的教堂，不再是知识分子居住的村庄，不再是科学家居住的城镇，而是一座五光十色的大都市。在此，意义是多元的，

以满足多种多样的社会需求、以提供多种多样的社会服务为出发点。

从历史的观点看，相同的意义，可以存在于不同的时代。从现实的观点看，不同的时代有不同的意义。孰是孰非？其实，这两种观点都有失偏颇。意义不可能远离时代，否则就会失去生命力，但它也不能为了现实需要，而沉沦为工具。意义无疑要保持自己的历史性，但同时也要维系和时代息息相关的关系。现在的问题是，大学教学意义与时代究竟是一种什么样的关系？博克的观点很有启发性。在他看来，当代大学不可避免地要走出“象牙塔”，要为养育自己的社会服务，但这并不意味着，大学教学应该完全融入时代，承担其他组织或机构同样能够出色完成的任务，而是凭借拥有比其他任何社会系统都更好的装备——解决社会问题所需要的高深知识和高级人才，引领时代，做时代的“灯塔”和“路标”。这才是当代大学教学真正的使命，其意义是时代的“规定者”，不是时代的“应声虫”。

质言之，大学教学意义既不能疏离于时代，也不能完全融入时代，而是规定时代。还可以继续追问，大学教学意义是如何规定时代的呢？从意义的形象表达“灯塔”看，“灯塔”一方面具有“表征”功能，它立在那儿，先在地反映了周围水域有暗礁的事实；另一方面，它具有“指引”功能，它以灯光指引来往船只如何避开暗礁。同样可以说，大学教学意义通过“表征”与“指引”来规定它的时代：一方面，意义反映了现实的各种各样的变化，或者说，各种现实都会给意义烙上深刻的印记，如古希腊的理性、中世纪的信仰、近代的科学、现代的技术、后现代的生命；另一方面，意义也指引了一个时代的方向和道路，如古代大学的生存，现代大学的生活和后现代大学的生命。

还要追问，大学教学意义对时代的规定如何可能？这在于，大学教学意义来自于生活世界，生活世界先在地赋予大学教学的意义。那就是说，大学教学通过规定人的培养从而规定时代，毕竟，任何时代的发展首先是人的发展。就如纽曼说的：大学教学是实现一个伟大而平凡的目的的伟大而平凡的手段，即“是要为人性添加一些超越自身的东西，并指引它瞄准比自身更高的目标”①。具体来说，大学教学意义一方面属于生活世界，另一方面超出生活世界。

大学教学意义属于生活世界，就是说大学教学是生活世界的一部分，它就在生活世界中，是生活世界自身不可或缺的要素。“每一个较大规模的现代社会，无论它的政治、经济或宗教制度是什么类型的，都需要建立一个机构来传

① John Henry Newman：The Idea of a University，London：Longmans，Green and Co，2007，p. 123.

递深奥的知识，分析批判现存的知识，并探索新的学问领域。换言之，凡是需要人们进行理智分析、鉴别、阐述或关注的地方，那里就会有大学。”①

大学教学意义超出生活世界，就是说大学教学处在生活世界的边界上，既不与生活世界绝对分离，也不与生活世界绝对融合。在生活世界的边界上，大学教学获得了自身的意义：一方面，大学教学能够回到生活世界，另一方面，大学教学能够超出生活世界而去。于是，处在时代边界上的大学教学就不只是自身超离生活世界而去，而是要引导生活世界超离自身而去。这就是说，生活世界要在大学教学培养出来的人引领下超过自身的现实而创造出新的生活世界。纽曼对此有很好的概括：大学的存在既不是为了使人变得有学问（非研究性），也不是为了工作做准备（非专业性），也无法使人变得崇高神圣（非道德性），更不能使人坚定对上帝的信仰（非宗教性），而是为了获取知识做准备（教学性）。那就是说，大学是传授普遍知识的地方，通过培养出有精神的人引领时代和世界的发展。②

综上所述，大学教学意义与生活世界之间的关系在于：它既属于生活世界，又超出生活世界；它既内在于生活世界，又外在于生活世界。它在生活世界的边界上不断撞击生活世界的边界，引导生活世界超离自身而去。可见，这两者不是彼此分离的，而是相互生成、合为一体的。

三、从未说中找出要说的

作为一特殊的生活世界现象的大学教学，它在生活世界的边界上不断游移。因此，它不再接受自然世界之道，也不再接受神灵世界之道，而是接受生活世界之道，即“受意”。“受意”是在如下的四个环节中展开的：当大学教学属于生活世界的时候，这意味着生活世界已先在地赋予了大学教学的意义（赋意），大学教学是一通达生活世界的意义的实践行为（达意）；当大学教学超离生活世界之外的时候，大学教学不断地诠释生活世界赋予的意义（释意），并创造出新的意义（创意），以此引导生活世界超离自身而出。

赋意。什么规定了大学教学？是政治力量、经济力量等外在的客观世界吗？不是，因为事实已经证明，大学教学作为大学系统中的一个子系统，承袭了学术自由、学术自治与学术中立的大学精神，不是政治力量的宣传站，不是经济力量的服务站；是文化传统、民族精神等内在的主观世界吗？也不是，因

---

① 约翰·S·布鲁贝克著、王承绪等译：《高等教育哲学》，浙江教育出版社2001年版，第13页。

② John Henry Newman：The Idea of a University，London：Longmans，Green and Co，2007，p. 125.

为中国的自然世界之道和西方的神灵世界之道，终究要回归到人的现实生活世界。否则，前者“形成一套压抑人性的规范体系”，后者“完全剥夺了人性光辉”。① 是人的生于斯、长于斯、死于斯的生活世界规定了大学教学。这个生活世界不仅是我的世界，也是你的世界，是他的世界，是我们大家的世界；不仅是眼下正在在世的我们的世界，而且是已经过世的先人们的世界，还是许许多多尚未临世的所有后代的世界，是人类共同的、长久持存的世界；这个世界也不仅仅只是人类的世界，还是一切有理由存在的一切事物的世界。它是一切意义之源。因此，生活世界已先在地将其意义赋予给了大学教学。

达意。大学教学作为陈述对象，不是指窗明几净的教室，不是指多少人组成的课堂，不是指昂贵先进的教学设备，这些只是大学教学的条件，而不是大学教学自身。外在条件只有被注入意义后才能被理解。大学教学自身就是一意义存在，而且是在通达人的生活世界的意义中显示自身的存在。生活世界的意义就像一位“扳道工”，时刻规范大学教学实践。当大学教学过分科学化时，人文教育的呼声开始响起；当大学教学过分专业化时，通识教育的呼声开始响起；当大学教学过分功利化时，为知识而知识的呼声开始响起；当大学教学过分行政化时，教学自由的呼声开始响起；当大学教学过分大众化时，提高大学教学质量的呼声开始响起。可见，通达生活世界的意义保证了大学教学自身的边界。

释意。大学教学自身作为意义的存在，一方面是说，它要通达生活世界赋予给它的意义，另一方面是说，它还积极主动地诠释其意义。大学教学在诠释生活的意义中彰显自己的生命与活力。释意有一根据，这个根据是大学教学自身的文化传统，不管是西方大学，还是中国的大学，共在地遵守大学教学在历史发展中积淀的文化传统。释意还有一目的，这个目的是回归生活世界，大学教学如何理解生活世界的意义，它也就以什么样的方式培养人才。从基础到目的，大学教学还需要一个手段。由于学习者在历史中生成，因此手段也不是固定的，要结合历史境域的影响。简而言之，大学教学既不能丢弃自身的文化传统在“象牙塔”中自生自灭，也不能完全融入市场大潮在“服务站”中遗忘自身的意义，而是在文化传统和历史境域的冲突与协调中，不断地诠释出意义，显示自身的独立存在。

创意。大学教学不仅要诠释生活世界的意义，还要为生活世界创造出新的

① 赵汀阳：《论可能生活》，中国人民大学出版社2004年版，第11页。

意义，以此引领生活世界的发展。那就是说，大学教学不能脱离历史实践，要将意义应用于具体的情境中。只有在具体情境中进行判断、取舍、选择，才能获取适合于该情境的意义，从而走向自由。"创"是创造，不是发现，后者是从有到有，前者是从无到有，即生成。就如怀特海说的，教学过程是"旋涡"式的，它训练对生活的探险，"教育应以研究开始，以研究结束"①。教学如果不能以激发首创精神开始，不以促进这种精神而结束，那必然是不成功的教学，因为教学的全部目的就是使学习者具有创造力，使他摆脱被训练的比较被动的状态，进入主动应用知识的自由状态：当他陷于欲求不能自拔时，他领会和遵从良心的呼唤，过着自我筹划、自我决断的生活；当他被技术所规训时，他寻求着某种终极确认，以获得精神生活上的慰藉；当他在不断超越自身的时候，他又不断地走向现实，以实践创造属于自己的美好生活。质言之，"创意"指大学教学以培养出意义生成的人引领社会的发展。

四、要说什么?

正是在"受意"中，大学教学不断撞击生活世界的边界，引导生活世界超离自身而去。这又如何可能？在于大学教学培养出意义生成的人，他能实践这个使命。

意义生成的人当然在生活世界中。人在世界中与水在杯子中不一样：水能离开杯子存在，杯子中没有水依然是杯子，两者之间没有必然的联系。但是，人不能离开生活世界而存在，同时，他还不断指引生活世界越过自身的现实边界，而创造出新的生活世界。由此，意义生成的人具有三个特征：从"在世界中"具有的时间性来看，他是生命的过去被抛性、生活的现在沉沦性、生存的将来筹划性的统一；从"在世界中"具有的空间性来看，他是生命的自然自在性、生活的社会实践性、生存的精神内在性的统一；从"在世界中"具有的时空性来看，他是生命的或然自律性、生活的本然能动性和生存的应然超越性的统一。

1. 生命的过去被抛性、生活的现在沉沦性、生存的将来筹划性的统一

生命的过去被抛性。生命是被抛到这个世界上的，因为人不能选择自己的亲人，也不能选择家庭背景，更不能选择遗传基因。过去的一切已深深地植入到他的生命中，他不可能脱离或者忘记过去而发展。首先，过去为人的现在发

---

① 艾尔弗雷德·诺思·怀特海著、徐汝舟译：《教育的目的》，三联书店2002年版，第21页。

展提供了基础，没有过去作为基础，人不可能生活在现在的世界中；其次，过去为人的将来超越提供了前提，因为人是在世存在的，他只能以一定的视角观看世界，将来的超越必须以一种对过去的看法为前提。

生活的现在沉沦性。人生在世与水在杯子中不一样，他融身于世界中，依寓于世界中，繁忙于世界中。人生在世就是一种操心，不仅要和万事万物打交道，还要和自我、他人打交道。世界与操心不可分，无操心则无世界，世界只是现在操心的世界。操心具有好奇、两可、闲谈的属性，注定了人从出生起就生活在一个常人的世界里。常人如何生活，他也如何生活；常人如何消遣，他也如何消遣；常人的标准也就是他的标准，人在常人的世界中以常人的态度要求自己。于是，生活的人是沉沦的。

生存的将来筹划性。人的意义在将来，不在现在，将来能引导人走出沉沦的现在。对将来的筹划是人之为人的根本，也是人之为人的本真形态。人“总是在不断进行反省和不断规定自己的生存。人与动物的根本区别在于，动物是被特定的，鹰爪和虎牙是在鹰和虎一出生就被天赋的，而人的特征就在于其‘未被特定性’，人总是其尚未是而即将是的东西，是其尚未出场而即将出场的东西，这种将是不是一种宿命论的等待，而是一种积极主动的筹措与规划”①。

在面向将来、立足过去、拷问现在中，人有自决、自主、自控的能力。自决指人作为生命个体，有相对独立的认识、选择、预见和决断的能力。自主指人作为生活主体，有主动地采取相关措施并实现预期目的的能力。自控指人作为精神主体，有保持代内平衡和代际平衡的能力。总之，他在倾听良知的呼唤中，果断地筹划未来。由此，人与世界相互生成。

2. 生命的自然自在性、生活的社会实践性、生存的精神内在性的统一

生命的自然自在性。自然这里指自然界或大自然，它是天地万物存在的整体。人作为某个存在，是自然的一部分，因此人不能创造自然，只能作为自然的看护人和守望者。因此，人与自然之间的关系是自在的，既不是成为自然的奴隶，也不让自然成为人的奴隶，而是一方面超然物外，摆脱自然对于自己的束缚，另一方面与物为伴，开启自然与自身的生命。

生活的社会实践性。人是一切社会关系的总和，社会不仅为人的发展提供各种条件，而且整个社会的发展目标是人的解放。另一方面，作为个体的人，

① 高秉江：《生存与理性的张力》，《天津社会科学》2002 年第 6 期，第 39 ~ 43 页。

总试图从社会的规则中解放出来，过一种自我筹划自我决定的生活。因此，人在社会中的意义体现为实践的意义，它不仅参与社会的生产，而且反思社会的现状，更能预测未来，人的实践性是社会前进的动力。

生存的精神内在性。精神是相对于人的身体来说的。精神并非寓于人的身体之一隅，而是贯透于全身。人的身体并非外在地添加一个叫精神的东西，而是整个地充满灵气，富有朝气。有精神的身体才是人的本真存在，人没有精神如同行尸走肉。可见，人和动物不一样，他具有精神的指引。同时，精神是自由的，不会束缚活的生命。因此，身体和精神的关系体现为相互包容的关系：一方面，精神是身体在思考；另一方面，精神自身也不断生成，由此开拓和构建身体的可能性。

自然性、社会性和精神性无穷无尽的编织构成了一个无形的意义之网，它将人纳为游戏者，将万物纳为游戏者。由此，意义敞开了自然、社会和精神的宽广维度。于是，人和生活世界的游戏不是片面的决定或被决定的关系，而是相互共生的关系。“‘意义’是最具个人性和主观性的生命感受，但它也是最具社会性和客观性的生命感受，因为‘意义’本身就意味着人与他人、与自然以及与自身的相互生成、相互确证和相互开放。”①

3. 生命的或然自律性、生活的本然能动性和生存的应然超越性

生命的或然自律性。人是一或然的存在，他具有自由意志，他是在自己的选择、决断和行动的过程中而成为人的。既然人是绝对自由的，那么他对于自由而来的责任也就没有任何逃避的理由和借口。他不仅要对自己的存在和自己的未来负责，而且要对自己的选择负责，对他人和社会负责，因为他在自由选择、塑造自己形象时，也在选择和塑造人的形象。因此，人必须为自己的决定负责，成为一个自律的人。

生活的本然能动性。人毕竟还是社会的动物。人的社会本然性是说，意义不是抽象的，而是在具体实践中生成的。它有两个特征：首先，意义具有对象性或客观性，没有无意义的对象，也没有无对象的意义，意义与对象牢不可分；另一方面，意义总是人在特定情境中理解到的意义。所以，意义要在人所信奉的信条中、在他的工作中、在他的创造物中、在他所爱的人和物中、在他的经验中、在他所遭遇的世界中追寻。即便在痛苦与绝望中，人仍然可以寻求意义，即苦难的意义。

---

① 张曙光：《生存哲学》，云南人民出版社2002年版，第129页。

生存的应然超越性。人是人，不是动物。人在于人追寻意义，任何不追寻意义的人都不是真正的人。对意义的追求是人主动而为之，是精神层面上的主动选择，不由外在的刺激被动引起。这样，人对意义的应然追求与超越性联系起来。超越性有两层含义：一是就过程而言，人的创造活动具有面向未来的开放性；二是就人的存在价值而言，人要超越感性的束缚，过一种真正属于人的生活。这两层含义的统一说明，人的超越性永无止境，但超越性基于内在的应然性，后者指明了超越的方向和目标。

人的或然性、本然性、应然性相互印证，缺一不可。或然性是应然性的心理学前提，没有自由，人就不可能有自主的选择权，只能被动地接受命运的安排；人对意义的应然追求，使人在任何情况下都要追问意义。即便是为快乐而快乐，而让我们真正快乐起来的缘由，则是快乐的后面的意义，快乐不过是其意义的附属物。因此，这三者的统一也是自然、社会、精神的统一和过去、现在、将来的统一。由此，人与世界相互生成。

五、小结

批判就是语言的战争。语言的批判是在如下两个维度中展开的：一是在大学教学的已说中找出未说的；二是在未说中找出要说的。

首先，从已说中找出未说的是，大学教学作为一生活的特别现象处于生活世界整体的边界上。大学教学既属于生活，又超出生活；它既内在于生活，又外在于生活。由此，大学教学和生活世界建立了双重关系：当大学教学是生活世界中的一部分的时候，它服务于现实的生活世界；当大学教学超出生活世界的时候，它引领生活世界的发展。于是，大学教学就其自身而言，它必须固守大学教学自身的本性，因此它是生活世界未来发展的蓝图。但就大学教学和生活世界的整体关系而言，它无法完全脱离生活世界，因此它又要回归生活世界。为此，必须克服大学教学的“象牙塔”般的超越性与“服务站”般的功利性的对立，大学教学以其自身的本性来建立和生活世界的关系。

其次，从未说中找出要说的是，大学教学要接受生活世界的意义的规定，即生活世界已先在地赋予了大学教学的意义，大学教学要通达其意义。同时，大学教学还要诠释其意义，以便创造出新的意义。这就是说，它不仅要自身超离生活世界而去，还要引导生活世界超离自身而去。由此，生活世界要在大学教学的指引下越过自身的现实世界，而创造出新的生活世界。这个使命由大学教学培养出的意义生成的人来完成。意义生成的人当然在生活世界中，但是他又不断指引生活世界越过自身的现实边界，而创造出新的意义。意义生成的人具有三个特征：从“在世界中”具有的时间性来看，他是生命的过去被抛性、生活的现在沉沦性、生存的将来筹划性的统一；从“在世界中”具有的空间性来看，他是生命的自然自在性、生活的社会实践性、生存的精神内在性的统一；从“在世界中”具有的时空性来看，他是生命的或然自律性、生活的本然能动性和生存的应然超越性的统一。

从上可以看出，语言的批判的落脚点是“大学教学即意义生成”这一语词结构的宾格——生成了什么。生成了什么呢？是意义生成的人。

第四章

大学教学意义：现实的批判

“从何来”到“去何处”还需“如何去”这一环节。“如何去”显现于现实的批判中。现实的批判具有三重任务：划清当前大学教学的游戏形态及其理论的边界，同时也让生命、生活和生存的游戏的内涵显现出来。

一、聆听先行者的足音

大学教学的目的是“成人”，这儿的“人”不是“生存的人”，因为“生存的人”无法在技术社会里生存；这儿的“人”也不是“生活的人”，因为“生活的人”只追求物质享受，缺乏对将来的筹划；这儿的人也不是“生命的人”，因为欲求无边的人与人的高贵性相去甚远；这儿的“人”是上述三者的统一体，他不仅懂得如何做事，也能思考终极价值，更是一个情感丰富、有血有肉的生命存在。简而言之，他是生命、生活和生存的游戏者。从这个层面上来说，大学教学是面向人的生命、生活和生存三维度展开的过程，是让人的三维度彼此游戏的场所。从历史上看，奥尔特加·加塞特（Jose Ortega Y Gasset）、雅斯贝斯和海德格尔等思想家，都倡导了此大学教学意义。

（一）加塞特的大学教学论

加塞特是20世纪西方思想家中最为耀眼的“明星”之一。[①] 与大多数学者一样，他从人的异化现象出发，然后提出他的大学教学论。

加塞特认为，我们生活在一个物质丰富、技术发达的时代，但是，这并不意味着这个时代优越于过去的时代。在过去的时代里，人们尽管过着贫乏的物质生活，却享受着充盈的精神生活；而在现时代，人过着一种平庸的生活，“我们这个时代的典型特征就是，平庸的心智（commonplace mind）尽管知道自己是平庸的，却理直气壮地要求平庸的权利，并把它强加于自己触角所及的

① Jose Ortega Y Gasset：The Revolt of the Masses，London：George Allen & Unwin LTD，1932，Translators’ note.

一切地方"[①]。过着平庸的生活的人就是"大众人"（a mass - man）。加塞特断言，力图领导欧洲当代公共生活的"大众人"，正是19世纪的自由民主政体和科学技术造就的：自由民主政体让每一个人从心理上认为自己是一个创世者，科学技术让每一个人从实践上认为自己是一个创世者。科学由于其自身特点，它的进步必须伴随着专业化（specialization），必须将事物切割成若干部分加以研究。从事这种研究的科学家不可避免地成为专业人才（the specialist）：他既不属于有知识的人，因为除了自己的专业知识之外，他知之甚少；另一方面，他也不属于无知的人，因为他是一个"科学家"，一位"专家"，他通晓自己方寸天地中的一切。他是"有知识的无知者"（learned ignoramus）。"作为我们文明之根基的科学本身会自动地把他转变为一个大众人，也就是一个原始人，一个当代的野蛮人"[②]。由于"大众人"刻意地割裂与过去文化的联系，恣意地运用科技改造世界，随意地按民主方式组建政府，使生活缺乏根基、失去意义。因此，大众无能力把握自己的个人生活，更不用说统治整个社会了，"如果这一类人继续主宰欧洲，那么，不出30年，我们就会退化为野蛮人了。人类的生活将全面萎缩"[③]。这就是"大众的反叛"。

加塞特对"大众人"的反面刻画，来描述他的理想人的特征。在他看来，"大众人"的原型是科技人员（the technician），如工程师、医生、金融从业者、教师。在这些科技人员当中，科学家又是他们最完美、最纯粹的代表。"科学家越多，有文化的人就愈少。"[④] 在他看来，大众人具有如下的心理结构[⑤]：（1）他持有一种与生俱来的、根深蒂固的印象；生活应该是舒适安逸的，充裕富饶的，没有任何限制的；因此，每一个普通人都会产生一种权利与成功的感觉，这种感觉（2）使得他满足于自己现有的状态，并认为自己在道德和智力资质上是优秀的、完美的。这种志得意满导致他封闭自我，拒绝外来的权威；不愿倾听他人，不愿将自己的意见提交判断，甚至无视他人的存在，他内心深处的那种大权在握的感觉促使他时刻突出自己的优越。所以，他的言谈举止表现得就好像这个世界上只有他自己存在似的，于是乎（3）他将插手干预一切事物，强制推行他那种粗俗鄙陋的观点，无须尊重、考虑他人的看

---

① Jose Ortega Y Gasset：The Revolt of the Masses. London：George Allen & Unwin LTD，1932，p. 18.

② 同上书，p. 121.

③ 同上书，pp. 56 ~57.

④ 同上书，p. 125.

⑤ 同上书，p. 107.

法。加塞特给“大众人”取了很多名字，如“自我满足的人”（the self－satisfied man）、“文明社会的野蛮人”（the modern barbarian）、“被宠坏的孩子”（the spoilt child）。与这种人相对的是有文化修养的人，“对自己提出严格的要求，并赋予自己重大的责任和使命”①，他们“过着一种不懈努力的生活，这种生活的目标就是不断地超越自我，并把它视为一种责任与义务。与大众人的平庸生活或懈怠的生活形成了鲜明的对比”②。

面对大众的反叛现象，加塞特寄希望于大学教学塑造出有文化修养的人，以此改变当前的社会现状。为此，他认为大学教学意义是在如下三维度中显现的：

笃向生存。加塞特重视大学教学的理智培育功能，认为理智能使人类过上一种高尚的生活：从人类自身来看，为人就是人的理智本身，做事也要遵循理智指引的方向；从社会实际情况来看，只关注于技术掌握的大学教学，造成了“民众缺少才智，伟人没有心肠”的现实。“由此，在大学里再度建立文化教学，建立符合时代要求的核心思想体系是非常必要的。这是大学的基本功能，也必须是大学驾凌于其他一切之上的基本功能。”③ 加塞特主张以下列教学内容培养理智：（1）世界的自然体系（物理学）；（2）有机生命的基本主题（生物学）；（3）人类发展的历史过程（历史学）；（4）社会生物的结构和功能（社会学）；（5）一般概念的体系（哲学）。④

面向生活。尽管加塞特认为，科学技术造成了大众人，但是，大学教学还是要担负起技术培训的重任。毕竟，没有接受过专业训练的人，根本无法在社会上立足。同时，社会的发展也需要相当多的技术人员，“社会需要优秀的专业人员——法官、医生、工程师等，因此，大学准备向社会提供专业培训业务”⑤。

走向生命。加塞特认为，技能培训和理智培育的目的，都是为了让人从“大众人”中走出来，懂得如何选择属于自己的生命，从而让人成为人自身，而非社会的工具。为了培养学生的选择能力，大学教学必须遵循一条经济原理：把该教的一定要教给学生，把不该教的一定不要教给学生。也就是，大学

---

① Jose Ortega Y Gasset：The Revolt of the Masses. London：George Allen & Unwin LTD，1932，p. 15.

② 同上书，p. 71.

③ 奥尔特加·加塞特著、徐小洲等译：《大学的使命》，浙江教育出版社 2001 年版，第 58 页。

④ 同上书，第 73 页。

⑤ 同上书，第 57 页。

教学从学生的生命出发取舍教材安排课程。

（二）雅斯贝斯的大学教学论

雅斯贝斯是20世纪著名哲学家，生存哲学的奠基者之一。与加塞特一样，他的教学论根源于对现时代人的异化状况的反思。

他认为，在西方占统治地位的“实体论”规避下，当今时代表征为技术性大众秩序的建立。在这种生活秩序中，人被定格为某种功能性手段，生活被看作为大众提供普遍的生活必需品的秩序或系统。这样，人在其中不再能辨认出他自己，他被剥夺了他作为人的个性，他从未想到他自己，也不想成为他自己，只是在无需他自己的创造性的条件下，永无止境地重复仿效。总之，人不再追问意义，过着一种行尸走肉的生活。

雅斯贝斯认为，大学教学不能独立，它依赖于精神世界的超越存在，并要服务于精神生活的传承，精神命运必然决定大学教学的内涵。“教育是人的灵魂的教育。”① 如果大学教学只是计划内的事件，看不到人之精神生成之可能，那么大学就将变成训练机器人的场所，人仅仅学会功能性的算计而无法看见超越之境。因此，生成论意味着大学教学不能改变人生而具有的本质，不能强迫人成为什么样的人，只能根据人生而固有的本性和可能性来提升人的精神境界。大学教学正是借助于个人的存在将个体带入大全之中。“个人进入世界而不是固守自己的一隅之地，因此，他狭小的存在被万物注入了新的生气。如果人与一个更明朗、更充实的世界合为一体的话，人就能够真正成为他自己。”②

既然人是生成的存在，那么，大学教学就是生成，它是“人的潜力如何最大限度地调动起来并加以实现，以及人的内部灵性与可能性如何充分生成”③。雅斯贝斯认为，大学教学意义是在如下三维度中显现的：

笃向生存。“如果大学的准备教育没有教人们考虑所有未知的可能性，没有帮助人发展其理解力，并扩大视界，换句话说，没有教人有哲学的思考力，那么这些职业就会变得不合情理。”④ 基于他的洞察，雅斯贝斯把大学生称为品德高尚、个体精神永不衰竭和才华横溢的精神贵族，“芸芸众生在对精神贵族的憧憬中看到了自身的价值”⑤。教学应在人的过去、现在、将来的时间维

---

① 卡尔·雅斯贝斯著、邹进译：《什么是教育》，三联书店1991年版，第4页。

② 同上书，第54页。

③ 同上书，第3～4页。

④ 卡尔·雅斯贝斯著、王德峰译：《时代的精神状况》，上海译文出版社1997年版，第141页。

⑤ 卡尔·雅斯贝斯著、邹进译：《什么是教育》，三联书店1991年版，第144页。

度中培养“精神贵族”。(1) 汲取历史养料，因为历史“包含对已经存在的诸形式的思索，包含作为高度准确的洞见的认知，包含关于事物的知识以及运用语词的熟练”① 等价值。通过对历史的汲取而形成的教化，让学生在崇高体验中做一个崇高的人；(2) 依靠权威指引，“对权威的信仰首先是教育的唯一来源和教育的实质”②。首先，人不可能孤立地生活在世界上，他处于以权威为纽带的团体和社会中，其次，人是有限的，需要权威传达无限的超越存在的意义。教学需要权威作为保障，但是教学要超越权威，让学生在自由的气氛中如其所是的那样成长，而不是只知道服从与谦卑；(3) 创造陶冶的氛围，“对真理意识的培植通过了人类后天习得的陶冶过程”③。大学教学要走出唯技术培训的误区，要把技能知识纳入到整体的知识范围之内，重视艺术教育、哲学教育的作用，让人既利用专门知识，但同时又超越专门知识，成为自在自为的存在者。

面向生活。雅斯贝斯认为人是在世界中存在的。相应地，大学教学的意义也离不开社会环境的变迁。质言之，在一个科学技术起决定作用的时代里，大学教学具有两个向度：一个是为适应今天科技生活所必需的教学；另一个是可以引导和充实人生活的教学。“科学是专门化的，它传授给学生一个确定的技能，并在人的存在中占据着一个不可取代的位置。通过教学，学生将成为专业工人。专业知识和技能使人成为某一方面的专门人才和专家，这种技能是生活必需的。……因此掌握技能就成为必需。”④ 虽然现实生活秩序只有通过技术方得以治理，但是“技术则通过科学成为可能”⑤。因此，技术培训与科学研究是结合在一起的。大学教学不仅要让学生养成端正的工作态度，掌握相应的技术知识，提供理论联系实践的机会，还要培养学生的科学研究能力，“培养研究的能力和培养专业的能力是同一回事，因为一个专业者认真地履行他的职责，循着科学的方法去思考，他就是一个研究者”⑥。所以说，大学教学应同时具备三个层次：学习知识、参与思考、使思考转化为日常的生活，即技术让生活变得更加美好。

---

① 卡尔·雅斯贝斯著、王德峰译：《时代的精神状况》，上海译文出版社 1997 年版，第 106 页。

② 卡尔·雅斯贝斯著、邹进译：《什么是教育》，三联书店 1991 年版，第 97 页。

③ Samuel Enoch Stumpf, James Fieser: Socrates to Sartre and Beyond A History of Philosophy, New York: McGraw – Hill College, 2003, p. 457.

④ 卡尔·雅斯贝斯著、邹进译：《什么是教育》，三联书店 1991 年版，第 55 页。

⑤ 同上书，第 116 页。

⑥ 同上书，第 153 页。

走向生命。技能培训的目的是让人与社会打交道，理智培育的目的是让人与神打交道，面向生命的目的是让人与自身打交道。那就是说，大学教学不能改变人生而具有的本质，不能强迫人成为什么样的人，只能依据人的本性培养人。要让人认清自我，大学教学要让学生意识到自由、懂得选择并独自承担责任的能力。所谓自由，乃是指个体在社会中，显示他的主观性和与众不同的独特性。教学要让学生无拘无束地发展。自由意味着选择。“通过教育使具有天资的人，自己选择决定成为什么样的人，以及自己把握安身立命之根”①。人只有在自己的选择、决断和行动中成为自己。既然人是绝对自由的，那么他对于自由而来的责任，没有任何逃避的理由和借口。作为个体的学生，不仅要对自己的存在和自己将要成为的样子负责，而且要对自己的选择负责，对他人和社会负责，因为个体在自由选择、塑造自己的形象时，也是在选择和塑造人的形象。

（三）海德格尔的大学教学论

海德格尔是20世纪最深刻、最有影响的思想家之一。海德格尔的思想之所以会产生巨大影响，原因在于他著作中抽象的哲学沉思和对现代人类状况批评的惊人的融合。② 他的大学教学论也发端于他的哲学沉思中。

与加塞特和雅斯贝斯不同，海德格尔用现象学的方法，悬置了技术对人生存的限定，直接描述人的生存本质。在他看来，人是在世界中生存的，这个世界是我、你、他共在的世界。人是被抛来到这个世界上的，不可能从中抽身而出。在这个共在的世界中，人不是这个人，也不是那个人，不是一切人的总数，而是人的生存样态——常人。常人的相互共在方式有保持距离（如抵消与他人的区别、赶上他人、超过他人、压制他人等），平均状态（人人都一样，本真的人消解在他人的存在方式中，他人谈论什么。我也谈论什么；他人觉得什么好，我也跟着觉得什么好），平整作用（把一切存在可能性敉平，都成为我算计的对象）等。常人处处都在场，而处处无此人。凡是在挺身出来决断之处，凡是在公平承担责任之处，常人都已经溜走了。③ 人以常人的方式立足于世界中，这种存在方式是人的非本真状态的存在方式，即人的沉沦。沉沦的样态有闲言、好奇、两可。④ 闲言是言谈的一种。言谈指说了什么，在说

---

① 卡尔·雅斯贝斯著、邹进译：《什么是教育》，三联书店1991年版，第4页。

② David E. Cooper：Thinkers of Our Time - Heidegge，London：The Claridge Press，1996，p. 3.

③ 马丁·海德格尔著、陈嘉映等译：《存在与时间》，三联书店2006年版，第146~148页。

④ 同上书，第195~203页。

出的东西里还有自我的理解与领会。闲谈是无意义的言谈，以人云亦云，鹦鹉学舌的方式传达自身；好奇是情感、情绪、欲求的一种。人首先以情绪在世界中“现身”，情绪把人带到了这个世界上。好奇仅被世界的外观所攫取，不是来领会人之生存的本质，而是仅只为了看、为了听，消融于看、听的新的可能性之中。猎奇尝鲜是常人的口头禅；两可是理解的一种，存在于闲言与好奇中，持一种隔岸观火的心态，需要他进行价值评判或善恶选择时，他持暧昧态度，拿不出自己的主见，寻求意义对他来说只是一个托词而已。

在海德格尔看来，人不会永远以常人方式存在于世界中，因为人的本质是一个能死者。① 那就是说，在对死亡畏怕中，人领会到天命的意义，聆听到良知的呼唤，进而筹划自己的生存，过一种自我决断、自我选择、自我承担责任的生活。良知使人从迷失于常人的非本真的状态中带回来，使人中断去“听”常人，以决心筹划将来。决心所标志的人的本真存在，并不是把人从世界中脱离出来，并不是把人隔绝在真空中，使之成为一个孤立的自我，而是使人从非本真的存在中解放出来，成为大地的守护者、天命的接受者、诸神的聆听者。天、地、神、人之间不再彼此对抗，而是四者的镜子般的游戏，每一者都能反射出其他三者，同时自身不断构建意义。②

从上述理论出发，海德格尔认为，过一种自我主张的生活的人是本真的人，同样，坚持自我主张的大学是本真的大学。人要成为大地的守护者，天命的聆听者，诸神的理解者，大学也要成为科学与知识的守护者、聆听者、理解者。以科学出发，并通过科学培养出国家甚至超越国界的领导者和守护者，是大学教学的自我主张。③ 海德格尔从词源学出发，认为要理解大学的自我主张，就要理解科学的本质；要理解科学的本质，就要回到古希腊。古希腊的格言，“知识远不如必然性有力量”，道出了知识的本质。④ 这就是说，天、地、神的存在先在地赋予了人生存的意义，所有关于事物的知识，都是对于天、地、神的存在意义的诠释与说明。人是意义的接受者，而不是意义的创造者。这就是科学开端性的本质：让人诗意地栖居在大地上，而非以僭越的主体性无

---

① 马丁·海德格尔著、陈嘉映等译：《存在与时间》，三联书店 2006 年版，第 300 页。

② 冈特·博伊绍尔德著、宋祖亮译：《海德格尔分析新时代的科技》，中国社会科学出版社 1993 年版，第 244 页。

③ 马丁·海德格尔著、傅林译：《德国大学的自我主张》，http：//www. douban. com/group/topic/1226950/2008 －8 －20.

④ 马丁·海德格尔著、傅林译：《德国大学的自我主张》，http：//www. douban. com/group/topic/1226950/2008 －8 －20.

视天、地、神的存在。大学教学的意义正是在科学的本质中展开的。为此，大学教学意义是在如下三维度中显现的：

笃向生存。海德格尔把人的生存界定为“生——存”（Ek - sistenz）。那就是说，人的生存是动态的，不是静态的，是变动的，不是预定的，是“去在”，不是“已在”。简而言之，人永远不能成为自己，人一旦成为了自己，他就不是他自己了，他处在真理的无穷追求之中，永远行走在思想的追问中。在海德格尔看来，克服技术不是靠人的主体的行动，也不能靠人的精神加以把握，而是靠事物和世界的真理的本源的表现，“人的行动绝不能直接地对付技术的危险，而只是沉思地为事物和世界在其真理中的表现准备道路”①。思想是事物意义的来源，同时也为人的欲求和技术划界：指出哪些欲求是可以的，哪些欲求是不可以的；指出哪些技术是可以用的，哪些技术是不可以用的。同时，思想借助于技术与欲求的实现而实现自身。

面向生活。在海德格尔看来，人是用工具同这个世界打交道的，工具只有具有“上手性”时，它的意义才呈现出来。那就是说，工具对于人就如同手与人的关系一样，与人合为一体了。培养出熟练的技术工人是大学教学的“自我主张”之一，“它要求彼此帮助，一起担当，共同分享这个民族的所有基层于成员的奋斗、追求与技能。这项义务将被确立下来，并且通过劳动服务而扎根于学生的此在之中”②。海德格尔还批驳了雅斯贝斯关于“技术是达到目的的手段”的论断，认为技术从古希腊开始，就不是目的的单纯的手段，而是“展现”、“去蔽”，把世界的意义向人“打开”。技术一旦变为手段，如同“座架”一般，将天、地、人、神置入其中，表现在人与自然的关系上，人极力征服自然、榨取自然、耗尽自然；表现在人与人的关系上，即是人极力地控制他人、利用他人、占有他人；表现在人与自我的关系上，即是人极力地以自己的“超我”压抑“本我”。正是在这种扭曲下，事物不是作为事物来展现自身，人亦不是作为人来展现自己，人世间的一切关系都成了一种“技术关系”。因此，真正的技术工人是天命的守护者，而非世界的攫取者。

走向生命。人在世界中，不像水在杯子中，衣服在衣柜中一样，而是依寓于这个世界，这个世界是人生活的家园。在家园中，人不仅与自然发生物质性

---

① 冈特·博伊绍尔德著、宋祖亮译：《海德格尔分析新时代的科技》，中国社会科学出版社 1996 年版，第 319 页。

② 马丁·海德格尔著、傅林译：《德国大学的自我主张》，http://www.douban.com/group/topic/1226950/2008-8-20.

的关系，故有七情六欲、喜怒哀乐；也要与周遭的人发生各种勾连关系，故有生死离别、痛恨交加。海德格尔以 Dasein 来分析人的生存本质：Sein 是“存在”的意思，Da 是这儿的意思，Dasein 意味着“在这儿”、“此在”。这个 Da 让人从万事万物中脱离出来，让人“现身”。按照西方的传统，“人”最初的觉醒是“理性”的觉醒，而“理性”是以实证知识为核心的，人把自然当作客体看待。而在海德格尔这里，Da 意指情绪，“情绪”让人在世界中“现身”，没有情绪本身也是一种情绪。情绪公开了“某人觉得如何”这种情况，它把人的存在带进了它的“此”。“操心”这种情绪是人生存的整体性描述。只要人生存着，他一刻也停止不了操心。但是，情绪也有沉沦的时刻，如好奇。大学教学就要塑造年轻人的完美的情感，“他要求一种随时可全力以赴的待命状态，而这种待命状态为知识和技能所保证，并通过纪律而绷紧”①。

从上述这些学者的大学教学论来看，大学教学即让人的生命、生活和生存去游戏。

二、理论的再反思

纵观古代、现代和后现代的大学教学意义，不难发现，古代大学教学意义注重的是人的生存，现代大学教学意义注重的是人的生活，后现代大学教学意义注重的是人的生命。实际上，大学教学意义不能还原为生命、生活和生存中的某一维。

（一）古代大学教学意义的边界

在人类自身生存能力十分低下的情况下，理智不可能来自于人的生存意愿，需要借助于超验的、理性的或历史的力量，把人的物质性存在转化为超验性存在，如上帝；把某种普遍的心理渴求转化为理性的绝对要求，如科学研究；把某种历史性的存在转化为人们普遍认可的实体性存在，如传统文化。然后，大学教学以此为中介，对学习者进行理智培育，使超验存在转化为信仰，或使绝对理性指导实践，或使传统文化渗透于精神追求中。但在技术理性的规避下，理智的表征形态要么是超验的，要么是理性的，要么是历史的，不仅与学习者的生活事实毫不相干，而且还遮蔽了生活意义。这可以从脱离生活的理智具有的特征看出来：

绝对性。理智与生活断裂后，就成为最高的存在，它要求人自觉地遵守而

---

① 马丁·海德格尔著、傅林译：《德国大学的自我主张》，http：//www.douban.com/group/topic/1226950/2008－8－20.

不许不遵守。必须遵守的当然包括宗教信仰、科学知识和传统文化。于是，大学教学要么把学习者培养成社会机器中的一颗螺丝钉，要么匍匐在上帝的脚下，要么成为不谙世事的好古者。同时，理智为了显示出绝对的力量，必然鼓吹事实与价值的同一，仿佛大学教学只要将理智传递给学习者，他就能成为圣人、完人、全人。绝对的肯定即绝对的否定。中世纪大学教学"信仰寻求理智力"的意义，恰恰导致上帝死去；近代大学教学"由科学达至修养"的意义，恰恰导致了学习者有能而无德；现代大学教学倡导传统文化，恰恰表明了学习者的生活与历史的脱节，他成了一个虚无主义者。由此，人成了"精神上患病的动物"，"因智慧骤增而成为夸大妄想的猛猿"。①

空洞性。"理论是灰色的，生命之树常青"，与生活无涉的理智是空洞的。从苏格拉底的"认识你自己"，和孔子的"古之学者为己，今之学者为人"的观点看，中西方早期的大学教学意义，都倾向于人的生活（尽管并不太彻底），至少是力图从生活出发引出理智。后来它们都以不同的方式背离了人的生活。② 中国式的背离是在入世中使理智庸俗化，从而形成一套压抑人性的规范体系（所谓的三纲五常），"存天理、灭人欲"是其极端化的表现。西式的背离则是在出世中使理智无根化，把最高的目的都归于神，完全剥夺了人性的光辉。中世纪的宗教法庭是其极端化的表现。不管是出世还是入世，只要理智中止于某种外在的规范，理智也就虚无化了。

僵死性。人的生活自身就具有目的，这种目的就是由理智规定的。理智不在生活之外，也不在个别的生活之中，是同生活一同显现出来的，是流动的、创生的。但是，理智与人的生活脱离后，理智便僵死了。中世纪大学以超验存在要求学习者，近代大学以科学理性要求学习者，现代大学以传统文化要求学习者，这是正确的。毕竟，人的生活需要超验的关怀、逻辑的意志、历史的陶冶。但以一个个抽象的理智指导大学教学，它的空间如此狭窄肤浅，以致不足以提供生活的意义。学习者要么成为潜心修道的信徒，要么成为"甘坐冷板凳"的学者，要么成为"两耳不闻窗外事，一心只读圣贤书"的老夫子，生活的丰富多样性被扼杀掉了。"人的学习堕入单纯玩弄学识或教养的社交层次，即使在交往中能言善辩，结果并未导致创造性的行为。"③

① 池田大作等著、宋成有等译：《走向21世纪的人与哲学》，北京大学出版社1992年版，第83页。

② 赵汀阳：《论可能生活》，中国人民大学出版社2004年版，第11页。

③ 池田大作等著、宋成有等译：《走向21世纪的人与哲学》，北京大学出版社1992年版，第74页。

（二）现代大学教学意义的边界

“对我们大家来说，技术世界的设备、器械、机器在今天是不可缺少的，只是对不同的人来说在程度上不同罢了。盲目地攻击技术世界，这或许是愚蠢的。想把技术世界诅咒为魔鬼的勾当，这或许是目光短浅的。”① 只有乌托邦思想坚信，放弃技术会使生活变得更加美好。

海德格尔对“技术”作了词源上的考察，认为“技术”（technik）一词来源于古希腊语 technikon，其主要意思不是制造和操作，而是展现、去蔽、带上前来，即技术展现了人的生活意义，人通过技术获取生活的意义。“充满劳绩，人却诗意地居住在大地上”，是海德格尔对技术本质的写照。但是，技术理性把技术当作实现目的的单纯手段，而不是把它看作意义生成的汇集地。在技术理性的规避下，大学教学让学习者拥有了“何以为生”的本领，却遗忘了“以何为生”的教化。“技术获取”的悖论表现在，技术一旦与生活世界的意义脱节，就如同“座架”一般，将人与物限定在其中，并强求为某种对象性的存在。

具体来说，“面向生活”的大学教学意义具有限定性：学习者必须首先学会服从教师的权威和学校的校规等，然后在教师的引导下，依次学习那些被预定好的、被过滤的信息。“现在的教育迫使教师只是根据知识的接受能力判断和区别学生。”② 如此，大学成了服务性的“工厂”，教学成了“训练”。学习就意味着在为分数和证书的竞争中，根据外界提出的成绩要求，来接受一种仅在学校内部可用的知识。而这种知识隐藏着现代社会“消费”形态的生产关系，因此它既不能满足随着学习者的发展而产生的需求，也不能发展潜力。大学教学的同步化、集中化与单一化，抹杀了学习者的个性，限制了学习者个体的自由发展，是一种不人道的教育。

“面向生活”的大学教学意义还具有强求性：（1）主客两极化。造就出以主客二分的思维看待世界的学习者。（2）算计。造就出把一切都当做潜在的市场价值加以算计的学习者。（3）征服。造就出对天不再顾忌、对地不再感恩、对神不再敬畏、对他人不再尊重的学习者。（4）生产和加工。造就出改造世界的学习者：当自然不合他的想法时，就整理自然；当他缺乏事物时，就

① 冈特·博伊绍尔德著、宋祖亮译：《海德格尔分析新时代的科技》，中国社会科学出版社 1993 年版，第 241 页。

② 池田大作等著、宋成有等译：《走向 21 世纪的人与哲学》，北京大学出版社 1992 年版，第 260 页。

生产出新事物；当事物干扰他时，就改造事物。（5）耗尽和替代。造就出盲目乐观的学习者：他把世界当作可实现自身目的的资源，即使资源耗尽，他也能创生新资源去替代耗尽的资源。

总之，在“面向生活”的强制意志下，大学教学被打上了“有用性”的标签。大学教学的有用性在于能培养出有用的人，即掌握某种技术的人。他为自己的需要而生，为自己的利益去改造、为自己的欲求去消耗，也就是把事物降格为单纯的材料和功能化的物质，不允许事物具有自己的自身性和特性，也就是不允许事物作为事物，而是把事物变成他加工和统治的客体。表现在与自然的关系上，他极力地征服自然、榨取自然、耗尽自然；表现在与人的关系上，他极力地控制他人、利用他人、占有他人；表现在与自我的关系上，他极力地以自己的超我压抑本我。结果，在他的强制意志下，事物不是作为事物来展现自身，人亦不是作为人来展现自己，人世间的一切关系都成了一种技术关系。当大学教学成为技术摆置的对象的时候，大学教学就把学习者不当人来培养，而是把他当作工具来制造，导致生活的意义在大学教学中的失落。

（三）后现代大学教学意义的边界

在后现代思想家看来，现行的教学整体上以外在教学为特征。教学要么将人视为动物，认为人的本性如动物般邪恶，并与社会需要之间有着不可调和的对立，因而教学的重要任务在于将外在于学生的社会规范灌输给学生，使之内化为学生的超我，以达到对人的生物学本性的控制。教学要么从动物行为规律的研究出发，将人视为简单地对外界刺激进行被动反应的动物或机器。这一观点体现在教学问题上，便是严格的环境——教育万能论：环境机械地决定着学生的发展；教学的目标在于使学生建立固定的刺激与反应的联结；教学的手段则在于依据条件反射所形成的强化原理，对学生的行为予以奖赏。

显然，这两种理论均对外在教学的形成与发展起到了推波助澜的作用。这主要表现在教学目标上。教学目标上一味强调外在知识的灌输，忽视学生内在价值的实现状况。首先反映在课程的设置上。大学中所教授的一切知识都是以学分形式标明的“现金价值”，这种价值在所教授的各门课程之间很少或全无区分。例如一学期的篮球训练课正如一学期的法学、哲学课一样赚取一定数目的学分。学生只要花上一定量的学时便可机械地取得学位。“赚取学位”成了很多学生修习相关课程的唯一动机。体现在教学手段上，便是教师在教学过程中，往往只依据学生对所传授知识的记忆程度，或学生对所提供的刺激做出反应的正确与否，作为奖惩的标准。结果，学生很快就会懂得，创造性会受到惩

罚，死记硬背反而会得到奖赏，因而集中注意于教师要他们说些什么，却不要求对问题的理解。体现在管理上，就是多快好省地培养出社会需要的人才。“有压倒多数的教师、校长、课程设计者、学校督察，他们的工作主要是让学生得到在我们工业社会所需要的知识。他们主要关心的是效率，即灌输最大数量的事实给最大可能数量的学生，用尽可能少的时间、费用和人力。”①

在后现代主义者看来，外在教育存在着严重的病症。它视学生为机器或动物，丝毫不顾及学生的生命，完全剥夺了学生主动性学习、自我选择的自由，从而使教学成了一种不重视生命，不把人当作人，脱离意义的机械过程。所有这一切足以注定外在教学必将严重阻碍生命的健全发展。内在教学意味着教学的目标绝不仅仅是知识的获得，抑或技巧与能力的发展。从根本上来说，教学目标是人性中潜存的意义的充分生成。教学应该是人学会成长，学习向哪里成长，学习分辨合意与不合意，学习选择什么和不选择什么。说到底，教学乃是生命的生长。因此，人性中潜存的对世界意义的理解，只为“让人成为人”这一终极价值的选择提供了必要的“种子”，而良好的教学环境则是生命潜能赖以生长和实现的阳光。

因此，教学的根本任务不是在于帮助学生获得知识，而是寻找生命的意义：在学生的经验中，与学生的言谈中，和家长的沟通中，只有面对这一个个具体的教学情境，才能获取教育的真谛。所谓有意义的教学，就是在和学生打交道的过程中，将一切情境化的东西化为具有意义的东西，促进学生的全面发展，培养学生反思的意识与能力，提升学生的精神世界，完善学生人格等等。因此，教学论具有经验性、人文性、规范性和实践性等意义内涵。“它是一门经验科学，是因为它的对象（教育情境）处于生活经验世界之中。它是一门人文科学，是因为教育情境有赖于人们的目的与意图。它具有规范性，是因为它教学生区分什么是好的什么是坏的。它具有实践性，是因为所有这些活动都致力于儿童抚养和教育的实践过程”②。

但是，后现代一味地强调生命的在场，也有自身的缺陷。布鲁姆对后现代大学意义持批判态度。在他看来，如果大学教学面向学习者的生命，以学习者的自我为中心，鼓励个性不受限制地发展，就不注重学习者读、写、算的基本

① 亚伯拉罕·马斯洛著、林方译：《人性能达的境界》，云南人民出版社 1987 年版，第 181~182 页。

② Van Manen：Phenomenological Pedagogy and the Question of Meaning，http：//www. maxvanmanen. com/files/2011/04/1996 – Phen – Ped – and – the – Question – of – Meaning. pdf/2007 – 8 – 3.

能力。而没有受过严格理智训练的学习者，“既安于现状，又对不断逃避现实感到绝望。对未知世界的渴望减弱了。真正的荣辱榜样消失了。他们的心灵像镜子，不是反应本质的镜子，而是反映周围现象的镜子”①。这表现在，大学教学内容迎合了学习者的多方面的需求，却降低了大学的教学标准。更糟糕的是，人文课程成了点缀，人文学科被边缘化。既然意义面向学习者的自我发展，教学评价不是基于他们的修养、心智、品德，而是基于他们的“自我”的能力，如才艺、社交能力、推销能力。“受过高度训练的计算机专家，不需要比最愚蠢无知的人具有更多的道德、政治和宗教方面的学问”②。于是，大学教学不可避免地封闭了学习者的精神世界。

三、进一步审视现状

当前，大学教学的游戏形态是技术规定的游戏。那就是说，游戏只从技术出发去游戏的话，那么生活是规定的，生存和生命是被规定的。大学教学之所以是生活一维的游戏，根源于西方固有的“实体论”。生活规定的游戏导致了人的意义在大学教学中的失落，因此不是一种真正的游戏。

（一）技术崇拜

在海德格尔、利奥塔等思想家看来，当代是一个技术化的社会，技术理性已渗透进社会生活的方方面面，一切都被纳入到技术的座架中。大学教学也不例外。它从满足社会需要出发，要学习者掌握社会所需的高超技术：一方面是在国际市场上具有竞争能力的那些技术，特别是计算机科学、原子能科学、控制论等技术；另一方面是社会系统满足自己的需要，维持它内部一致的那些技术，如管理技术、生产技术。拥有高超技术的学习者，被利奥塔称为职业知识分子和技术知识分子：前者学习每项职业所必需的一些能力，后者学习与新技术相联系的知识。这样，大学教学不仅要帮他获取技术、提升技术，还要帮他收集技术信息、开阔职业视野、总结创业经验。

当然，大学教学自始至终都贯彻了“最大的收入，最小的投入”的技术原则。结果，学习者和大学对教学不再问“它是真的吗”、“它是正义的吗”、“它在道德上重要吗”等问题，而变成“它是有用的吗”（在技术语境中）、“它是有效率的吗”（在商业化的语境中）、“它可以投放市场吗”（在权力语

---

① 艾伦·布鲁姆著、缪青等译：《走向封闭的美国精神》，中国社会科学出版社1994年版，第57页。

② 同上书，第55页。

境中）等问题。①

就如雅斯贝斯说的，技术理性“不想高谈阔论，而是要求精确的知识；不想深思意义，而是要求灵活的行动；不是感情，而是客观性；不是研究神秘的作用力，而是要清晰地确定实施”。② 在技术理性的精确性、强制性、客观性、有用性促逼下，大学教学把学习者的发展纳入到技术的座架中，以造就满足社会需要的专家为唯一职责。大学教学一旦按照市场需求“制造”人才，教学就不再是启迪人类心智、揭开人心茅塞的鸿业，它只是附和依从的例行课业，教学习者在工艺世界中当学徒，学习精巧的设计而已。这样，当学习者以获取技术为最高追求后，他也就自愿地放弃了意义的追求。

（二）情商低下

当大学教学不再求真、向善，而仅仅以多快好省的技术原则培养人时，学习者被看作是毫无欲求的存在。相应地，大学教学被看作是按照客观化、定量化、精确化、秩序化、商业化的方式运转的系统，其行为具有如下特征：(1) 教学的目的在于传授“何以为生”的技术与本领，放弃了“为何而生”的思考与追问；(2) 教学内容以传授可证实和证伪的科学知识为主，人文知识和社会知识成为可有可无的点缀品；(3) 教学过程被定义为一种特殊的认知过程，教学法即帮助学习者在最短时间内获取最多知识的方法，苏格拉底式的启发式教学法被抛弃；(4) 学习者被置入秩序化的教学时空后，他的一举一动每时每刻处于被监督、评价、裁决中。大学教学以规训替代了教化；(5) 教学关系的商业化。教师与学习者的关系是一种外在的买与卖关系：知识的生产是为了出售，知识的消费是为了在新的生产中获取价值。传统大学的为真、善、美而共处的师生关系不复存在。

可见，即使大学教学让学习者拥有了开天辟地的技术，但他的情商依旧是低下的，情感依旧是荒芜的，情愫依旧是野蛮的，他不知如何与他人相处，也不知如何善待自己。这种人是“无知的有知者”，他标榜绝对的自我主义，把万事万物当作实现自己目的的手段，他不再敬畏天，不再感激地，不再崇拜神，不再尊重他人。于是，在技术理性的规避下，学习者成了一个被欲求驱使的人。在“欲求”的刺激下，一切人和物都是可欲的，一切欲求都是可以满足的。对欲求的欲求吞噬了人的最后的理智判断，以至于人成了一个享乐主

① 让－弗郎索瓦·利奥塔著、车槿山译：《后现代状况》，三联书店 1997 年版，第 151～153 页。

② 卡尔·雅斯贝斯著、王德峰译：《时代的精神状况》，上海译文出版社 1997 年版，第 40 页。

义者。

（三）思想虚无

在技术理性的裹挟下，市场和商业价值凌驾于其他一切价值之上，一切价值的评判标准，以对商业的成败和市场的波动为圭臬。代表世界说话的世界银行、经济合作与发展组织、三边委员会发表的《教育宣言》称，教学意义应服务于新的全球自由市场经济，必须不断表明其各个专业和课程是怎样服务于市场的。为此，北美的企业领导人对于如何接管公共教育有三大目标①：其一，“在环境、企业权利和政府职能这类问题上，确保树立年轻一代在思想观念上忠诚于自由市场的世界观”。其二，“打开通向年轻消费者心灵和教育工业里有利可图的合同的市场通道”。其三，“将学校转变成培训中心，以便生产出适合跨国公司需要的劳动力”。

不难看出，判断大学教学是否有意义，是看它如何服务于市场逻辑，能否为经济发展提供更多的人力资源，这表现在：（1）人才培养的将来时化。等待完成这（门课、学年、作业等），你就能……，这说法在本科到博士后各个层次的教学中不绝于耳。如果大学教学仅仅围绕未来的经济发展目标，就不会顾及学习者品德的养成和人格的提升，沦为充当市场逻辑的“婢女”，彻底地将学习者抛入到时间的虚无之中。（2）人才培养的非地方化。在技术主义的规避下，大学教学目标不从本地区、本民族出发，而从一套经过科学考证后的技术标准出发。所谓技术标准，乃是发达国家推行的一套价值。大学教学一旦按此模式培养人才，势必瓦解或取代各个民族的传统、文化和精神，彻底地将学习者抛入到空间的虚无中。

时间和空间的虚无，是人的理智被技术“座架化”的结果。“艺术变成了单纯的娱乐（而非超越者的象征），科学变成了对技术的实用价值的关心（而不是一种追求知识的原初意志的满足），哲学变成了教条式的或偏激的、虚假的认识（而不是人对于因激进思想而起的怀疑和危险的防御）”②。当大学教学隐遁理智后，培养出来的学习者是十足的虚无主义者。他不尊重历史，也不尊重文化，只是凭借生命的本能在世界中游荡，妄图凭借技术创造一切。同时，他也被剥夺了他作为人的本性，他从未想到他自己，也不想成为他自己。

---

① 大卫·杰弗里·史密斯著、郭洋生译：《全球化与后现代教育学》，教育科学出版社 2000 年版，第 56 页。

② 卡尔·雅斯贝斯著、王德峰译：《时代的精神状况》，上海译文出版社 1997 年版，第 118 页。

当他把一切看作是手段而非意义的时候，他就失去了自己的精神家园。

归纳起来，技术一维的游戏形态导致学习者成为（1）虚无主义者：当大学教学割裂自身与历史、传统、文化的联系后，学习者也就否认了一切既定的原则和基础；（2）技术主义者：当大学教学完全按照技术社会的要求培养人才时，学习者以为他获取了技术就能在社会中安身立命；（3）享乐主义者：当大学教学丧失精神教化功能的时候，学习者以自我为中心，将世界万物当作满足自己欲求的手段。简而言之，当代的大学教学使学习者上不在天（心中毫无敬畏）、下不在地（把世界当成满足自己欲求的对象）、外不在人（人我关系的外在性）、内不在我（失去了精神家园）。这些事实说明了，大学教学不是也不能是生活一维的游戏。

四、大学教学意义的显现

从上可以看出，生命、生活和生存有其自身的边界，大学教学意义不能还原为生命、生活和生存中的某一维。

从反的方面来说，如果游戏从生命出发去游戏的话，那么生命将是规定性的。它把学习者看成听凭感性呼唤而不会思考的人，过分注重感性经验与自我发展，丧失了学习者作为一生存个体固有的精神性；如果游戏从生活出发去游戏的话，那么生活将是规定性的。它把学习者看成能够做事适应生活的人，背离了学习者作为一生命个体固有的自然性；如果游戏从生存出发去游戏的话，那么生存将是规定性的。它把学习者看成只会思考不会实践的人，遗忘了学习者作为一生活个体固有的社会性。

从正的方面来说，“笃向生存”是通过教学，为学习者找到安身立命之本。而生存恰恰是人的有目的、有意识的生命创造活动，是人区别于动物的标志；“面向生活”是通过教学，让学习者获得在社会中立足的知识与本领。而“技术”体现了人能否发现意义，创造有意义的生活，亦即能否把意义转化为人的生活的实践活动，在个体的生活中实现人的生命价值；“走向生命”是通过教学，让学习者洞晓自己的存在，在自在自为中勇于书写生命的华章。生命沉淀了人生固有的意义，推动人不断地面向未来开拓进取，是人前进的动力。

从和的方面来说，大学教学意义既不能简单地肯定生活，也不能简单地否定生活。生活就是生活，生活不能越过自身的边界，去侵犯生命和生存的边界。生活一旦越过自己的边界，就如同“座架”一般，将生命禁欲化，学习者成了情感荒漠的人；将生存虚无化，学习者成了无智慧的人。具体来说，大学教学一方面要让学习者掌握高超技艺，以技术改变和改善生活；另一方面也要让学习者能思想、有情感，不只是一个工具式的存在。大学教学意义不仅要划分生活的边界，还要划分生命的边界。否则，当生命越过自身的边界后，学习者就成了一个享乐主义者。具体来说，大学教学一方面要面向一个个具体的学习者，聆听他的呼唤，另一方面，也要让他掌握系统的知识，还要进行精神教化。大学教学意义同时还要划分生存的边界。当生存越过自身的边界后，精神就会僵化，它会阻止生活的革新，也会禁止生命的释放，导致学习者失去意义生成的可能。具体来说，大学教学一方面要让学习者关心家事、国事、天下事，另一方面也要提高学习者的动手实践能力，用技术创造美好的生活。

因此，有意义的大学教学不是为了生活而帮助学生掌握技术，也不是为了生命而尽情地让学生的欲求释放，更不是为了生存对学生进行理智培育，而是让生命、生活和生存去游戏。

（一）游戏的内涵

当代大学教学意义不能还原为生命、生活和生存中的某一维，而是在接受生活世界的意义中，不断划分生命、生活和生存的边界，让生命、生活和生存去游戏。

汉语中的“游戏”由“游”和“戏”构成。“游”是一种随意和自如的身体活动。“戏”指玩耍。当“戏”同“逢场作戏”等词使用时，表示虚幻的、不切实际的。作为合成词的“游戏”，主要意味着随意玩耍的活动。“游戏”的英语 free play 也表明了一种自由与随意的特征。

就中国传统的大学教学论而言，很早就有关于游戏的论述。《论语》说：“志于道，据于德，依于仁，游于艺。”艺不仅指狭义的艺术，而且指广义的技艺，即所谓的“六艺”（礼、乐、射、御、书、数），这些活动要求人的身体和心灵得到训练，达到心灵手巧。“游于艺”描述的正是人的身心的这种自由状态。在《逍遥游》中，庄子区分了有待之游和无待之游。这里，有待之游是大学教学的初级阶段，即让学习者掌握一定的知识和技能，以此游于世界。无待之游是大学教学的最高阶段，即学习者摆脱了知识的束缚，随心所欲地游于世界。从有待之游到无待之游，是从必然王国到自由王国的飞跃。中国传统大学教学的游戏说，基本上是孔子和庄子思想的发展。尽心知性以知天是这种游戏说的概括。

与此不同，西方大学教学游戏说，在不同的时代有不同的表征。古希腊大学教学是生存与理性的游戏，中世纪大学教学是理智与信仰的游戏，近代大学教学是科学与修养的游戏，现代大学教学是“独角”戏，即生活的游戏，后

现代大学教学是面向生命的游戏。概括说，古代大学教学是一生存的游戏，有道而无技；现代大学教学是生活的游戏，有技而无道；后现代大学教学是生命的游戏，有欲而无道。

当前大学教学是生活一维的游戏。具体来说，大学教学凭生活规定了生命和生存。首先，大学教学成了为技术社会培养“螺丝钉”的“车间”，学习者被看作为服务技术社会的人力资源，被预设为做某项工种的专家。其次，大学教学按照技术的可重复性、确定性和客观性等标准，并将此标准强加给一切教学形式，教学等同于技术知识的获取。第三，一旦精神教化等同于技术获取后，精神就显现为物性。精神的物性表现在①：（1）精神被智能化。精神表现为单纯的算计和观察；（2）精神被工具化。精神沦入为其他事情服务的工具的角色；（3）精神被工程化。精神的工具化导致文学、艺术、宗教、哲学等等都成为社会文化工程的一部分；（4）精神被摆设化。精神工程化的后果是使精神本身成为奢侈品与摆设。

但真正扎根于生活世界的大学教学，究其根本而言，是对上述三种极端游戏形态的克服，是生命、生活和生存三者之间和谐的发展。虽然它们有差异、对立和矛盾，甚至冲突，但它们依然同属一体，相互共存。它们的游戏如同三者的圆舞。

（二）生命、生活、生存游戏的内涵

大学教学是在生活世界中的游戏。这在于大学教学不从生活世界之外设定目的，而是在生活世界中去接受意义。接受到的意义就是游戏的意义，它是大学教学得以游戏化的前提条件。那就是说，大学教学要去游戏，必须遵守这个游戏的意义。这个游戏的意义不是重预设的、共性的、中立的“实体论”规避的意义，而是重生存超越的、差异的、情感的“生成论”规定的意义。

重生存超越而非预设。在“生成论”的规定中，学习者是一个面向无限开放的未知，是一个是其所不是、不是其所是的存在，是永不安于现状超越当下的个体。学习者一旦被预设为具有某种属性的自足实体，就失去了自我超越的可能：生命的确是有限的，但在有限的生命中，可以获得无限的意义；生活的确是不完满的，但在不完满的生活中，可以不断地超越他已经是的成为应当所是的。这是因为，大学教学“所要传授的是对思想的力量、思想的美、思想的条理的一种深刻的认识，以及一种特殊的知识，这种知识与知识掌握的生

① 马丁·海德格尔著、熊伟等译：《形而上学导论》，商务印书馆2005年版，第457页。

活有着特别的关系"①。尽管学习者不能越过他所生活的世界而存在，但教化却让他超越了现实生活的束缚，去思考人生的终极意义。为此，大学教学要走出知识灌输的误区，让学习者既利用专门知识，但同时又超越专门知识，自觉地为自己的真实本性而斗争。重预设的大学教学是一个过程。但这个过程只有"流"没有"变"，把学习者当成了某个实物进行塑造，与车间的流水线作业没有任何区别。这势必追求一种与学习者的生活意义无关的真理，丧失了固有的教化功能，丧失了对精神的能动性与超越性的尊重。

重生活差异而非共性。在"实体论"规避下，大学教学重共性塑造，而非差异养成。同类专业之间，相同课程之间均没有各自的特色。统一的教学大纲，统一的学制，统一的课程安排，统一的教学方法，统一的学习评定方式，千校一面，千人一面。大统一的大学教学模式培养出来的人共性有余，个性不足，只知服从、迎势，缺少独立的品格及锋芒的锐气。在"生成论"的规定中，每一个学习者都是有差异的存在，教学是面向一个个有差异的学习者的教学。学习者的差异表现为他有个性倾向性和个性心理特征。前者包括学习者的需要、动机、兴趣和信念等，决定着学习者对教学的态度、趋向和选择；后者包括学习者的能力、气质和性格，决定着学习者行为方式上的个人特征。正因为学习者是一差异的存在，所以大学教学充满混乱与无序。在教学中，针对下一步要做什么，或者对突发事件如何反应，教师必须迅速作出一连串令人眼花缭乱的判断。这些本能的瞬间判断，不是基于先前的计划或预定，而是来自发诸内心的直觉：究竟采取什么行动最合适。换句话说，教师在课堂中的任务，不仅仅是向学习者传授知识，还要在具体的课堂情境中机敏地理解学习者的具体感受。只有这样，才能培养出有差别的个体。

重生命情感而非中立。"实体论"从客观性、中立性、普遍性出发，把学习者看作是绝对的理性动物，将他的情感和其他不属于理性的东西完全排除在外。在"生成论"的规定中，大学教学总是师生的实践活动，而师生不是冷冰冰的物体，他们都是有情感的。那就是说，情感自身意味着它既不是心理自身，也不是物自身，而是教师与学习者的关系和交感。师生总处于对方的情感包围中。当师生彼此感觉到爱、关怀、尊重的时候，大学教学就有情有意了。情感不仅是意向性的，而且也是状态性的。在大学教学中，师生的情感表现为心灵性，如痛苦和快乐；身体性，如手舞足蹈、笑逐颜开；还有语言性，如语

① 艾尔弗雷德·诺思·怀特海著、徐汝舟译：《教育的目的》，三联书店2002年版，第65页。

速的快慢急缓。因此，大学教学就是一个戏剧舞台，里面上演的是师生的喜怒哀乐。

总之，大学教学的游戏是面向学习者的生命、生活和生存的游戏。学习者首先是一有生命的存在。这儿的生命既不是肯定性的，也不是否定性的，是生存性与发展性的统一体；其次，在一个科学技术起决定作用的时代里，大学教学具有三个向度：一是为适应今天技术生活所必需的教学；二是可以引导和充实人生活的教学；三是培养出有理智的人是教学的最高目的。学习者正是有了智慧，才能区分哪些生命是真实的，哪些生命是不真实的；哪些技术可以应用，哪些技术不可以应用。于是，大学教学是生命、生活和生存的游戏。在游戏中，意义生成了。被“实体论”规避的意义要么把人看作“生命”的存在，要么是“生活”的存在，要么是“生存”的存在，最后使人等同于某种抽象的实体。由“生成论”规定的意义拒斥这种对人的分裂和瓦解，它强调人的存在的整全性和不可还原性，认为生命、生活和生存三维一个也不能少，否则会导致意义失落。

（三）让生命、生活、生存去游戏

大学教学的游戏形态和理论的批判显现了，要走出“意义失落”的困境，需用意义生成论取代意义实体论。意义生成论之所以能取代意义实体论，在于它是生命、生活和生存的游戏，而不是生命、生活或生命某一维主导的游戏。因此，它既不允许生命、生活和生存任何一方的缺席和逃离，也不允许任何一方消灭其他方面。大学教学只是让生命、生活和生存共同存在并生成而成为自身。这是大学教学的意义所在。

首先，大学教学是面向生命在场的活动。在大学教学中，每一学习者就像一本记载了人间悲欢离合的故事书，里面有他的生命感受、生活体悟、生存经验。所有这些并不是毫无意义的，它显现了每一学习者的特征与人格，同时也是学习者进行教学理解的前提。当然，有些生命的欲求刺激学习者去学习，有些欲求引诱学习者不去学习。即使那些刺激学习的欲求，也往往带有不可告人的目的。这就需要教学释放出这些欲求，一方面让学习者觉悟到哪些欲求是不行的，哪些欲求是生命力的创造；另一方面让学习者获取某种技术，去实现这种创造力的欲求。因此，教学作为生命的在场，就是技能和理智去游戏。生命需在生存的基础上获得自身的规定性，需在技能中实现。

其次，大学教学作为生命的在场，同时也是技能的培训，因为技能是生命在场的手段。但是，技能一旦成为教学的最终目的，培养出来的人是“有知识的无知者”：说他有知识，因为他是一位专家，他通晓自己方寸天地中的一切；说他无知识，因为除了自己的专业知识之外，他知之甚少。“有知识的无知者”最大的特点是过一种毫无思想的平庸生活，并以平庸的心智去统治整个社会。在列奥·施特劳斯（Leo Strauss）看来，“科学的进程导致了不断增长的专门化，其结果是：人的责任有赖于他成为某方面的专家或技术人员。技术人员不对任何人负责，也不会为了任何事物而对任何事物负责。”① 事实告诉我们，技能培训的同时要伴随理智培育。因此，教学作为面向生活，也就是生命与生存去游戏。技能需在理智的基础上获得自身的规定性，即去思想世界的意义，技能不只是成为实现生命欲求的工具，更要取舍工具的合理与不合理之处。

第三，大学教学作为生活的在场，也是理智的显现。理智是光明的，是因为它觉悟到了世界的意义：不仅是对于人自身的觉悟，而且也是对于他者的觉悟。因此它知道世界的边界，也就是存在和虚无、真理和虚幻的边界。从中国的《大学》和西方的《理想国》开始，大学教学就肩负着理智培育的重任。即使在今天，事实证明，大学教学仍就要坚守理智培育的重任。西方大学教学一直具有苏格拉底的情结，即以培养出类似苏格拉底的智慧者为己任。苏格拉底首先是一个有自律的人。他自知自己的无知，以谦恭的美德聆听神的谕旨，以近乎苛刻的肉体折磨拷问良知。对他来说，善恶不分是对人性的玷污；其次，苏格拉底是一个有神律的人。他不仅独善其身，而且认为自己受命于神的旨意，有责任有义务以神的大智慧，启发城邦中的年轻人，把他们从自以为是的意见世界中解救出来，去过求真向善的生活；苏格拉底还是一个有他律的人。当他被指控有冒犯神灵、蛊惑青年罪而被投进监狱时，他的学生试图帮助他逃出监狱，但被苏格拉底拒绝。他宁愿去死，也要捍卫城邦法律的尊严。可以看出，教学作为理智培育，也就是生命与生活的游戏。一个真正有理智的人，并不是与社会隔绝，而是以技术参与到社会发展中。同时，生命只有在理智的指引下，才能有创造力。

依上所述，大学教学作为生命、生活和生存的游戏，同时也是让游戏，亦即让生命、生活和生存处于和而不同的状态中。不同指争端，指三者之间的差异，指让三者中的每一方按自身的本性存在。于是，大学教学既有生存与生活的斗争，也有生活与生命的斗争，还有生命与生存的斗争。但是，大学教学让

① Leo Strauss：what is liberal education，http：//www.douban.com/group/topic/1657107/2007－10－24.

三方进行斗争的时候，也让三方达到和解。但和解并不是争端的消失，它要在三方争端之后再争端，从而让旧的生命生成为新的生命，让旧的生活生成为新的生活，让旧的生存生成为新的生存。通过这种再争端的引发，大学教学克服了游戏的有限性，从而达到了无限性。人正是在无穷无尽的教学游戏中而成为了人。

（四）在游戏中生成意义

在生命、生活和生存三方的无限游戏中，不仅生命生成了，生活和生存也生成了。由此，作为意义生成的大学教学包括以下三个方面：

命求尽性。大学教学不仅要面向一个个具体的学习者，还要陶冶性情。性情是相关于生活世界的生、死、爱。“生”指人生存于世。一个生存于世的人，首先要处理好人与自然的关系：人既不是自然的奴隶，也不是自然的主人，而是自然的朋友，是自然的守护者和看管人；其次要处理好人与社会的关系：人不仅要参与到社会发展中，还要融入到社会发展中，更要引领和加速社会的发展；第三要处理好人与精神的关系：既要继承中华民族古老的智慧，也要吸收世界其他民族优秀的思想，从而让人的精神家园既是民族的，又是世界的。“死”指人面向死亡而存在。在海德格尔看来，只有明晓“死”的意义的人，才能洞晓“生”的奥秘：在死面前，人具有不可替代性，你的死亡就是你的死亡，我的死亡就是我的死亡；在死面前，人具有不可重复性，人的生命只有一次，死了的人永远也不能活过来。由此，人是唯一的，在聆听死亡的足音中，人开始自觉地筹划生的将来。“爱”是情感中最高的境界。“爱”在人的存在中起着根本性的奠基作用，它乃是人认识世界，并作出意志行动的前提。换句话说，人首先是通过爱，或者说，首先是在爱中与世界发生着交互关系；没有爱，世界就不会向人照面，它也因此不会成为人的认识对象和意志对象。

活求得体。即使在中世纪大学，大学教学也担当了为社会培养律师、医生、教师等技术人才的重任。什么是人才？“人才”是“人”与“才”的统一，有“才”无“人”或有“人”无“才”都不是“人才”。其中，人是根本，人首先成人了，才能成才。“活求得体”是对“人才”的基本诠释。“用”是某种技能的显现，如拥有有形的机械操作技术，或者无形的信息操纵技术，凸显的是人的身体的能力。“得体”是“才”的升华，是身与心的和谐运作，它让人不仅懂得如何在世界中安身立命，而且在安身立命中，感受美、体验美、创造美，从而过一种美好的生活。这种生活是富、贵、雅的统一。① “富”指人通过接受大学教学的正规训练，以一技之长过上了富裕的日子。他不仅创造有形的物质财富，还享受无形的精神财富；“富”起来主要是对物的占有，而“贵”起来则主要是人自身的提升，知道在行使公民的权利和履行公民的义务中，过一种有尊严的生活，并由此去追求在社会整体中与自身存在相适应的位置。“贵”起来注重的是人的社会性，而“雅”起来注重的是人的精神性，他不是盲目地跟着流行的节拍翩翩起舞，而恪守终极关怀和普世情怀，过一种内心宁静的博爱众生的生活。

存求成智。怀特海说，“在古代的学院中，哲学家们渴望传授智慧，而在今天的大学里，我们卑微的目的却是教授各种科目。从古人向往追求神圣的智慧，降低到现代人获得各个科目的书本知识，这标志着漫长的时间里教育的失败。”② 不容置疑，知识是理智的基础，不掌握某些知识就不可能有理智。但知识不等于理智，有些人满腹经纶，却没有理智。“一个人仅仅见多识广，他不过是这个世界上令人讨厌的人。我们要造就的是既有文化又掌握专门知识的人才。专业知识为他们奠定起步的基础，而文化则像哲学和艺术一样将他们引向深奥高远之境”。③ 何谓理智？理智是关于命运的知识。一个有理智的人，是先知、圣贤、诗人的三位一体。古希腊的苏格拉底、中世纪的耶稣、近代的卢梭等理性主义者、中国先秦诸子如孔子、庄子，都具有先知、圣贤、诗人的基本特征。“先知”是先于世人预测到命运的人，他引导世人从蒙昧走向自由，从混沌走向光明；“圣贤”指极有道德情操和思想品位的人，是范仲淹讴歌的“先天下之忧而忧，后天下之乐而乐”的人，他以自己的精神与人格，塑造了一座时代丰碑；“诗人”指具有浪漫情怀的人，能捕捉周遭世界细微的变化，以独有的感性和激情，抒写时代的悲欢离合。

可见，大学教学的游戏首先无目的。大学教学不造就富贵一方的商贾，也不造就权赫天下的政要，它只是促进有意义的学习，让学习者在生命、生活和生存的游戏中成为一个人；其次无基础。即大学教学是面向一个个具体的学习者不断地进行阐释性思考和行动的实践；第三无手段。大学教学只是引导学习者在学习的探险中，让生命、生活和生存去游戏，让意义面向未来生成。当大

① 彭富春：《解国人之梦》，《上海国资》2005 年第 9 期，第 77 页。

② 艾尔弗雷德·诺思·怀特海著、徐汝舟译：《教育的目的》，三联书店 2002 年版，第 52 页。

③ 艾尔弗雷德·诺思·怀特海著、徐汝舟译：《教育的目的》，三联书店 2002 年版，第 1 页。

学教学抛弃了外在的目的、基础和手段后，它就成为了自身。大学教学“教学化”的过程，也是学习者“人化”的过程。

五、以教师的幸福加以说明

百年大计，教育为本；教育大计，教师为本。于是，从大的方面说，教师的幸福关乎教育的成败。从小的方面说，教师的幸福关乎学生的有效学习和健康成长。那么，教师的幸福又是什么呢？

（一）教师的幸福在哪里？

教师的幸福不是虚无空荡的体验，不是不切实际的幻想，它与教师存在的三个维度——生命、生活和生存——相关，并具体显现为怒放的生命、阳光的生活和智慧的生存。

1. 怒放的生命

教师首先是一自然生命的存在。生命能否怒放决定了教师幸福的指数。怒放的生命有两个指标：一是身体充满活力，二是内心有无穷的斗志。身体充满活力，教师能播种教育的幸福、守护教育的幸福、收获教育的幸福；内心有无穷的斗志，教师能超越过去的羁绊、当下的困惑、未来的迷茫，尽情地享受教育带来的幸福。

在梅洛－庞蒂看来，人是一个身体的存在，身体是原初的意义之源，人凭身体与外界打交道。① 人首先安身，才能立命。教师通过这具有血有肉的身体勾连教育。教师的“身教”胜于“言教”，“其身正，不令而行；其身不正，虽令不从”。教师的反思叫“吾日三省吾身”。教师的“身体力行”、“身先士卒”、“以身作则”叫“投身”教育中。教师往往要“设身处地”为学生想一想，教师社会地位高叫“身名俱泰”，教师的伟大在于他为教育“苦身焦思”，对教师的评价是“修身洁行”……。所以，教师的幸福首先是身体充满活力。一方面，身体健康了，教师才能幸福地工作；另一方面，教师的工作并不是对身体能量的消耗，而是补充、激扬，就像孟子说的，君子三乐之一是“得英才而教之”。可见，“野蛮其体魄，文明其精神”、“健康的精神寓于健康的身体”不仅适用于学生，同样也适用于教师。

作为一生命存在的教师不仅身体充满活力，而且内心也充满激情，幸福毕竟是内心的某种情绪体验——无愧于良心。教育是一项无限的事业，而教师的

① 梅洛－庞蒂著、王东亮译：《知觉的首要地位及其哲学结论》，三联书店 2002 年版，第 4 页。

生命很有限。于是，相对永恒的教育事业来说，教师个体的工作微不足道。不过，教育事业之所以是永恒的，依赖一代又一代教师的推动。在无限教育事业与有限生命存在的抗争中，教师获得了内心的幸福：生命很短暂却有无穷的力量。在此，教师的幸福是对教育真谛的聆听和行动。① 教师的“命”就是不怨天尤人，而是去接受这个职业，而且打心眼里爱这个职业。在接受和爱中，教师的生命在绵延、在扩展——与学生的生命茁壮成长相关。有老师说，每次看到学生的一点点进步，一股教育幸福感油然而生。

教师怒放的生命在于内心对教育的接受和爱。不过，接受和爱需要身体参与其中。当然，在感同身受中，身体知觉消失不见，心理感觉也消失不见。在身心两忘中，教师体悟到教育的幸福。所以说，教师的幸福是身心合一的幸福，既能被知觉到，也能被感觉到，是充满活力的身体和充满激情的内心的统一体。

2. 阳光的生活

一个教师是社会关系的总和：家庭成员关系、同事关系、师生关系、家长关系、领导关系。一个幸福的教师背后，往往有一个幸福的家庭。家庭是支持教师投身教育事业的“大后方”。工作中肯定有欢乐和喜悦，家庭会分享这些愉悦并放大这些愉悦，让教师感到更加幸福。工作中肯定也有痛苦和哀愁，家庭会理解这些苦楚并消解这些苦楚，让教师感觉不到不幸福。家，不但是教师避风遮雨的港湾，也是教师扬帆启程的港湾。幸福的教师不仅“大后方”和谐，而且“前沿阵地”也和谐。这表现为如下几个方面：

师生关系和谐是教师幸福的出发点。如何处理好师生关系没有一套规章制度可循，全凭教师的智慧。因为学生是一个个具体的人，是一个有差异的存在，是一个“是其所不是、不是其所是”的生成者。不仅不同班级的学生各不相同，而且相同班级中的每一个学生也不相同。教师需要“横看成岭侧成峰，远近高低各不同”看学生的智慧；同时，学生总要长大，他要离开学校开始人生新的冒险，教师需要有“年年岁岁花相似，岁岁年年人不同”看学生的智慧。教师是幸福的，在于工作充满了无穷的新鲜感，在于工作富有无穷的挑战性。“苟日新，日日新，又日新”是教师工作的特点。在此，教师的工作不是单调的，而是生动的，如一幅生机盎然的水墨山水画。

---

① 马克斯·范梅南著、李树英译：《教学机智——教育智慧的意蕴》，教育科学出版社2003年版，第51页。

同事关系和谐是教师幸福的关键点。研究表明，教学即学术[①]：第一，教师面向一个个具体学生开展的教学，本身就具有学术性；第二，教学的最终目的要促进学生的学习，如何学、学什么、向谁学都是教师必须要解决的问题；第三，为了促进学生的学习，教师要积极主动地开展教学研究。它包括公开和未公开发表的研究成果。公开的研究成果指出版物、专著、书籍等，未公开的研究成果指研讨会的交流论文、因特网的在线资源、正在进行的合作研究方案、经验总结等。教学学术还包括教师具备在不同的学科领域，运用不同的方法来表现自己的工作能力，如陈述、案例研究、班级或小组管理研究及其他方法。不难发现，教学学术离不开集体和团队的合作。在此，教师的幸福是集体合作的结晶。同事关系和谐是教师幸福的关键点，因为它指向教师幸福的出发点——促进学生的学习。

领导关系和谐是教师幸福的生长点。教师的幸福是看到学生进步时的一种自我感觉，不能凭空臆想。教师的幸福也是一种实实在在的幸福——它要得到承认、尊重、赞赏。而领导的认可是一切认可的合力。领导关系和谐是教师幸福的生长点，一方面，教师靠自己的工作促进了学校的发展，教师的幸福不再局限于个人的感觉；另一方面，学校这个大平台也为教师提供更多的发展机会。可见，教师的幸福是教师与学校相互促进的幸福。

家长关系和谐是教师幸福的加速点。教育是学校教育与家庭教育的统一体：教学目标要得到家长支持，教学计划要得到家长认同，教学方式要得到家长肯定，教学内容要得到家长理解，教学管理要得到家长落实，教学成绩要得到家长承认，教学活动要得到家长参与……教师与家长携手，定能为学生创造更好的学习环境。

保持了上述关系和谐，教师的生活就像沐浴在阳光下，是很幸福很惬意的。

3. 智慧的生存

教师不仅有自然的生命，还要过社会的生活，更要拥抱智慧的生存。智慧不等同于聪明，因为大智若愚。在彭富春看来，智慧指人的一种区别能力：人不仅要与动物相区分，还要与自身相区分。人与自身相区分是关键的，因为只

① 顾建民等：《美国高校的学术反思与学术评价》，《高等教育研究》2002 年第 3 期，第 100 ~ 105 页。

有与自身相区分后才能与动物相区分。[①] 由此，智慧的生存指教师要不断地与自己的生命与生活相区分，不断地彰显一种真正地属于教师的生命——怒放的生命，过一种真正地属于教师的生活——阳光的生活。于是，教师的幸福由智慧的生存所规定。智慧的生存是教师为一个教师的根本。生命的怒放和生活的阳光在于生存的智慧，因为它指明了生命和生活的本质：没有对智慧的深刻把握，生命会变得刻板，生活会变得琐碎，幸福也会退隐不现。生存的智慧包括如下几个方面：

价值引领。教育是有意义的，它的意义在于为了学习者的好。什么是对学习者的好？如何做才是对学习者的好？如何让学习者感知到对他的好？这是教师每天必须反思的内容。教书之所以能育人，在于教书是为了学习者好，为了学习者好是目的，教书只是手段，不能颠倒目的与手段的关系。就像康德说的，任何时候人都是目的，而不是手段，否则会造成二律背反。[②] 为了学习者好是教育的智慧，它规定了教育的方方面面，也是教师感到幸福的源泉。看到学习者进步了，成长了，能辨认真与假了，能识别美与丑了，能区分善与恶了，……教师由衷地感到幸福。教师的幸福就这么简单，简单得无法矫揉造作。

职业认同。幸福的教师对自己的职业有强烈的认同感，认为这个职业是自己的生命之源、生活之本。因为认同，教师身不由己地凭自己的良心守护着三尺讲坛；因为认同，教师心甘情愿地付出自己的所有；因为认同，教师在繁重的工作中累并快乐着；因为认同，教师对学习者的一点点进步看在眼里喜在心里；因为认同，教师在人际交往中游刃有余；因为认同，教师把这个职业的所有酸甜苦辣看作是甜的、美好的。

专业发展。教师是在自己的专业发展中获得幸福的，可见，教师幸福是行动的幸福，是在做之中获得的幸福。幸福的教师能感受到专业发展，在付出的同时也是获得，而不像春蚕和蜡烛，奉献了所有之后生命也到了尽头。教师专业发展包括教育学理论知识的进一步消化吸收、教学管理实践知识的进一步反思、学科知识的进一步完善、综合知识的进一步补充、团队合作能力的进一步提高、行动研究能力进一步创新，面向具体的学习者给予教育爱的进一步教改

① 彭富春：《哲学与美学问题》，武汉大学出版社 2005 年版，第 156 页。

② Samuel Enoch Stumpf，James Fieser：Socrates to Sartre and Beyond A History of Philosophy，New York：McGraw - Hill College，2003，p. 299.

实验。可见，专业发展包括了对教育方方面面的进一步理解：教育真谛把握、职业认同，情绪调整、行动反思……。由此，专业发展进一步提升教师的幸福。

情绪高亢。在海德格尔看来，人的存在首先是情绪的存在。① 教师的情绪与他是否幸福相关。研究表明，身心健康与人的情绪息息相关。快乐和微笑不是吸引学生的主要特征，但愁眉和苦脸是排斥学生的主要特征。乐观和积极向上的教师更能获得同事和领导的承认。开朗平和的教师往往能“苦中作乐”，更能体会到教育所带来的幸福。情绪高亢的教师是幸福的，在于他有运筹帷幄、决胜于千里之外的大气魄。

如果把生存的智慧比喻成一个故事的结构，那么价值引领是这个故事的开端，职业认同是这个故事的发展，专业发展是这个故事的高潮，情绪高亢是这个故事的结局。当然，生存的智慧是无数个故事的交替，正是在无限的交替中，教师的幸福是长久的。

（二）教师的幸福如何在？

教师幸福是怒放的生命、阳光的生活、智慧的生存的统一体。教师幸福是这三“生”无穷无尽的编织构成一个无形而巨大的网。这个网如同佛家所说的“因陀罗网”。在这个网中，这三“生”没有绝对的分离，每一“生”都包括了三“生”的整体。这三“生”也没有谁先谁后、谁重谁轻。教师幸福就是生命、生活和生存这三者无限的游戏。在游戏中，教师的幸福生成了。

生命、生活和生存的游戏不是教师个人制定的，而是教育自身，它规定了教师存在的三个维度——生命、生活和生存。教师的幸福是教育的幸福。

如果说，教师的幸福很实在，那么，这个实在就是怒放的生命。没有生命的怒放，也没有生活的阳光和生存的智慧。“明明德”、“亲民”、“止于至善”是古代教育的三纲，为达到这三纲，相应地有八条目。在八条目中起承上启下作用的是“修身”，它勾连了“格物”、“致知”、“诚意”、“正心”和“齐家”、“治国”、“平天下”。可见，“修身”关乎于“外王”的生活和“内圣”的生存。在此，身体不是一躯体，而是一生命，是身心的合一，是生活与生存的合一。《论语》中也有“暮春者，春服既成，冠者五六人，童子六七人，浴乎沂，风乎舞雩，咏而归”这样的教师怒放的生命的描述。

与其说教师的幸福是怒放的生命，还不如说社会生活赋予了生命的怒放。

---

① 马丁·海德格尔著、陈嘉映等译：《存在与时间》，三联书店2006年版，第65页。

生命是一条河流，而生活是河流的源头。生活的质量决定了生命的力量。生活与生命不同，生活是社会化的，生命是个体化的。但这两者又是统一的：生活是生命在生活，生命是生活的生命。不过，生命因为阳光的生活而怒放，是阳光的生活让生命有了活力。经常会看到这样一个现象：一个郁郁不得志的教师换了一个新环境后，生命霎时怒放。原因是这个新团队推动他的生命自我实现。生活与生存也不同。如果生活是一条河流的源泉，那么生存是水流的方向。在此，生存也是因为有了阳光的生活而富有诗意。因为无论是价值引领，职业认同抑或其他，都是有了生活才变得弥足珍贵。

生活并不是当下生命的冲动，而是智慧的投射。生存的智慧指引生命和生活。智慧首先指引生命，它告诉生命之花如何怒放才是最美丽的。一个教师投入全部身心，他的课堂不一定能焕发生命活力。他的课堂有生命活力，在于他运用了机智去调和教学气氛，以自己的生命去感动学生的生命。学生感受到了教师生命的激情，也会调动自己生命的激情。智慧也指引生活。生活不是过去的回忆，而是精神的烦心和烦物。有了精神的操心，教师不至于沉沦于生活的各种纠葛中。智慧教师的生活是阳光的，因为他在协调人际关系时，并不考虑自己的得与失，而是考虑如何依靠团队力量促进学生学习。有了智慧，所以生活举重若轻，所以生存富有诗意。

教师的幸福就是这三者的游戏，每一方都从自身出发，并朝向另外两方。由此构成了三者的统一。尽管这三者的角色不同，但他们的权利是同等的，没有一方决定另一方，而是平等地共同地活动。于是，在三者无穷无尽的游戏中，教师体验到教育的幸福，从而走在一条教育之途中。

（三）教师的幸福如何得?

虽然教师的幸福与制度、环境有关，但制度、环境毕竟是外在的，教师感觉到的幸福才是最重要的。就像林肯说的，你觉得有多幸福，就有多幸福。因此，教师要获得幸福还得从生命、生活和生存三个维度出发。

1. 珍爱生命

生命是可贵的，教师要珍爱。“爱”的繁体字是“愛”，由“心”和“受”构成，表“心受”。“珍爱”指心完全接受，不要等生命将要失去时才觉得宝贵。当前，教师身体健康问题不容忽视：英年早逝的事例时有发生，而且，教师的寿命远远低于其他职业人群，教师也饱受一些职业病困扰，如咽喉炎、腰椎盘突出。教师健康问题很多是教师怠于锻炼造成的（当然也有很多客观原因）。因此，教师必须坚持锻炼身体，注意劳逸结合。教师的心理问题

也很突出。心理压力大是教师普遍反映的问题。这需要教师找到适当方式去减压，时时找一些“心灵鸡汤”做好心理保健。同时，教师还要有积极平和的心态，如理解、宽容、分享、平衡。

2. 享受生活

教育是给人幸福的事业，教师就该享受教师的生活。享受是用心在享受，它包括细心、真心、倾心、诚心与耐心。首先，要细心地营建一个温馨舒适的家庭，不要把工作中的不愉快带到家庭。家庭生活是自己第二天工作动力的加油站，而不是打开一切不愉快的“潘多拉盒子”。教师不仅要教好他人的学习者，更要教好自己的学习者，实现他人的学习者与自家的学习者成长的双赢。其次，要真心地处理好师生关系。真心就是爱。教育爱是面向学习者的生理、生活和心理的爱的智慧。教育爱因为智慧的参与而变得更加伟大。教育是爱的约定，教育智慧因为爱的奉献而绽放。第三，要倾心地处理好同事关系。积极参与、紧密合作、相互信任是处理好同事关系的尺度。第四，要诚心地处理好领导关系。不阿谀奉承不讨好卖乖，而是诚实地以自己对教育的一壶冰心去感召领导。第五，要耐心地处理好与家长的关系。家长对学习者的爱是感性的，不是理智的。教师则不同，他对学习者的爱是理智的，懂得什么是对学习者好的什么是不好的。在感性与理智的冲突中，教师要拿出足够的耐心，争取家长的支持。有了这“五心”的付出，生活没有阴霾，而是阳光灿烂。

3. 学会生存

史蒂芬·布鲁克菲尔德（Stephen Brookfield）说，大学教师往往面临如下的六种生存危机：油尽灯枯；被炒鱿鱼；被钉死在十字架上；做一名徒劳无益的殉道者；成为愤世嫉俗悲观主义的牺牲品；不相信自己能对学生的一生有任何影响。[①] 由此，学会生存是很重要的。生存的学习包括如下几个方面：学习、思考、创新与研究。学习是根本。在知识爆炸和教学改革的时代，教师如果只停留于原来的知识素养，肯定不能适应时代的需要和学生发展的变化。善于“充电”的教师不会有心有余而力不足的尴尬；思考是动力。教师之所以要反思，在于反思能发现新问题并依此改进教学；创新是行动。对于教师来说，创新并不意味着做出惊天动地的事业，而意味着点点滴滴的变化与尝试。创新是一个艰巨的转变，这个转变就体现在行动中。敢想并不代表敢做，只有

① 斯蒂芬·D·布鲁克菲尔德著、周心红等译：《大学教师的技巧》，浙江大学出版社2005年版，第2页。

敢做了，思考才有活力。只有行动了，才能检验思考的正确与否；研究是行为的检验。在教学中，创新的行为牢牢地打上了个人的烙印。由于个人思维的局限性，其行动肯定有不完美之处，需要与同行进行交流使其臻于完善。这个过程需要研究。这个时代的教师是研究型教师。学习、思考、创新与研究之间的关系是：教师能够学习，说明他时时刻刻在思考。通过思考，他就开始行动。行动过程本是研究过程。也可以这样说，研究一定要有问题，问题带来学习，学习过程中产生思想，思考标志着教师的变化，变化带来了行动。

六、小结

现实的批判首先指向生活一维的游戏形态。这种游戏形态的批判显现了，大学教学虽然是生命、生活和生存三方共同存在的活动，但当生活力图在生命、生活和生存的共同的游戏活动中使自己极端化的时候，大学教学就不是三方的共同的游戏，而是生活一维的游戏。这种游戏的极端化导致大学教学出现了“意义失落”的困境。

现实的批判其次指向“实体论”意义。这种意义观的批判显现了，游戏无目的，也无基础，更无手段，它只是面向在具体情境中的一个个具体的学习者的生命、生活和生存的游戏。换句话说，大学教学的游戏是一个面向具体学习者，不断地进行阐释性思考和行动的实践。因此，一个有实践智慧的教师高超之处就在于，他十分了解学习者，能够发现和选择那些对学习者有意义并能引起他们兴趣的命题。当大学教学抛弃了外在的目的、基础和手段后，它就成为了自身。于是，大学教学“教学化”了。大学教学“教学化”的过程，也是学习者“人化”的过程，学习者在生命、生活和生存的游戏中走向自己。

从上可以看出，大学教学并不是生命、生活和生存中的某一维规定的游戏，而是让这三者去游戏。生命、生活和生存的游戏不是指向大学教学外，也不是指向大学教学内，它是生命、生活和生存源于自身并为了自身的活动。这种活动好似“镜子”般的游戏，每一者在反射其他两者的时候也显现自身。具体来说，在游戏中，理智不是虚无的，它是生命和生活的规定；技能不是单纯的手段，是实现生存和生命的中介；学习者不是单一的欲求，它指向生活和生存。这三者平等共存，并不是你死我活的斗争。具体来说，作为意义生成的大学教学要让生命生成，即命求尽性、要让生活生成，即活求得体、要让生存生成，即存求成智。

由此，现实的批判的落脚点是“意义生成”这一语词结构的谓格——如何生成。如何生成呢？让生命、生活和生存共同游戏。

第五章

"意义生成"意蕴的显现

从前三章可以看出，"无原则的批判"揭示出了"大学教学即意义生成"这一语词的整体结构：思想的批判的落脚点是其主格——"意义"的形态的表征。"意义"的形态表征了什么呢？是生命、生活和生存三维共同存在；语言的批判的落脚点是其宾格——生成了什么。生成了什么呢？是意义生成的人；现实的批判的落脚点是其谓格——如何生成。如何生成呢？是生命、生活和生存的共同游戏。因此，作为意义生成的大学教学，也就是让生命、生活和生存去游戏。这一语词整体结构的意蕴显现于大学教学的诸要素中。

一、学生：作为能学者

在"实体论"规避下，教学以一种确定性和可预测性的方式进行。那就是说，教师以教科书为载体，再用某种预定的方式，把教科书中的知识灌输给学生。这种教学使学生成为知识的被动接受者。当大学教学转向"意义生成"后，学生的身份随之转变为能学者。

（一）"能学者"内蕴于"学生"这一语词中

"学"一般与"习"连用，构成"学习"。这源于《论语·学而》："学而时习之，不亦说乎！"在这里，"学"与"习"是不同的行为。然而，随着时间的推移，"学习"的范畴主要指"学"。

从甲骨文"教"与"学"的字形看，"几乎在每一种写的'教'字里，都是首先包含了一个写法与意义最简单的'学'（爻）字，然后再添加上些新的笔划部首。根据汉字的造字特点，这种新的添加就表示这个字又增加了一些新的涵义。比较'教'、'学'二字的构成，可以说'教'字来源于'学'字。或者说，教的概念是在学的概念的规定性中加上了又一层规定性。一个'学'字被包含在'教'字里，成为'教'字的重要组成部分，这一事实恰恰证明了：学是教的前提，是教育的‘细胞’。”① 宋代的蔡沈也说，“教，教也……始之自学，学也；终之，教人，亦学也。”很清楚，“教”来于“学”，无“学”则无“教”，“教”只有促进“学”，它才有存在的价值。另一方面，“学”可以脱离“教”，它是主动的，如“自学”，所以有“活到老，学到老”之说。

明末的方以智在《通雅》中，对“学”的考据为：“学、教、觉俱从爻，学字本于孝声，生于觉孝。”又说：“学也者，觉悟、交通、诵习、躬效而兼言之者也，心外无物，物外无心，道以法用，法以道用，全用全体，吾人本具者也。悟从吾心。”因此，“学”和“觉”在意义上是相通的。汉代的徐慎对于“学”字只给出了一种解释，“学”同“斅（xiào）”，释文为“觉悟也。”“学”既然是一觉悟的过程，那么它也是一主动的过程。

“学”的繁体字是“學”，它由“爻”、“双手”、“介”和“子”组成，意指“‘子’在‘介’里用双手捧‘爻’”。“爻”指甲骨上的卜辞，意味着天地之道、圣人之意。能理解卜辞的人，就是有智慧的人。在商朝，殷人几乎无事不占，无事不卜。卜和筮在周代也是非常重要的活动，《周礼·筮人》说：“凡国之大事，先筮而后卜。”卜筮是贵族子弟的基础课、必修课，是学习的主要内容。“介”为房屋之外形。“子”即“孩子”、“儿童”。可见，“學”指“一个孩子在屋子里学习卜辞”，强调的是一个孩子由于缺少智慧，需要自己主动地去学习这些智慧。

“生”作名词，指“书生”、“读书人”。“学生”的意思就是“学习的人”或“学习者”。这个词普及在明代，指的是读书或官场中自称的谦词。不过，在明代之前，有很多类似“学生”的称谓：弟子、学徒、门徒、门生、门人、小子、高足（品学兼优的弟子，优秀的门生）、受业（本为弟子受业之意，后用作弟子对老师的自称）、小生（读书人或文人的谦称）等。不过，“生”的内涵更多集中于其动词词性中。

《说文解字》释“生”：“生，进也。象草木生出土上。”在这儿，“生”是会意字。“生”，从草从土，是草木萌生土上，表示生长之义。很显然，“生”是主动的，就像草木的生长一样，不需要任何外在的干涉，否则会出现拔苗助长的悲剧。《道德经》中有：“道生一，一生二，二生三，三生万物。”《庄子·天地》中有：“物由道得其德而生。”可见，“生生大化之流”是不能

① 杜成宪：《早期儒家学习范畴研究》，台湾文津出版社1994年版，第2~3页。

被遏止的。

目前，中国对“学生”的理解来自于西方。“学生”的英语是 student，它由 study 而来。study 与 learn 不同，它更强调“研究”、“探究”、“独立思考”，其主动性是不言而喻的。“大学生”是 undergraduate，从其词根 under（在……下面）和 graduate（毕业，它的古希腊词根是 grad，意味着“走”、“去”）的内涵看，undergraduate 意味着“某个正在走的人”，其主动性也是不言而喻的。

依上分析，“学生”的词义，原初就蕴含了“能学者”的意味，即是一个主动的学习者，能够以学为学。

（二）大学组织本是一“能学者”

人类从野蛮、愚昧、落后走向文明是不断学习的结果。同样，大学发展的每一次质的飞跃也是大学组织学习一次次升华的结果。大学组织学习是大学为了更好地继承、传播、发展、转化或利用知识，不断地主动适应和改造环境的过程，此过程中也影响了大学组织的变革。

大学组织起源于欧洲中世纪，它最初是教师和学生聚合在一起形成的学者行会，是学习的结果。首先，当世俗政权或宗教势力试图控制或干涉教学时，他们往往用迁徙或罢课甚至流血等手段反对外来的干涉和控制。这种斗争形式来自于学习城市市民斗争的形式。正是他们不屈不挠的斗争，大学才能在世俗和教会两大势力夹缝中求得生存；其次，他们模仿当时的行会组织组成了自己的社团，形成了一整套规章制度以调节内部关系，保障了大学组织自由探究高深学问的爱好。诚然，学术组织天然倾向于自治与自由，但是如果中世纪大学不学习如何使之制度化，中世纪大学就不会成为现代大学的滥觞。随着民族国家的兴起和社会知识的进步，在宗教特权庇护下的中世纪大学不再学习、不再与时俱进，这扼杀了其应有的活力。所以，中世纪大学从 16 世纪开始衰落，17 世纪末至 18 世纪跌入低谷，不少古老大学因体现不出价值而关闭或几乎停办，步入大学发展史上的“冰河期”。

现代大学之母是洪堡等学者创办的柏林大学。洪堡一方面保留了中世纪大学自治和学术自由的传统，一方面继承并发展了哈勒大学和哥廷根大学的研讨班与讲座制的形式，还根据社会发展和国家变革建立了研究所，确立了科学研究在大学中的中心地位，从而改变了以往大学以教学为单一任务的组织制度格局。特有的文化国家观办学理念突破了基督教的壁垒，大学开始推动国家进步。因此，德国大学组织通过学习历史和自我创新，确立了“学术自由”、“大学自治”、“教、学与科研相统一”、“教授治校”、“研究所和习明纳相互依赖”等大学理念，并奠定了德国大学在整个19世纪世界大学发展史上的卓越地位，开创了大学制度变迁史上的德国模式。但是德国大学制度的缺陷也是明显的：大学的重大事务交由政府代理，具体事务则由学者个人处理。大学作为一个独立的组织却很少具有自我管理的职责和为社会服务的职责。如果说德国大学组织适应了19世纪经济和社会发展，那么进入20世纪，德国大学组织由于缺少创新式的学习，最终由美国大学取代。

美国大学的建立和发展很大程度上得益于向他国学习。1636年建立的哈佛学院是美国历史上的第一所大学，它完全是模仿英国大学模式的结果。1876年霍普金斯大学的成立，是南北战争后美国高等教育重建的一个重要标志。霍普金斯大学是模仿德国的柏林大学办学理念而创立的。值得注意的是，德国大学制度并没有被美国大学全部采用。从历史眼光看，美国大学制度变迁是“将英国的学院观念及德国着重研究与研究院的观念与美国普及的想法媒合在一起，从而创造了在全世界均具有如此强大力量的当代美国大学”①。当前，大学不仅是美国社会经济发展中一个不可或缺的部分，而且逐渐成为社会经济发展的动力站，成为社会的轴心组织，这一切都离不开美国大学组织的学习。

随着人类进入知识经济时代，大学功用发挥如何决定一个地区甚至国家的未来。1995年，联合国教科文组织公布的《关于高等教育的变革与发展政策性文件》认为，“所有远见的高等教育体制和机构应该在确定自己的使命时牢记这样一种远景（broader vision），即建设最好称之为‘进取性大学’（pro - active university）的新型大学。”②这组文件认为现代大学的基本特征包括以下几个方面：人才培养的广泛性和多样性、大学科学研究更加社会化、大学的社会责任更加深远、大学国际化趋势日益显著、大学自身管理的科学化与经营化等等。这份文件表明，在知识经济时代，大学必须投身到现实社会变革与实践中去，把知识创造、人才培养、社会发展与承担起国际责任的现实需要结合起来。因此，它由社会边缘的象牙塔成为现代社会变革的发动站必须诉诸大学组织的学习。

由此可见，大学作为一个组织的存在与其学习的能力相伴而生。第一，大学组织向谁学，学习什么决定了大学组织变迁的路径。学习是一个选择的过

---

① G·阿特巴赫著、伍振主译：《亚洲大学的发展——从依赖到自主》，师大书苑有限公司1979年版，第9页。

② 张俊宗：《现代大学制度》，中国社会科学出版社2004年版，第112~120页。

程，选择的基本标准就是预期回报率。历史上许多大学的声望都是大学组织自身在学习过程中形成的。例如蔡元培在北大6年，按德国模式将北大改造成中国的第一学府，新北京大学所呈现的勃勃生机推动了中国大学的现代转型。第二，大学组织学习的环境决定了大学组织变迁的速度。19世纪的德国大学改革如果没有政府的支持，单纯的大学改革难以成功。即使美国研究型大学的形成，“还主要是靠环境的力量，而不是靠有意识的设计”①。现代大学组织由多重矩阵结构组成，纵向有校、院、系之分，横向有实验室、研究所、教研室之别，这是由知识的分化和社会经济发展需求合力作用的结果。第三，既然大学组织变迁取决于现存的知识存量，那么，现存知识存量的变化肯定会对组织变迁的时间因素产生重大的影响。如果知识存量增长了，组织变迁相对会提前；如果知识存量减少了（或停止增长了），那么组织变迁就会相应地延迟。学习与大学组织变迁实际上是相互联系、相互促进的一种关系。大学组织变迁是人们不断“试错”、学习的结果；反过来，有效的大学组织变迁又鼓励大学组织不断学习。

（三）大学教学史是让学生成为能学者的历史

正因为大学组织本是一能学者，作为其组织中的一成员——学生——理所当然是一能学者。实际上，一部大学教学史，就是一部让学生成为能学者的历史。

东西方古代大学教学形式是一致的：老师领读教材，然后让学生死记硬背，接着学生被叫到教师面前，令其背诵教科书的内容，考察其学习的成果。如果学生不能背诵出来，教师往往采用体罚的形式。从生态学来讲，这是一种典型的“反刍法”。其理论根据是，不要弄懂教学内容，因为随着年龄的增长，自然而然地会洞见到背诵的知识的意蕴。朱熹是此理论的代表者。朱熹用“格物所以致知”来说格物和致知的关系，一方面说格物以致知为目的，另一方面致知是在格物的过程中实现的。“格物”和“致知”是认识过程中的两个不同的方面。在朱熹看来，“物”指天地之间的一切事物，包括客观的物质实体和主观的思维观念。所以他认为，格物必须“博学之，审问之，慎思之，明辩之”。中世纪大学的教学形式也是如此。勒戈夫在《中世纪的知识分子》中说，教学需要引导，但更需要棒喝。既然以背诵为主，教师无需讲究教学方法。19世纪出现的“班级授课制”是这种教学模式的具体化。“民众学校教

① Clark Kerr：The Use of University，Mass：Harvard University Press，1963，p. 96.

学的历史上，有过一段靠教鞭进行强制性的灌输主义、背诵主义的历史，靠教鞭强制学生学习，也无须讲究教授术。”①

其实，中西方教育家都让学生成为“能学者”。中国孔子的“不愤不启，不悱不发”和西方苏格拉底用的“产婆术”，莫不是此。不过，只有在近代，“能学者”不再仅仅停留于思想中，而在现实的教学中得到应用。教学论鼻祖沃尔弗冈·拉特克（Wolfgang Ratke）抨击了把学生作为被动地接受知识的容器的教学意义，倡导“不必死记硬背”、“一概不得强制”等的教学原则。约翰·费希特（Johann Gottlieb Fichte）、洪堡等近代高等教育研究者，率先实践了“习明纳”等教学方法。他们认为，课堂既不是教师向学生灌输现成知识的场所，更不是学生遭体罚受鞭打的场所，而是学生凭借自己的能力去学习的愉快的场所，是养成学习能力的场所。

尽管这些教育家做出卓越的努力，让学生成为“能学者”并不能轻而易举地实现。大学教学往往成为阻抑学生主动学习的“人工窒息机”。“这种状况在表面上未见教鞭和殴打的整个19世纪，依然到处存在，即使在21世纪前夜的今日，教学沦为‘人工窒息机’的状况依然未有改观。……背诵主义根深蒂固，即使在美国也延续了相当长的时日，甚至倡导儿童中心主义的杜威也在‘背诵’这个语词之下展开自己的教学论。”② 虽然当前的大学也开展了各种各样的教学改革，但收效甚微。原因在于，“实体论”没有得到彻底的颠覆，以至于学生还是被动的知识接受者，而不是主动的知识学习者。

正如马斯洛所言：“现在的学校制度是一种压碎高峰体验，禁止它们出现的极端有效的工具。”③。因此，“考生”成为了当前大学生的另一种“称谓”——为父母，为自己，为现在，为将来，为种种目的而考。考试本身没有错，错就错在把考试作为教育的一种工具，以考促教，考试成绩成为衡量个人学习成就的标准。由是，让学生成为能学者才是大学教学改革的出路。布鲁贝克也说，“今天的教育应使人从无知、偏执、迷信和非理性的枷锁中解脱出来。它应该导致一定程度的个人自治，既然大学主张自治，它的产品也是如此。”④

学生作为主动的学习者，更是时代的迫切需要。如果说在工业社会初期，在大学里获得的“学历”就可以应付一生职业的需要，那么，在知识经济时代，

① 佐藤正夫著、钟启泉译：《教学原理》，教育科学出版社2002年版，第II页。

② 同上。

③ 亚伯拉罕·马斯洛著、林方译：《人性能达的境界》，云南人民出版社1985年版，第189页。

④ 约翰·S·布鲁贝克著、郑继伟译：《高等教育哲学》，浙江教育出版社1986年版，第93页。

面对源源不断出现的新知识，“学历”根本不足以保证学习者在未来的工作中得心应手。正因为如此，重视“学力”引起社会各界的普遍关注。国际21世纪教育委员会的报告《学习：内在的财富》指出：“学校应进一步赋予学生学习的兴趣和乐趣，学会学习的能力以及对知识的好奇心。”①

“学历”向“学力”的转变，标识了学生作为主动学习者的身份。杜德斯达说，“学生这个词很大程度上会过时，因为它所描绘的是一个吸收由教师选择并传递的学习内容的被动角色。我们应该称这些21世纪大学的服务对象为主动的‘学习者’，因为他们会日益要求对自己的学习和学习结果负责。”②罗伯特·巴尔（Robert Barr）和约翰·塔戈（John Tagg）也说，为了适应“学力”的需要，大学教学要以促进主动学习为中心（见表6－1）：

表6－1　巴尔和塔戈的大学教学言说范式

任务和目标	从提高“教”的质量到提高“学”的质量
成功标准	从“灌输学生的教学的质量”到“激发学生的教学的质量”
教学结构	从“上了多少教学内容”到“特定的学习成果”
学习理论	从“学习是渐进式的、线性的”到“学习是套嵌式的，是知识框架的互通”
经费投入	从以“每学生每小时教学成本”到以“每学生每单位的学习成本”计生产力
角色的性质	从“教师主要作为讲解者”到“教师主要作为学习方法和学习环境的设计者”

资料来源：L·迪·芬克著、胡美馨等译：《创造有意义的学习经历》，浙江大学出版社2006年版，第14页。

联合国教科文组织更是认为，教育既应提供一个复杂的、不断变动的世界的地图，又应提供有助于在这个世界上航行的指南针。为此，仅从数量上满足对教育的那种无止境的需求（不断地加重课程负担）既不可能也不合适。每个人在人生之初积累知识，而后就可无限期地加以利用，这实际上已经不够了。他必须有能力在自己的一生中抓住和利用各种机会，去更新、深化和进一步充实最初获得的知识，使自己适应不断变革的世界。为了与其整个使命相适

① 雅克·克洛尔主编、联合国教科文组织总部中文科译：《学习——内在的财富》，教育科学出版社1998年版，第8页。

② 詹姆斯·杜德斯达著、刘彤等译：《21世纪的大学》，北京大学出版社2005年，第70页。

应，教育应围绕四种基本学习加以安排。可以说，这四种学习将是每个人一生中的知识支柱：学会求知，即获得理解的手段；学会做事，以便能够对自己所处的环境产生影响；学会共处，以便与他人一道参加人的所有活动并在这些活动中进行合作；最后是学会做人，这是前三种学习成果的主要表现形式。当然，这四种获取知识的途径是一个整体，因为他们之间有许多连接、交叉和交流点。① 面对学习能力的呼唤，大学势必成为面向全民的文化场所和学习场所，“每所大学都应成为‘开放’大学，在空间上提供远距离学习的机会，在时间上提供在不同的时候进行学习的机会”②。

（四）面向具体的学习者促进学习

传统的教学把学习者视为一个个空空的容器，教师的工作则负责把当天的课时内容倒进去。这种无视学习者的具体存在的教学，具有压迫和规训的特征，是无效的教学。本节从加里·鲍里奇（Gary Borich）的观点出发，解读促进学习者学习的策略。③

1. 学习者的“具体”性

学习者的智力水平是不一的。霍华德·加德纳（Howard Gardner）的多元智力理论表明，智力并不是单一的和统一的，而是多元的和分散的。这意味着，每一个学习者都有自己的智力，没有聪明与糊涂之分，关键是要看教师如何认识到学习者的个体智力水平，并加以开发。斯坦伯格进一步认为，智力不但产生于人们与生俱来的心理活动过程中，还产生于人们学习如何应对周围世界的过程中。由此，罗伯特·斯坦伯格（Robert Sternberg）推翻了遗传主义认为智力不可教的理论，认为智力能够而且应该得到教授。从这两位著名的心理学家的理论出发，作为一名有效教师，他需要采取许多措施，以帮助学习者避开阻碍智力行为的因素。因此，课堂是合乎逻辑的教授智力的场所。

学习者的人格特征是变动的。艾里克·埃里克森（Erik Homburger Erikso）的人格发展理论表明，学生时期（6~18岁）的人格特征是变动的，它受到焦虑、学习风格和自我意识的影响。焦虑包括随环境的变化而变化的状态焦虑和在很长时间内都很稳定的特征焦虑。有效教师经常提供必要的状态焦虑，如分数与作业等，从而激发学习者投入到学习中。他也要为具有特征焦虑的学习者

① 雅克·克洛尔主编、联合国教科文组织总部中文科译：《学习——内在的财富》，教育科学出版社1998年版，第75~76页。

② 同上书，第127页。

③ 参见拙文《有效教学：面向具体的学习者》，《高教发展与评估》2010年第3期，第78~83页。

创造适宜的学习环境，缓解他们的学习压力。学习风格指学习者偏爱在什么样的课堂环境下学习，如有些学习者偏爱以宏观的相互联系的方式观察世界，另一些学习者则倾向于注意到一些独立存在的部分。有效教师会采用不同的教学策略适应学习者的学习风格。自我意识代表学习者所持有的对于自己的信念、情感和态度。在形成自我意识的过程中，学习者从教师那里获得反馈的自我意象最多。有效教师时刻注意反馈给学习者的自我意象对他们的影响。

学习者的社会环境是多样的。在学习行为的影响因素中，同辈群体的影响是最强有力的，因为个体自愿地按照同辈群体的约定俗成的方式行事。有效教师往往建设性地运用同辈关系促成课堂目标，如在集体讨论的基础上形成班级规则。与同辈群体这种影响相连的是学习者的家庭背景。研究表明，社会等级强有力地影响学习者行为。具体地说，由于中上等社会经济地位的学生有更多的机会接触书籍、杂志、公共网络文化产品等，所以，他们较早地发展了阅读和会话能力。同时，由于他们的父母经常使用正式的或复杂的语言，所以他们较迅速地发展了独立思考的能力。这与来自较低等级家庭的学生形成对照，这些家庭可能强调服从和顺从，而不是独立思考，可能强调死记硬背的方法，而不是独立学习。有效教师的任务要围绕这些差异组织教学，从而尽可能地减少学习者的成就差异。

由上得知，面向学习者的智力水平、人格特征和社会环境等具体背景的教学之所以是有效的，在于通过认识学习者的具体需求，教师可以调整教学方式，帮助学习者利用他们自己的学习经验获得意义和理解，以此促进个体学习。同时，通过这种认识，教师能了解并以恰当的角度看待学习者学业成就背后的原因。

2. 面向具体的学习者的有效教学的特征

鲍里奇将面向具体学习者的有效教学的特征概括为五种关键行为。不过，他认为，要成功地在课堂上实施这五种关键行为，必须同时使用五种辅助行为。

五种关键行为

第一种是清晰授课。这一关键行为指教师清晰地呈现课时内容。有效教师首先要让学习者了解课时目标，比如叙述哪些行为将出现在考试或今后的作业中，尽量地使课堂内容与学习者的先前经验相符。其次，在教学中，要缓慢且明确地发出指令，以举例、图解和示范等方法来解释和强化重点，尽量地适应学习者的当前水平或略高于当前水平。再次，当课程结束时，要引导学习者及时进行回顾与总结。

第二种是多样化教学。这一关键行为指多样地或灵活地呈现课时内容，如通过眼神、语音和手势的变化吸引学习者的注意力，通过变化呈现方式使看、听、做周期性循环，通过变化提问类型和奖励来调和教学气氛。

第三种是任务导向。任务导向指把多少课堂时间用于学术性学科中。教师用于教授学术性学科的时间越多，学习者的学习机会就会越多。因此，有效教师以最少的扰乱课堂的代价，制止或阻止不当行为，最大限度地保证教学时间。同时，他往往制定出能反映所教授的科目最重要的特征的课时计划，并为教学目标选择最适宜的教学模式，以清晰明了的事件来开始和终结重要的课堂活动。

第四种是引导学习者投入学习过程。这一关键行为指致力于增加学习学术性学科的时间。为此，有效教师在教学刺激之后会立即安排练习，以此了解学习者掌握知识的情况，并为那些还未完全掌握知识点的学习者准备个性化教学材料。同时，使用有意义的口头表扬引导学习者积极投入学习过程。

第五种是确保学习者的成功率。这一关键行为指学习者理解和准确完成练习的比率。有效教师带来的成功率表现：所建立的单元和课时内容反映先前学习的内容；在最初的回答之后立即给予纠正；把教学刺激划分为小块，使学习者在当前水平上能轻易消化所学内容；以容易掌握的步骤向新材料过渡，使每一节课看起来都像是先前课时的延伸；变换刺激的呈现节奏，并持续不断地为教学高潮或关键事件做准备。

五种辅助行为

第一种是利用学习者的思想和力量。这种辅助行为包括认可、修改、应用、比较和总结学习者的回答，从而促成课时目标，并鼓励学习者参加。认可，指在教学中运用学习者的想法；修改，指用其他学习者的话来表达真正的思想；应用，指用学习者的想法来分析问题；比较，指采用学习者的想法，并寻找这个想法与其他学习者的想法之间的联系；总结，指用学习者的说法去概述课时内容，使用学习者的思想和力量能促进他们投入到学习过程中。

第二种是组织结构。教师用来组织将要呈现的内容（如我们将要学的），或者总结已经呈现的内容（如这很重要、记住这一点）的语言就是组织结构。在学习者独自所达到的水平和借助教师帮助所能达到的水平之间，存在着一定的差距，而组织可以帮助学习者缩短差距。如果在教学活动和问题结束时应用组织强化所学内容，并在新旧内容之间建立恰当的联系。因此，组织结构相当

于教学上的脚手架。

第三种和第四种是提问和探究。提问涉及到对内容和过程的提问。多达80%的提问直接涉及特定内容，它能促进学习者回忆起课时内容。与内容提问不同，过程提问鼓励更多的思考和更多地解决问题的活动，要求学习者使用个人的知识储备建构知识，而不是通过复述来达到理解。鼓励思考的活动还有一个重要的辅助行为是探究。探究，指教师用来鼓励学习者详细阐述自己的想法，并不断地调整学习者的思路，诱导他们一步步地得出答案的行为。

第五种辅助行为是教师情感。如果一个教师打心眼里热爱他的工作，并激情洋溢地投身于课堂中，那么，学习者也能受到这种情感的熏陶，不由自主地投身于学习之中。

鲍里奇认为，有效教师与卓越的艺术家相类似。艺术家把颜色和内容融合成一幅画，从而成为艺术品。有效教师则精心地安排关键行为和辅助行为，把它们组合成富有意义的模式和节奏，从而在课堂上达到教学目标。

二、教师：成为实践智慧者

当学生的身份标识为主动的学习者后，教师的身份也应随之转变为实践智慧者。

（一）成为实践智慧者是教师原初的使命

从现代汉语“教”的构成看，它由“孝”和“攵”组成。“孝”字的甲骨文写法，是一个头发花白零乱的老者“耂”，以手心拄在“子”的头上，合起来，就是一个“孝”字（孝）。“攵”的原文是“攴”（攴），一指“斧头”，后来用做父母的“父”；二指棍子或教鞭。这暗含了中国“父严母慈”、“棍棒出孝子”的文化传统。“孝”与“攴”相结合，便是“教”。“教”的第一层意思是说，长辈以左手按着孩子的头，右手拿一根棍子，说明是在打孩子的屁股。“打屁股”的目的也是为了孩子“学”，“不打不成才”。《三字经》中的“养不教，父之过。教不严，师之惰”就是这个意思。“教”并不仅仅是单纯的“打”的动作，还包括“打”的智慧，如为了孩子成才，要知道什么时候该打、知道以什么方式打。实践智慧的目的在于让孩子觉悟：他不仅要全身支撑老者，而且还用手递上去一根拐杖（这是“教”的第二层意思），正如《三字经》中说的，“幼而学，壮而行。上致君，下泽民”。

《说文解字》释“教”为，“上所施，下所教。”这里的“上”指的是自然世界之道，觉悟到自然世界之道的人才能去“教”。《老子》说：“学不学，复众之所过。是故圣人能辅万物之自然。”意思说，就是用自然世界之道去启迪那些没有觉悟的人，来改正他们的错误。《老子》还说："夫圣人上事天，教民有尊也；下事地，教民有亲也；时事山川，教民有敬也；亲事祖庙，教民孝也；大教之中，天子亲齿，教民弟也。先圣与后圣考，后而归先，教民大顺之道也。"可见，"教"的内容是教民"有尊"、"有亲"、"孝"、"弟"、"大顺之道"，这里体现的正是"圣人"使民"觉"的一种教化行为，而老子对此也认为此乃圣人所为。因此，对于圣人（圣在古文中为聖，意为耳口之王，即用耳朵聆听自然之道，用心体悟自然之道，然后将此自然之道传递给他人，这样的人才是"王"。）来说，首先存在的是天地本身，然后体验天地之道，最后传授给学习者。而洞见与传递自然之道本身就是一种实践智慧。

"师"的古汉语是"師"，由"𠂤"和"帀"合成。"𠂤"即"乾"。《说文解字》释"师"："师，两千五百人为师。"所以，"师"即"众"之意。有学者研究，"师"官在西周大致有三个方面的职能①：一是军事长官；二是行政长官；三是教育长官，"教人以道者之称也。"中国自古存在的"以吏为师"的传统，便是对"师"多重职能的明证。从上看出，"师者""居庙堂之高"，以其"运筹帷幄，决胜千里之外"的实践智慧，"忧其君、爱其民"。

古汉语中有"教"和"师"这两个字，但没有"教师"这个词，不过，有很多类似"教师"的表达：塾师、学究、夫子、先生、老师、门客（家塾的教师）、外傅（外出求学之师）、函丈（学习者与教者的席间距离一丈之远，故有函丈之说）、西席（右为宾师之位，居西而面朝东）、山长（对居于山中授业讲学的人的敬称，又称洞主。南宋以后至清代，则改称为院长）。总的来说，中国古代的"教师"更多具有自然性特征，或者与空间有关，如塾师、门客、外傅、函丈、西席、山长，或者与时间有关，如夫子、先生、老师。

"教师"这一词汇来自于西方，其英文为 teacher。teacher 来源于古希腊语 pedagogue。pedagogue 原来指的不是"教师"，而是担任监护任务的奴隶或卫士，其职责是指引（agogos，leading）孩子（paides，children）去上学。pedagogue 作为孩子的带路人（leader），他站在替代父母的位置上，不但指引孩子怎样去学校，怎样回家，还包括陪伴学习者，并与他生活在一起，以便更好地关心他。现在，关心学习者成长的任务，绝大部分分派给了教师。这样，从词源学看，教师是站在关心学习者的位置上的人，在引路或指引方向的实践中，包含了智慧的邀请、召唤：来吧！跟着我！我已学习过你们现在生活中的一

① 张亚初等：《西周金文官制研究》，中华书局1986年版，第5页。

切。尽管我率先走过去并不能保证你也能走过去，但不管发生什么，我都在这儿陪伴你，你可以相信我。①

在西方，对“教师”的称谓有很多，如园丁、灵魂的工程师、助产士、教练、乐队的指挥家、传教士、学者、知识分子、专家。但只有导师（supervisor）一词，准确地阐明了教师与学习者之间的关系。supervisor 的意思是“在高处往下看”，表示极其有洞见的人。首先，他知道什么东西对学习者来说是好的，什么不是好的；其次，他不仅引导学习者去学知识与技能，还指导学习者如何做人；第三，他根据学习者的具体学习情况，因材施教。汉语“导师”完全译出了 supervisor 的实践智慧的内涵：教师像一个向导，不断地标识出“学”的地图，不仅标识出沿途自然风光，还标识出人文风光，鼓励学习者自己去欣赏、探究这些风光，而不是代替学习者去冒险。

（二）具有实践智慧的教师的特征

从“教师”的语词看，成为实践智慧者是教师的原初使命。但是自泰勒以来，实践智慧指的是，教师以事先设计好的教学计划去指导教学，将书本中确定的知识以有效的方式传授给学习者。这样，以学习者掌握知识的多少作为衡量教师是否有实践智慧的标准。在这里，实践智慧的运用等同于科学技术的应用，即教师是一名合理运用科学技术知识的技术人员，他完全以工业化大生产的模式来指导教学，把教学看成一种单向的、线性的、确定的活动。课堂成为灌输知识的场所，成为存储知识的仓库，成为制造市场需要的人力资源的车间。当实践智慧被科学技术理性“座架化”后，教学是一种技术性的活动。张应强说，“由于现代工具理性的文化价值观念与高等教育独特性的相互激励，高等教育在现代化过程中确立了一种科学知识的文化典范，即以科学知识、技术能力等外在于人的精神道德世界的方面，作为人类知识的典范，作为现代化的最终诉求。在这过程中，高等教育逐渐步出了‘教育’范畴，逐渐疏远了人的道德精神世界。”② 那么，实践智慧是不是科学技术理性呢？如果不是，实践智慧自身的特征又是什么？

实际上，早在古希腊的亚里士多德，就对科学、技术和实践智慧做过详细

① 马克斯·范梅南著、李树英译：《教学机智——教育智慧的意蕴》，教育科学出版社 2003 年版，第 51 页。

② 张应强：《高等教育现代化的反思与建构》，黑龙江教育出版社 2000 年版，第 6 页。

的区分。① 在《尼克马可伦理学》中，亚里士多德区分了五种知识：纯粹科学（episteme）、技术或应用科学（techne）、实践智慧（phronesis）、关于理论或哲学的知识（sophia）、关于神的知识（nous）。其中，纯粹科学的特征是：（1）其研讨的对象是不可改变的、必然的和永恒的事物；（2）一切科学既可以学习又可传授；（3）一切科学遵循逻辑演绎的方法，其典范就是数学；（4）一切科学都具有可证明的形式。技术的特征是：（1）其处理的对象是可改变和可制作的事物；（2）技术的本质在于生产或制作；（3）技术受制作者的观念和计划所指导；（4）技术的生产或制作不是目的，而是手段；（5）技术可以通过学习获得。实践智慧的特征是：（1）其所研讨的对象是可改变的事物；（2）实践智慧的本质是一种不同于生产或制作的践行，它伴随着反思；（3）实践智慧的践行本身就是目的，也就是使人趋善避恶；（4）实践智慧考虑的乃是对人的整个生活有益的事；（5）实践智慧不只是对普遍事物的知识，而更重要的是对特殊事物的知识，并且经验在其中起了重要作用，不是通过单纯学习和传授而获得的。

从上可知，实践智慧不同于纯粹科学，在于纯粹科学把世界看作是可被证明的对象，它以求真为其根本旨归。与单纯追求真理的纯粹科学不同，实践智慧所关心的乃是在人的具体生活中去追求对于人类整个生活有益的最大的善。另一方面，实践智慧也不同于技术，技术只是工具或手段，按照某种原理和规则去创造出更多的物质财富。反之，实践智慧的践行本身就是目的，它关心人类自身的价值和意义。而且，实践智慧既不能学习又不能传授，它需要的是实际生活的经验和特殊事物的知识。质言之，以追求善为目标的实践智慧就决不能象纯粹科学和技术那样，把一般的观念简单地应用于个别事物，而是根据具体事物的情况去探索和摸索。

具体到教学过程中，一个真正有实践智慧的教师，他把学习者看作为具体的学习者。“具体”首先表征为，学习者带着自己的情感、经验、兴趣等生活经历参与到教学中，还影响着教学效果。因此，教师要面向这些具体的影响，并机智地对这些影响施加影响，以促进学习；其次，学习者自身的生活经历，并不等同于教师自身的生活经历。教师不能想当然地妄加决策，需在具体的教学情境中理解具体的学习者。只有理解了学习者，才能有的放矢地开展教学；

① Samuel Enoch Stumpf, James Fieser: Socrates to Sartre and Beyond A History of Philosophy, New York: McGraw - Hill College, 2003, pp. 93 ~96.

第三，理解基于理解的意向。理解只能从一切为了学习者好的意向出发，而不能是别的。这个意向既是教学理解的出发点，也是教学机智生成的根本原因。

由上观之，教师要成为实践智慧者。一方面是说，教师要智慧地同一个个具体的学习者打交道；另一方面是说，打交道以一切为了学习者好的意向为旨归。简而言之，教师的实践智慧指，教师从一切为了学习者好的意向出发，在具体的教学情境中理解学习者的具体需求，进而机智地采取促进有意义学习的行动。它具有如下的表征：

意向性。意向性是实践智慧的出发点。实践智慧不是空洞的，是亚里士多德阐述的，一切技术、一切研究，以及一切实践和选择，都趋向好。按照好的意向去实践就是智慧。教师可以表示赞同或不赞同，但决不可能否认好的存在。不论教师是遵从还是违反，好的意向都是实践的背景。因此，从一切为了学习者好的教学意向出发，教师易于识别什么对于学习者来说是好的，什么是不好的；也易于识别什么事情该做，什么事情不该做。

理解性。理解性是实践智慧的路标，指明了实践智慧在哪里产生。从一切为了学习者好的教学意向出发，教师要理解具体的学习者，需要理解他过去的学习经历、现在的学习状况、将来的学习志向。如果教师毫不关心学习者的具体性，教学就沦为机械加工厂，毫无生机可言。教学理解首先显现为，教师激发了学习者的求知热情。教师能否激发学习者强烈的积极情感，成了称职教师与优秀教师的分界线。其次表现为，与学习者建立和谐的师生关系，在一种和谐的师生关系中，学习者可以完全投入到学习中，而不会感觉到学习是一种外在于他的东西，因为学习就是他与教师打交道的过程。

机智性。机智性是实践智慧的展现。理解的目的是为了机智地行动。教学机智意味着，教师在出乎预料的和无法预测的教学情境中，采取瞬间的、当下的和即兴发挥的行动。判断一名教师是否优秀，看他是否有教学机智。教学机智表现在，首先要正确对待学习者的成长，不能急于求成，要有耐心；要理解学习者的体验，对他的经历保持开放，避免用一个标准的和传统的方式来处理情况；尊重学习者的主体性；教师对教学情境充满自信；以潜移默化的方式影响学习者；还要有临场发挥的天赋等。

（三）教师成为实践智慧者是现实的需求

教师成为实践智慧者，也是现实的迫切需求。

首先，与过去不一样的是，现在的学习者不得不生存在不确定的环境中，甚至生存在一个支离破碎的世界中。他的生存受到矛盾的世界观、断裂的生活观、对立的价值观、冲突的文化观，以及其他一些倾向于产生分化、瓦解、破裂的观点的冲击。最近几年更是如此。把学习者的大脑当作空空如也的“容器”，把他的心灵当作可以随便塑造的“模块”，是与他的生存状况不相容的，他必定有其独特的生活经历，必定有自己秘密的情感空间，必定有自己特立独行的看人、看物的视角……。他的具体的生活经历不可被忽视和贬抑。如果说，教学是迷恋学习者成长的学问，它就涉及到对这些具体的影响施加影响。教师只有机智地面向学习者的具体问题，才能理解学习者的需求，也才能在学习者的心灵上留下痕迹。

其次，从学校生活情况看，尽管当前学校都郑重承诺一切为了学习者好，尽管分数决定一切、研究能力至上等理念遭普遍诟病，但在日益强化的企业性、技术化、科层制的教学管理中，教师成为完成上级下达任务的“工具”，日益丧失了能动地理解学习者的能力。他在成为工具的同时，也把学习者当作“工具”来制造，不再理解学习者的外在需求和内在情感。这种“制器”而非“育人”教学模式，正在产出既没有扎实的基础知识，也不能进行当今社会所需要的综合思考与推理的学习者。

第三，从教学的悖论看，无数的矛盾、冲突、对立和进退两难构成了教学体验。面对教师中心说和学生中心说的教学理念的冲击，面对获取知识为主和促进学习为主的教学范式的冲击，面对外在分数至上和内在素质至上的评价机制的冲击，很多教师往往不知所措，甚至发出我真的不知道该如何教学的感慨。面对事实和价值的分离，面对经验和理论的冲突，教师只有从好的意向出发，才知道如何开展教学实践，才知道如何提升教学能力，才知道如何面对外界的干扰，独立地对教学事件进行阐释性思考。

综上所述，面对学习者破碎的生活世界，教师需要生成教学机智；面对教学中的行政干预，教师需要养习教学理解；面对自我的无所适从，教师需要贯彻教学意向。正是在严峻的现实中，教师成为实践智慧者才显得如此重要。这可以从美国州际新任教师评价与支持联盟（INTASC）制定的美国教师10项任职要求中看出来①：（1）理解学科的关键概念、结构和探索工具，以这些要素为教学目标，为学生创造有意义的学习体验。（2）理解学习者的成长规律、发展规律，为学习者提供促进智力发展、社会经验发展和身体发展的机会。

① NTASC：Model Standards for Beginning Teacher Licensing，Assessment and Development：A Resource for State Dialogue，Http：//www. ccsso. org/content/pdfs/corestrd. pdf/2005－10－08.

(3) 理解学习者学习风格的差异，设计适合不同学习者的教学方式。(4) 理解并使用各种教学策略，促进学习者批判性思维、问题解决能力和表现技能的发展。(5) 理解个体动力与行为、群体动力与行为，创造积极的环境，促进学习者的交往、参与、自我激励。(6) 利用有效的言语交流技术、非言语交流技术和媒介沟通技术、培养课堂中积极探索、协作和良性互动的氛围。(7) 以学科目标、社会目标和课程目标为基准，设计教学。(8) 理解、运用正式和非正式的策略，进行评估，确保学习者智力、社会经验和身体的持续发展。(9) 成为一个善于反思的专业教师，不断评估自己的选择，以及和学习者、家长、学习社区中其他专业人士交往的行为，积极寻求专业成长机会。(10) 在更大范围内形成与学校同事、家长和各种机构的良好关系，以支持学习者的学习和发展。

(四) 在思中成为实践智慧者

学校不乏勤奋的教师，缺少的是有思想的教师。有了思想，教师乐在教育中，“我思故我在”。没有思想，教师苦在教育中，“学而不思则罔”。时代呼唤有思想的教师。教师之思，不仅是其身份存在的需要，更是其专业发展的需要①。教师要成为实践智慧者，还需要思想。那么，教师之思是一种什么样的思？教师之思如何显现？教师又该如何思？

1. 教师之思是一种什么样的思？

教师之思作为教师心理活动，往往等同于心理的感觉。实际上，教师之思不是心理的感觉。因为，心理受制于生理，与个体相关，具有不稳定的特点。如某个教师今天觉得很高兴，就对学生好一些。明天觉得不高兴，就把烦恼一股脑倒向学生。这样的教师令学生感到害怕。同时，心理也受制于环境的影响，随环境的变化而变化。在现实生活中，有些教师属于抽疯式的教师，喜怒哀乐无常，一下子对学生很好，一下子对学生很坏，让学生感到莫名其妙。

教师之思作为教师的大脑活动，往往等同于理性的设定。那就是说，教师按照理性的原则，计划好或者安排好教育的方方面面。理性的设定是教师发挥能动性和主观性的表现。不过，理性具有霸权性，往往以自我为中心。从理性的设定出发，教师与教师之间容易有摩擦，教师与学生之间的关系也不是很和谐。同时，理性具有技术性，即教师往往采用某些规章制度或者隐形的条例规训学生，以此达到设定的目标。第三，理性还具有客观性，即教师不从学生的

① 赵明仁：《教学反思与教师专业发展》，北京师范大学出版社 2009 年版，第 224 页。

具体需要出发，而是从设定好的目标出发要求学生。

实际上，教师之思不是心理的感觉。第一，教师之思不相关于个别教师，跟这个教师和那个教师没有任何关系。真正的教师之思要排除教师的个体性。第二，教师之思也不相关于某一具体的心理，如此时此刻的喜怒哀乐。教师之思要超越当下的、偶然的意见。意见是看来看去，但看不到事情的本质。教师之思是洞见，不受各种意见诱惑，能看到事情的本质。第三，教师之思也不相关于某种时空条件下的心理产物，它超越了时空的束缚，直达教育本身。

同时，教师之思也不是理性的设定。第一，教师之思并不从自我这个主体出发，如果这样，教育是被控制的，而不是生成的。第二，教师与学生的关系不是控制与反控制的关系，是平等的关系。第三，学生并不是一个空空如也的容器，也不是一块等待打磨切割的材料，他有自己的情感和意志。同时，知识不仅是一个传递的过程，更是一个内化的过程。不从学生的实际情况出发，教师教的再多都是无效的劳动，就像康德说的，靠驯服是达不到教育的目的的。①

教师之思是教育的经验。只有当教师经验到教育的时候，教师的心与脑才能统一。② 当心与脑统一的时候，教师在教育中。这儿的经验不同于与唯理主义教育观相对立的经验主义教育观。经验主义教育观中的经验是教师的感官对于时空中的学习者感觉。由于经验主义教育观强调把教师的经验作为教育的源泉或准则，因此没有必然的真理，只有或然的知识。这儿的经验也不同于体验。体验主要是讲教师个人生理和心理的感觉，而经验却是教师对于教育的一种经验，是对教育的把握方式。在此，经验强调的不是思想和教师的关系，而是思想和教育的关系：思想是教育的思想，由此，思想来源于教育并归属于教育。真正的思想不是通过判断、推理、计算和设立来表达自身，而是被教育所规定，成为教育自身的显示。因此，教师之思的最高境界是教育之思。

2. 教师之思如何显现？

教师之思的本性是教育的经验。那么，教师之思是如何显现出来的？思想既可作动词，也可作名词。作为动词的思是 think（思考），它是一个思考的过程。作为名词的思是 thought（思想），是思考的结果。可见，教师之思显现于“思”的过程与结果中。不管是动词“思”还是名词“思”，都有一个结构

---

① 伊曼努尔·康德著、赵鹏等译：《论教育学》，上海人民出版社 2005 年版，第 11 页。

② 艾尔弗雷德·诺思·怀特海著、徐汝舟译：《教育的目的》，三联书店 2002 年版，第 21 页。

——教师思考事情。换句话说，教育的经验在我、思考和事情三个要素中显现出来。

事情。教师思了什么？这个什么无外乎自然之物、社会之物和心理之物。自然之物是自在的，社会之物是自为的，心理之物是随意的。自然之物包括教育中的各种物品，如教室、操场。但教室、操场等自然物不能代表教育，是教育成就了教室、操场等自然物，否则它们什么也不是。[①] 同理，教育成就了教师这个人：当我们称这个人为教师的时候，是因为我们接受了教育的规定，并以此规定去规定这个人是不是教师。社会之物包括政治、经济、文化。不可否认，教育具有政治功能、经济功能和文化功能，但教育只是具有政治、经济和文化功能，不是政治、经济和文化。教育就是教育，不是政治的婢女，不是经济的跑道，不是文化的戏台。如果说政治追求的是力，经济追求的是利，文化追求的是理，那么教育追求的是好——为了学习者的好。更确切地说，教育是因生给好的实践：面向一个个具体的学习者给予具体的好。[②] 心理之物更多出于教师个体自身的考虑，如想得到各种荣誉，想比其他教师考得更好，想获得领导的认可。心理之物的推动力不可忽视，但它们只是教育的附属品，不是教育自身。如果带着心理之物去教育，那么教育充满了功利性。总之，教师之思的事情是教育自身——因生给好。

思考。教师之思的事情在思想中显示为教育自身。同时，作为思考教育的思考自身在此形成了和教育的关联。思考一方面是否定性的，要排除和教育无关的各种意识，而保持教师之思的纯粹性，即一个教师作为教师去思考。意识的排除包括自然意识，即教师已有的观念；其次要排除历史意识，即在历史中形成的意识，如各种理论和日常观点。思考的另一方面是肯定性的，即揭示教育的本性并在此过程之中让教育形成自身。思考在这里是让教育本身显示出来，因此思考跟教育本身是密切结合在一起的。孟子说，"舍其路而弗由，放其心而不知求，哀哉！人有鸡犬放，则知求之；有放心而不知求。学问之道无他，求其放心而已矣。"[③] 可见，教师之思与教育不勾连，是"放心"。教师

① 雷洪德：《论教育自身——涂又光教育哲学之本体论》，《高等教育研究》2005 年第 8 期，第 15～17 页。

② 马克斯·范梅南著、李树英译：《教学机智——教育智慧的意蕴》，教育科学出版社 2003 年版，第 51 页。

③ 杨伯峻：《孟子译注》，中华书局 1960 年版，第 11 页。

之思与教育勾连，是“求其放心”。用禅宗的“外不著相，外不著空”① 解释是，思考之外不要被各种杂念所束缚，思考之内不要被所谓的虚无所束缚，因为思考与教育共生共在。于是，“教师思考事情”转化为“教师思考教育”。

教师。思考之所以可能，并不只是因为教师是能思维的，而且是因为教师和教育共在，同时还因为教师这个自我相关于学生这个他者。所以，在“教师思考教育”这一结构中，思考和教育之所以能存在，最后在于教师这个自我的存在。自我之所以重要，第一是因为自我是思考的。教师这个自我不是思考的主人，而是思考的看护者和守卫者。换句话说，思考要服从教育的规定，思考对教育不再是决定性的，因此自我看守思考。自我对于思想很重要的第二个原因是，自我同教育共同存在于世界之中。教师之所以去思考，是因为教育与自我相关，教育与自我已经在一起。自我对于思想很重要的第三个原因是，教师这个自我始终与具体的学习者相遇。对于思考而言，不是想一些乱七八糟的东西，而是思考如何面向具体的学习者给予具体的好。教师这个自我不是封闭的，他始终与学习者共在。当他成为教师的那一刻，他要无条件地接受学习者的存在，不能有一丝犹豫和拒绝。教师不能选择学习者，只能接受学习者。由于与学习者共在，自我始终会向学习者这个他者敞开。每个学习者都是一本故事书，需要教师认真地阅读。每个学习者都是一座神秘岛，需要教师仔细地欣赏。每个学习者都是一座富矿，需要教师着力地开采。总之，教师要面向具体的学生，在具体的教学环境中，给予具体的爱。

“教师思考事情”这一结构最后表现为被思考的和已思考的。因此教师之思就是已被思考的。这个已被思考的是“思想的教育的规定”，即教育本身成为了思想的规定。简单来说，教师之思即教师走向教育自身。那就是说，传统的教师之思是心理的感觉和理性的设定，而真正的教师之思是教育的经验。从“规定”的德文原初意思“定调”出发，教师之思虽然有一个结果，但这个结果只是一个基调，就像指挥家只为交响乐队定调，但他不管乐队成员的演奏。交响乐成功与否，还在于各成员是否走向这个基调。如此，教师之思不是一个完成时，而是一个进行时。只要一个教师还是教师，他就要不断地思考，只有这样，才能走向教育自身。在此，教育既遮蔽又显现。

3. 教师又该如何思?

部分一线教师反映，有的教育理论工作者的文章一是让人看不懂，二是不

---

① 彭富春:《论中国的智慧》，人民出版社 2010 年版，第 74 页。

能具体指导他们的实践。有的教育理论工作者反映，有的一线教师的文章一是个人的体验性太强，不具有推广性，二是理论性比较弱，还不足以概括教育的内涵。这是理论之思与实践之思的脱节。脱节的原因在于，理论之思过于强调思想的理性，实践之思过于强调教师的感性。实际上，理论之思与实践之思并不是相互隔离的，而是一块硬币的两个方面，相辅相成。而这两者要融合，教师之思需要学习、放弃和建筑。

学习。教师之所以要学习，在于教师还不会思考。更具体一点说，教师虽然都能思考，但并不是真正地在思考，是一种无思想性的思考。教师之所以不能真正地思考，在于他不会从事教育之思。这有两个原因：一是教师以非教育的尺度去思考，如经济的、政治的、文化的，以至于思考打上了非教育的烙印，成为非教育之思。在这样的思考中，教育处于遮蔽状态；二是教师带着强烈的意愿去思考，以至于教育成为了教师主观意志的构建物。就像洛克说的，给我一打儿童，我既能让他们成为绅士，也能让他们成为罪犯。主观意愿过于强烈，带来的后果是，教师思考能力的衰弱。能力的衰弱并不是说教师没有思考的天赋，而是说，教师不可能获得教育让教师思考的能力。正由于教师不会思考，所以教师要学习去思考。教师不会思考的是教育，所以去思考教育才是最值得思考的。由此，教师应该从两个方面去学习：一是学习如何思索而不是计算。传统的思考是计算，那就是说，思考是教师这个主体的行为。教师如何思考，那么教育就是什么样子的。教师中心主义、课堂中心主义和教材中心主义是计算性思想的衍生物。思索性思想不是教师这个主体想怎么样就怎么样的思想，而是接受、按照教育的指引去思想。简而言之，不是教师这个主体去规定教育，而是教育去规定思想。“索”的本义是指有所系联的粗绳子，后衍变为“寻求、探寻”之义，但“寻求、探寻”不是盲目的，而是有迹可循。由此，“思索”不是计算，而是接受；二是学习成为接受者而不是控制者。传统的教师是一主体，他按照理性去控制和设定教育。教育不可避免地打上了教师个体的理性烙印。实际上，并不是教师去设定教育，而是教育去规定教师。在此，教师是一接受者，即接受教育之道。教师被教育规定，因此是一指引关系，也就是说，教育指引教师，教师被教育所指引。教师作为一个接受者，是被教育指引的。简而言之，计算是思想规定教育，思索是教育规定思想。计算是教师规定教育，思索是教育规定教师。只有当教师之思真正进入教育的时候，去经验教育的时候，教育自身才会显现出来。

放弃。学习的同时也是放弃。教师之所以要放弃，基于教师不受教育规定，充斥着各种先见和偏见。当前，教师之思有如下几个特征：一是照搬式的，即按照国外教育思想、中国古代教育思想、一些行家（如一些特级教师）思想去思考；二是选择式的，即不是完全照搬上述理论，而是根据实际情况加以选择和处理；三是创新式的，即根据自己多年的教学经验去思考，而不是根据他人的理论去思考；四是改变式的，如有些教师并没有一套成型的理论或经验指导他的思考，而是根据班级的实际情况去思考。上述几种教师之思都不是真正的教育之思，因为它们要么游移于教育之外，要么打上个人体验的烙印。要放弃这些思想，首先要让思想自为目的。思想就像原野之路，不像高速公路。高速公路连接两个目的地，只是手段，不是目的。原野之路没有目的，它就是自身的目的，它自身生成；① 其次是去经验教育。教师不能控制教育，而是去经验教育，正是在经验中，思想具有无目的性，同时它也是自身的最高目的。在无目的的思想中，教育如其所是地显现出来。让思想自为目的是一种允诺，允诺思想成为思想，而不是偏见和先见。去经验教育是一种拒绝，教师要拒绝教育外的各种事实的迷惑，要像一名真正的教师那样去思考。可见，学会放弃是用让的态度代替要的态度。要带有强制性和主动性，让带有自然性和率真性。要充满了意愿和意志，让没有意愿和意志。所以，放弃意即舍得，舍去思想的理性和感性后，获得的是教育的经验。

建筑。通过学习和放弃后，思想走向教育自身。这个走向的过程，不是设定的过程，而是建筑的过程。建筑的德文是 bauhause，它由前缀 bau（建筑）和词根 hause（家）组成，意味着建筑之家。Bau 的原初意思指农民侍弄动植物。这个侍弄的过程是泰然让之的过程，即让动物作为动物成长，让植物作为植物成长，让一切如其本性成长。由此，建筑与居住的关系不是手段和目的的关系，而是一种规定关系，即居住规定了建筑，建筑就是让居住，不是算计赚取多少利润，而是让人诗意地居住在大地上。② 教师之思之所以是建筑，也在于让学生如其所是地成长。因此，教师之思不是盲目地建筑，不是算计地建筑，而是按照教育的规定去建筑。为此，教师之思一要聆听。思想不能胡思乱想，不能带有强烈的意愿，而是听从教育的规定。聆听的同时也是对话。“对话”不是各说各话，而是对准这个“话”。这个“话”就是教育。对话的最高境界是沉默，即教师已失去其身份，是一“教育家”——在教育这个家中诗

① 彭富春：《无之无化》，上海三联书店 2000 年版，第 169 页。

② 同上书，第 174 页。

意地栖居。教师之思二要纪念。教育思想具有历史的沿革性，是在历史中建筑起来的。任何新的教育思想不可能脱离过去的教育思想。脱离了过去的教育思想，教师之思是无源之水、无本之末。教师之思三要感谢。思想感谢教育，因为有了教育才有教育思想。感谢表现为思想亏欠于教育，因此教师之思要走向教育。感谢表现为思想归功于教育，因此教师不再以这一职业为苦，而以此为业，是这一职业让教师个体获得自我实现。正是在感谢中，教师将自身归属于教育。思想如何感谢呢？教师并不是拿着一个什么东西去感谢，教师是靠自身思想去感谢，那就是走向教育自身。具体来说，当前的教师之思一要守住传统教育常识。从孔子和苏格拉底开始，一代代教育家创造出的教育理论是当前教师需要吸收的东西。这些教育理论之所以好，在于是常识，是每一个教师觉得亲切熟悉可爱可信的常识。同时，这些常识也能引起教师的反思，继而采取行动。二要守住建国60年来的教育经验。所谓经验，一是能被亲身体验，二是被证明能应用。这些经验是宝贵的，是适合中国国情的。这需要教师消化这些经验，进而增强教师之思的自信心。二要守住自己的优点和长处，不要动摇。每一个教师的思想都是世界上独一无二的，都有自己的优点和长处。教师要守住自己的思想，不要对自己的思想没有信心，然后把自己的思想系统化、实践化、具体化，这样才能促进教育改革。一句话说得好，根拔掉了，即使施最好的肥料，也无济于事。在此，传统的、经验的和自己的就是教师之思的根。

三、师生关系：走向身体间性

大学教学意义生成论规定了，学生不再是知识的被动接收者，而是主动的学习者。学生身份的变化，引发了教师身份的变化。教师身份转变为促进学习的实践智慧者。相应地，师生关系也转变为身体间性的师生关系。

（一）师生关系：从意识间性到身体间性

师生关系是教学理论一个旷古弥今的问题，也是教育史上一个争论不休的问题。概括来说，对师生关系的认识，大致有如下几个理论：单主体说、复合主体说、主体间性说。

单主体说又分为教师中心论、学生中心论。这两者各执一端，争锋相对，前者片面强调教师在教学过程中的绝对的权威和绝对的中心地位，认为学习者身心发展完全依赖于教师对教学内容的精心设计，对教学方法的精心选择。"工程师"、"园丁"是对教师权威地位的写照；后者片面地强调学习者有自我建构知识、自我发展心智、自我完善人格的能力，过分地以学习者的经验、兴趣为中心开展教学，忽视了教师人格魅力的教化功能，以及系统知识的传授。

"干事"、"组织者"是对教师隶属地位的写照。

复合主体说是调和单主体说极端化的结果。它认为，教学是师生双向参与的过程，师生双方都是认识者和具有实践能力的人，教师的主体地位体现在"教"中，学习者的主体地位体现在"学"中。"教为主导，学为主体"是这种师生关系的写照。其实，这种理论依旧以"主客二分"的"唯我论"思维模式看待师生关系，如在教学中，既然教师是主体，那么学习者就是客体，学习者依旧被看作被动接受知识的容器。

为走出"主客二元"思维模式的羁绊，学界吸收了胡塞尔的"主体间性"理论，认为"建构师生主体间性是当代教育的重要目标和实践策略。……形成师生主体间关系是提高学生主体性的重要基础"①。主体间性的师生关系认为，教学不是一个完全的认知过程，而是师生平等交往、主动对话、相互理解的过程，师生不是"我与他"的"人——物"式的认知关系，而是"我与你"的"人——人"式的勾连关系。不过，这种关系不是一种直接的交往关系，而是一种间接的反思关系，即作为一个先验意识的主体，教师能体验到学习者的内心世界，甚至比他自己更能了解自己，学习者的存在是教师"意识"反思到的结果。这样，学习者的主体地位还是得不到保障，其被动地位依然得不到任何改变。"反思者"、"体验者"是教师隐性权威地位的写照，是胡塞尔的"意识间性"在师生关系中的反映。

既然"意识"和"反思"不能保证"主体间性"的师生关系的形成，那么，师生"主体间性"的"相间点"和"交互点"在哪儿呢？即主体间性的师生关系成立的本体论根据何在呢？

即使是胡塞尔的弟子，如海德格尔、梅洛－庞蒂、舍勒、萨特等人也抛弃了他们老师的"先验意识"的取向，从生存论入手建构主体间性理论。其中，梅洛－庞蒂的贡献是有目共睹的。梅洛－庞蒂借助于海德格尔"共在"的生存论阐释，通过对胡塞尔的主体间性理论的创造性解读，认为"我"与"他"的关系不是一种认识与被认识的关系，而首先表现为一种原始的身体知觉关系，"我就是我的身体，是感知的身体生产着并组织着意义的最初进程"②，他人也是通过他的身体来认识世界，身体让我和他走到一起，我的身体与他的身

---

① 郝文武：《师生主体间性建构的哲学基础和实践策略》，《北京师范大学学报》2005年第4期，第15～21页。

② 梅洛－庞蒂著、王东亮译：《知觉的首要地位及其哲学结论》，三联书店2002年版，第4页。

体成了一个场域中的对等物。总之，人的任何行为都会在身体活动中体现出来，表达的都是身体意向性，而非纯粹意识的意向性。梅洛－庞蒂经常用这个例子，来阐述我——他之间的身体间性关系：当一只手触摸另一只手时，另一只手又触摸其他东西时，身体所具有的触摸与被触摸的可逆关系就出现了。这表明，身体既能触摸，又能被触摸；既是主动的，又是被动的；既是主体的，又是客体的。简而言之，身体就是浑然一体的"能感"与"可感"的交织的存在，所以我不仅能看他人，也能感到他人也在看我，因为我的身体与他的身体是用同样的材料组成的，我在身体知觉中见证了他人的存在，他人也在身体知觉中见证了我的存在，"我们发现他人如同我们发现我们的身体"①。

综合梅洛－庞蒂的论证，身体意向性代表的是一种全面的意向性，它是由意向活动的主体（身体）、意向活动（运动机能和投射活动的展开）、意向对象（被知觉世界：客体和自然世界，他人和文化世界）构成的一个系统。这样，梅洛－庞蒂成功地将胡塞尔的意识意向性诠释为身体意向性，将意识间性诠释为身体间性，身体成了人在世生存的本体论存在，是人所特有的与世界相关联、进入世界的入口。

（二）身体：介入教学过程中的主体

从身体意向性出发，什么是一般教学过程的现象呢？"教"一般可以描述为我在教，但我在教不是在教虚无，而总要教有意义的东西。同样，"学"总是我在学，而且还要学有意义的东西。因此，"我在教"和"我在学"的完整表达就是，作为身体的教师——我在教有意义的东西，作为身体的学习者——我在学有意义的东西。正是作为身体——主体的教师，和作为身体——主体的学习者的在场和相遇，才有了教和学的活动。师生的身体相遇表明，教学不是教师的个人表演，也不是学习者的个人表演，更不是把教师或学习者的相遇当作两个物体的并列，而是存在着身体——主体之间的理解和沟通。因此，教学过程处于身体之中，身体如一枚楔子深深地嵌入到教学过程中，参与教学意义的生成。

1. 从教学认知的起点看

教学是一个认知过程。那么，教学认知属于一种什么样的行为呢？梅洛－庞蒂从儿童心理学、儿童教育学、格式塔心理学、病理学和神经官能学出发，认为科学的认知既非纯粹经验行为，也非纯粹理智行为，而是身体的知觉在一

---

① 梅洛－庞蒂著、杨大春译：《世界的散文》，商务印书馆2005年版，第156页。

定背景中与知觉对象相互作用的过程，背景场构成了认知活动的一个界域，如红色是在相对于红色之外如白色背景上显现出来的，而被知觉物——背景作为一个整体结构又只有相对于人的身体才有意义，它只在我们的身体知觉中才显现为如此的，“是身体在表现，是身体在说话”。因此，身体本身是被知觉物和背景结构中的一个始终不言而喻的第三项，是所有理性、所有价值及所有存在总要预先设定的前提。强调身体——知觉在认知活动中的首要地位，只是想表明，教学认知不是一个简单的刺激——反应的物理过程，好像教师教什么，学习者就能学到什么似的；也不是一个加工——塑造的理智过程，好像学习者从来没有自己的生命感受、生理需求、生活经验似的；而是面对一个个有生命力的身体，开展多边多重的交互活动。因此，教学认知总是身体——主体，在一定的具体情境中的交往与沟通，没有身体知觉的参与，教学活动不可能开展。

2. 从教学材料的开发看

孔子的“因材施教”说明了，历史和文化与每一个人的身体是相互蕴含的，身体已经拥有了对历史与文化最原始的经验。只有根据每一个身体拥有的历史经验和文化传统组织的教学，才是有效的，脱离了身体原初经验的教学材料是无效的，如智商、家庭背景、成长经历等“境域”。美国后现代课程与教学理论的倡导者小威廉姆·多尔（WilliamE. Doll，Jr.）认为，教学材料应该具有：（1）丰富性。教学材料越丰富，越能与学习者的身体经验相适应；（2）回归性。教学材料的组织应回归学习者的生活世界；（3）关联性。教学材料应该与学习者的文化背景相关，具有地方性、背景性和具体性；（4）严密性。教学材料的筛选来源于多方面的对话，在对话中使确定性与不确定性有机结合起来。[①] 多尔的论述说明，教学材料的丰富性、生成性与复杂性与身体的经验性、历史性、文化性息息相关。

3. 从教学时机的把握看

人类经验表明，教学决不是一个静止的、片面的、机械式的装填过程，而是教师面对一个个具体的学习者，敏感地把握教学时机的过程。质言之，教学时机既不是客观的物理时间，从一个课堂的45 分钟到另一个课堂的45 分钟的过渡交替；也不是主观的心理时间，受到心情、俗务、环境等羁绊；而是教师

① 小威廉姆·E·多尔著、王红宇译：《后现代课程观》，教育科学出版社2000 年版，第248 ~ 261 页。

的智慧在一个具体情境的时机中的自然表现，是对学习者的身体上的留意。从课堂中学习者的身体看，教学过程具有共时性（有智慧的教师可以允许不同的任务和事件同时在课堂中发生）、历时性（学习者与教师相处一段时间后，就会形成某种理解共识，按照某种规范开展教学活动）、即时性（许多难以预料的事件随时可能发生，这需要教师立即作出判断和采取有效的行动）等特征。如果教师能对学习者的身体反应机智地做出判断，就能在复杂而微妙的教学情境中迅速地、恰当地行动，调和教学的进展。

4. 从教学空间的排列看

一个课堂就是一个“世界”，既有“世”的时间性，也有“界”的空间性。没有空间的时间性只能被压缩为虚无，没有时间的空间也只能在凝固中消亡。因此，课堂教学中的时间性与空间性相辅相成，既有对教学时机的把握，也有对教学空间的排列。身体一旦处于课堂中，就有了相对于这个身体的这里与那里，教学不可避免地涉及到这里与那里的沟通。身体不仅具有定向的能力，更要起去远的作用，即消除不同身体间的客观空间距离，达到心理空间意义上的你——我的间性关系，即要让每一个学习者感觉到，教师离我最近，他在向我微笑，给我鼓励，对我关心，与我同在。正是在身体——主体的相遇空间中，教学呈现了身体间性的独特意蕴。

（三）身体在场：师生作为“具体个人”在教学中的出场

综上，身体——主体以其拥有的经验、知觉、时间、空间等“前理解”因素介入到教学过程中，教学过程是身体——主体在一定的前理解中视域融合的过程。因此，课堂中的师生身体不是抽象的概念符号，而是一个个有生命力的具体个人。那么，作为具体身体存在的人，他们的视域又以什么来融合的呢？即在教学意义生成中，一个个具体的身体——主体又是如何出场的呢？

生命。教师与学习者在课堂中相遇，并不像两个杯子相遇一样，而是带着彼此的情感相遇的。就像海德格尔说的，人生在世不可避免地要烦心与烦神，人是在情感的绽放中意识到自身的存在。正因为教学中的身体——主体是情感的存在，所以教师能体验到学生的感受，学习者也能理解教师的用意，身体——情感如一根纽带将两者紧紧结合在一起。范梅南说：“教育的关系不只是奔向目的的手段，它在它自己的存在中找到了它自身的意义，它是一种充满痛苦和欢乐的强烈情感。”① 这种情感促使教师必须将教学看作替代父母的工作来进行思考。教师替代父母就是说，师生关系就要像学习者与父母的关系一样，哪个学习者不能感觉到父母的举手投足间体现出来的意义呢？又有哪个父母不能体会到学习者的言行举止间的言外之意呢？没有了情感的教学，恐怕教学也就失去了生机与活力。

生活。情感一方面驱动身体感觉到自身，形成身体的内感觉，如学习者感受到教师的关怀后，觉得很愉快；另一方面也驱动身体去感知身体之外的东西，形成身体的外感觉，如感觉到愉快的那个学生，更会积极举手发言和参与教师组织的各种活动。正是内外感觉的互动，转化成了身体的实践。基于这种情况，师生的身体不能片面地理解为身体的感觉或者是被感觉的身体，而是要理解为身体的实践和实践着的身体。把师生的主体间性交互作用放到实践中去理解，情感与实践并不是相互割裂的，师生在情感理解中进入教学实践，在教学实践中寻求情感理解，教学是对有影响力的事物施加影响。这个施加影响的教学实践行为，意味着教学不是外在于身体，对于身体可有可无，而是身体最直接的显现过程，是身体从自然到文化亦即人化的过程，即身体的个体性（自然性）与普遍性（文化性）的交互生成的过程。这个也是教学与教化的共生表现：没有无教学的教化，也没有无教化的教学。

生存。教学过程从身体情感出发，借助于身体的实践，实现了人化。人化的过程也是思想和智慧的养成过程。教学作为人化的教化活动，让每一个人在思想中显现出自我。只有在思想中显现出自我，人才真正与动物区别开来，这也是教学目标的实现。不过，教学目标并不是一个行动完结的表现形态，它本身就产生于思想中。毕竟，思想的形成是按照某个思想的规定形成的，人同此心、心同此理，教学中的身体本是思想性的存在，它对身体的实践和情感具有指引性，一方面给师生的情感划界，哪些情感是可行的，哪些情感是不可行的；另一方面，它给师生的实践划界，哪些行为是可行的，哪些行为是不可行的。所以说，教学具有规范性，始终是与区分什么对学习者好，什么对学习者不好的分辨能力有关。因此，师生关系具有规范性，它是在思想的指导下建立的关系。

---

① 马克斯·范梅南著、李树英译：《教学机智——教育智慧的意蕴》，教育科学出版社 2003 年版，第 99 页。

（四）面向具体个人：师生身体间性的表征形态

总之，教学处于身体中，身体也处于教学中，教学过程是面向一个个具体的身体开展教学的过程。教学本身即一个个具体的身体——主体在理解，理解本身即一个个具体的身体——主体参与了教学。唯其如此，教师和学习者方能建立有根的主体间性关系。从面向具体个人的身体间性视野看，体现平等性、对话性、交往性和体验性的师生主体间性具有如下的表征形态：

身份——可逆性。教师与学习者在课堂中相遇，首先是身体知觉的相遇。我看着他，他也看着我；我听他说话，同时他也听我说话；我握着他的手，同时我的手也是被他握着的……身体知觉中原初的能感与可感的交织，为“教学相长”奠定了本体论的基础；其次是身体带着伦理价值相遇。人在世中的相遇带着某种价值判断，彼此之间可通约的价值维系着个人的社会性存在。第三是身体携带着历史文化相遇。身体是被抛来到这个世界的，从它生长的那一天起，就先在地生活在文化世界中。社会学家米德的“文化反哺”理论说明了，教师在与学习者交往中存在文化“升华”现象，尤其在一个信息爆炸的时代，学习者积累的文化资源也并不一定比老师少，“文化反哺”的现象具有不容置疑性。综上所述，师生的身份与标识呈交叉配列的可逆性，所以说，师生是平等的。

对话——偏差性。在课堂中的身体，不管是情感的身体，实践的身体还是智慧的身体，本身都以语言显示自己。师生的身体恰恰是在言语表达中，教学的意义才得到了诠释，因为语言的边界就是世界的边界。当然，教学过程中的身体不是自说自话，而是对话。通过对话，师生消除了彼此之间的前见，逐渐在一定视域中取得了共识。所以说，教学过程伴随着理解的偏差性：首先，身体——主体是有限的。真理在显示的同时又是遮蔽的，因此身体不能穷尽宇宙间的所有奥秘，需要一次又一次的视域融合；其次，身体——主体是生成的。身体永远不是它自己，身体一旦说出了它自己，它也行将消失，它始终有待于被重新表达和继续表达；最后，既然是身体在说话，对话也是身体能力的有机表达，那么对话也一定是在身体栖息于某一情境中的对话。情境一方面提供了师生交往的背景，另一方面也遮蔽了不在情境中的其他意义。

交往——实践性。雅斯贝斯把在交往中形成的师生关系作为一个典范推崇。按照范梅南的理解，交往只是师生互动的形态表征，还需要在实践中通过教育学机制实现。交往——实践性的教学不是按图索骥的机械交往，也不是天马行空的随意交往，而是身体的即刻的、情境中的、偶然性的和即兴发挥的智慧交往。在交往中，身体不仅仅获得意义，还能按照好的意向规范和改变自身。这就是说，身体一方面参与意义的生成，另一方面，在参与意义的生成和分享意义过程中，身体——主体也会按照某种意义自我塑造，具有了普遍文化性的存在属性。

体验——当下性。范梅南从人文科学视野中的教育学出发，认为师生关系确立的出发点在于生活体验。在生活世界的方方面面中去寻找生活体验的原材料，并对之进行反省和检查，能获得教学的根本意义。因为师生的身体是在世存在的，世界的意义已经蕴涵于身体中，它在师生的身体中实现了它自己，它通过师生的身体而看、而听、而思考，师生的身体是世界本身的表达，师生就是世界的眼睛、耳朵、意识。师生都统属一体，都是世界意义的诠释者：教师不是教知识，而是把自己借让给了世界，世界的意义通过教师的身体呈现出来；学生也不是学知识，而是在聆听世界的呼唤。于是，这个对你——我——他如此熟悉的生活世界将教师与学习者连接起来，课堂就是心灵的家园，教学正指引着学习者走在“回家”的路上。

（五）身体——实践知识：师生身体间性的生成机制

依照以上的论述，身体并不是作为单纯的物体存在于教学中，也不是作为单纯的观念存在于教学中，而是心与身、灵与肉密不可分地以具体的形式存在于教学中，更是以实践知识的身体力行的方式存在于教学中。

身体——实践知识诠释了教学中师生互动的奥秘，是教师在长期教学实践中体验到的，它具有三个特征：普遍性。教学作为“成人”的学问，指向于学习者积极的生存和成长。为了学习者好是教师身体实践的根本出发点；规范性。身体——实践知识告诉教师做出决策行为时，什么是好的，什么是不好的；什么是可以做的，什么是不可以做的；具体性。实践知识绝非永恒不变，而是随着不同的情况因时因地变化着，具有变动性、灵活性、相对性和适应性等特点。实践知识只有与具体的实践活动结合起来，才能实现其普遍性、规范性意义，也才能保证其理性反思的有效性。

因此，师生身体间性不是一种理论知识的建构，也不是一种技术知识的塑造，而是一种实践知识的机智表现，“机智是身体的实践语言——它是在教育时机行动的语言。机智的行动是一种对情境的即可投入，在情境中我必须全身心地对出乎意料的和无法预测的情境作出反应。我们积极地与学习者交往所体验到的机智，是一种对我们行动中的主观自我的可感知的意识”，“机智是一种与身体的技能和习惯相似的具体知识”，教学“依赖自己的身体的知识去完

成某些任务"。①

实践知识从哪里来？在实践中通过模仿和学习是一个因素，在理论中深化修养和认识是另一个因素。但更重要的是，教师要面向一个个具体的学习者，通过实施某种认知的敏感性和实践一种对身体的主动关心来实现教学的目的。一方面，实践知识依赖教师的敏感来感知学习者的需求和具体认识学生的各种潜力，用一种关心和接受的态度理解、聆听学习者的需求；另一方面，实践知识依赖教师的身体动作折射出对学习者的关心，如通过面部表情、眼神、言语、沉默、身体姿势。而这一切需要教师在长期的教学实践中自觉地体验、反思。

根据以上的分析，身体的存在为师生主体间性建构提供了本体论的基础，教学实践即身体——主体的交互生成过程，"机智是智慧的体现，是身体作出反应"②。在这一过程中，身体——主体带着自身对教学意义的前理解投身教学过程中。教学不可能摆脱师生被历史与文化规定的成见，这种历史性的成见，是教学得以进行的前提和基础。因此，教学总是在一定情境中的教学。这样，教学就不再仅是学习者个体的认知过程，学习者也不再是抽象的思维容器，教学是奠基于对身体理解基础上的实践反思。身体——主体不仅积极投身于教学过程中，而且还身体力行，它以自身携带的情感、实践和思想参与到教学过程中。于是，教学就不再是教与学的二元对立模式，而是完整的教学结合体，是身体——主体相互碰撞、对话、交流、理解、感知达至视域融合的过程。所以说，教学实践本是身体间性的活动形式。

（六）师生关系的三重境界

用一句话概括师生关系是：教师和学生在教学中。"在教学中"作为一个谓词，它规定了教师与学生之间的关系。师生关系的规定者是"教学"。对教学作不同的理解，就有了不同的"在"，由此就有了不同的师生关系的境界。

1. 我——他师生关系

自奥古斯特·孔德（Auguste Comte）的实证科学以来，"教学"被看作一个事实世界。这个事实世界如一个无孔不入的构架，牢牢地将教学吸附其中。教学一下子沦为经济发展的充电器，一下子沦为政治斗争的武器，一下子沦为

---

① 马克斯·范梅南著、李树英译：《教学机智——教育智慧的意蕴》，教育科学出版社 2003 年版，第 270～271 页。

② 同上书，第 270 页。

文化繁荣的抓手。在事实世界中，教学什么都是，唯独不是其自身。

在事实世界中的“在”是“被在”，即教师与学生被迫打交道：教师被迫来到教学中，学生也被迫来到教学中。事实世界不仅强迫教师和学生在教学中，而且强迫教师和学生要去在教学中。教师按经济的“利”塑造学生，学生成为某个商品。教师按政治的“力”规训学生，学生成为某个利益的代言人。教师按文化的“理”启蒙学生，学生成为社会的批判者。这就是老子说的“为学日益，为道日损”的根本原因。

单纯注重事实的教学，造就单纯注重事实的人。教师是一事实的传递者，学生是一事实的被学者，教学过程是一个预设和构架的过程。教师构架好教学程序，学生必须根据这些程序学习。这个“构架”是冷冰冰的事实知识，不掺杂一点价值追求和人文关怀。教师像古希腊神话中的普洛克路斯忒斯，强行地按照构架要求每一个学生。如果学生超出或不够构架的范畴，教师要采取强有力的措施，规训学生去合乎构架的范畴。学生好似流水车间的随时被塑型打造的物品。教师看似很自由，其实也不自由，他是事实世界的传声筒，不能越雷池半步。

在事实世界中，师生之间的关系是我与他的主客二分的关系。教师是主体——我，学生是客体——他。“我”与“他”之间毫不相干，因为彼此都很陌生。首先，两者被迫来到教学中；其次，把这两者勾连起来的东西是外在的事实；第三，教师往往为了一个虚无的目标去教学生，而学生看不到这些目标与他当下的关联。于是，教师与学生虽然天天打交道，却没有任何互动、交流。两者有师生之名，却徒有虚名。

在事实世界中，教师只教书不育人。教师把教书看作一个赖以养家糊口的职业。教书对他来说是一桩苦业，因为教书不是他生命的追求。如果教师感觉他有更好的养家糊口技能，他会离开这个职业。教师之所以还在干这个职业，一方面他没有更好的谋生技能，另一方面有各种规章制度束缚他必须干，他抽不出更多的时间为其他技能做准备。教师往往因为种种原因而必须从事这个职业，他对这个职业没有任何认同感，并以此为苦。

在事实世界中，教学迷失了自身。教学的确是事实世界中的一个重要的系统，但教学毕竟是教学，它有自己的底线，不应该完全受事实世界的控制。教学不是产业界，因为决定产业界生死的是获取利润，而对教学来说，公益性是其长期性生存的基础。教学不是行政机关，行政机关讲求科层制的管理，而对教学来说，其内部管理是高度民主的。教学也不是文化的复演，过去的文化只

有与现在的生活发生关联，才能应用到教学中。①

2. 我——你师生关系

胡塞尔提出的生活世界理论如一场春风，赋予了教学应有的活力。胡塞尔的“生活世界”有四个基本含义：（1）它是一个非事实的世界。事实世界带有强烈的目的和意图。生活世界不出于某个意图、课题、目的；（2）它是一个奠基性的世界。生活世界是事实世界的根基，是事实世界的意义之源；（3）它是一个主观的世界。生活世界是一个活生生的人生活于其中的世界，具有强烈的主观性；（4）它是一个直观的世界。我不是站在世界之外看世界，我以我的生活去体验这个世界。②

教学即生活世界表明，教学不是一个事实世界，因为这个世界缺乏最终的根据。教学是一生活世界，因为是生活赋予了教学的本真意义。由此，教学要回归生活世界，教师要在生活中观察学生，不断反思自己的行为，才能挖掘教学的深层意义。换句话说，教学不仅仅是一种观察行为，还是一种具有教学意义的行为，以便更好地促进学生学习。

在生活世界中的“在”是“亲在”，即教师亲自在学生的生活世界中。不过，学生有学生的生活世界，教师有教师的生活世界，这两者看起来像两条直线。那么，教师何以能“亲在”学生的生活世界中呢？首先在于教师曾经也是一学生，他也有过学生的生活世界时期。尽管这个世界已经远去，但依旧是有意义的；其次在于教师和学生都是一个人，都有一颗心，因此能心心相印，能移情换位地感受对方。

在生活世界中，教师是一体验者，学生是一能学者。“能学”意味着学生有天生的学习潜力，还意味有后天学习的印记。要促进学生学习，教师要体验学生先天的和后天的学习能力，然后根据学生个体差异开展教学。

在生活世界中，师生关系是我——你关系。在我——他师生关系中，教师把学生看作为对象。在我——你师生关系中，教师把学生看作为一个与自己同样独立自由的主体。只把学生当作利用的对象和手段的教师，不可能与学生在灵魂深处直接见面，也就是说，不可能与学生“相遇”。我——你师生关系具有如下特征：（1）直接性而非间接性，意即教师与学生直接在生活世界中打交道，双方都是一具有人格主体性的存在；（2）当下性而非遥远性，意即教

① John Dewey: Democracy and Education, Mass: The Macmillan Company, 1922, p. 89.

② 倪梁康：《现象学及其效应》，三联书店 1994 年版，第 130～132 页。

师要在具体的教学情境中面向具体的学生开展具体的教学活动；（3）相互性而非单一性，意即教师与学生之间是互动的、交往的，而不是主动与被动的关系。

在生活世界中，教书育人不再是一桩以此为苦的职业，而是以此为骄傲的职业。“骄傲”是说，他在这个职业上干得比其他教师要好，同时，这个职业也证明了他的能力——体验学生的生活并依此教学。因此，教书育人这个职业不是他必须要干的职业，而是他能去干的职业。

我——你师生关系认为，教学不是一个完全的认知过程，而是师生平等交往、主动对话、相互理解的过程，师生不是“我与他”的“人——物”式的认知关系，而是“我与你”的“人——人”式的勾连关系。不过，这种关系不是一种直接的交往关系，而是一种间接的反思关系，即作为一个先验意识的主体，教师能体验到学习者的内心世界，甚至比他自己更能了解自己，学生的存在是教师“意识”反思到的结果。这样，学生的主体地位还是得不到保障，其被动地位依然得不到任何改变。“反思者”、“体验者”是教师隐性权威地位的写照，是胡塞尔的“意识间性”在师生关系中的反映。

3. 我——我师生关系

其实，教学既不是一个事实世界，也不是一个生活世界。如果真的要用一个世界来比附教学，教学就是一个教学世界，因为教学就是教学。教学之所以不是自己的世界，一方面在于教学担负了各种各样的功能，以至于被这些功能所遮蔽，另一方面在于教学自身根本没有自身的边界，它像赫拉克利特之流①，像艾尔弗雷德·诺思·怀特海（Alfred North Whitehead）的小漩涡②，不断否定自己走向未来。

在教学世界中的“在”是“同在”，即师生依寓于教学中。这不同于水在杯子中，衣服在柜子中，因为水和衣服还是水和衣服，杯子和柜子还是杯子与柜子，水与杯子、衣服和柜子没有彼此的相融性。③ 换句话说，师生依寓于教学中指教学与师生同在。

如果用“路”比喻“同在”，这条路是一条指引之路，走在这条路上就能通达光明。在此，师生不是去创造教学，不是去等待教学，而是投身于教学

---

① Samuel Enoch Stumpf, James Fieser: Socrates to Sartre and Beyond A History of Philosophy, New York: McGraw - Hill College, 2003, p. 15.

② 艾尔弗雷德·诺思·怀特海著、徐汝舟译：《教育的目的》，三联书店2002年版，第50页。

③ 马丁·海德格尔著、陈嘉映等译：《存在与时间》，三联书店2006年版，第65页。

中。在此，“同在”不是过去时，也不是将来时，而是现在完成进行时——教师与学生已经行走在教学之路中。于是，教师和学生都是一聆听者：去聆听教学的真谛，然后按照教学的真谛去实践教学。作为一聆听者的学生也是一要学者。“要学”指以学为学，不带有任何外在的目的，也不带有任何内在的勉强。之所以如此，是教学自身要学生如此。

在教学世界中，教师和学生之间的关系是我——我关系。我——我表明教师与学生的身份消失不见，都是一个教学的“我”。教学的显现同时也是教师与学生的显现。师生关系就像一扇窗，打开了教学之为教学本身。同时，教学过程是一个接受的过程，即教学先于教师和学生存在，但是它又彰而不显，需要师生共同去接受它。只有接受了教学，师生才能成为师生，而不是其他。

教学世界之所以没有事实世界和生活世界那样明确的边界，在于它是一个光明与黑暗游戏之地。① 说教学世界是一个游戏世界，在于教学邀请师生参与其中。因此，师生关系不是由教师规定，也不是由学生规定，而是由教学自身规定。所谓的教师中心说、学生中心说、主体间性说都是不成立的。概言之，不存在师生关系，或者说，师生关系产生于教师与学生的身份消失的时候。因为当教学显现自身的时候，恰好是教师与学生失去其身份的时候。如果教师还是教师，学生还是学生，那么教师和学生还没真正踏入教学之途中。

在教学世界中，教师把教书育人这个职业看作是乐在其中的职业。他爱这个职业，因为他的内心已经接受了这个职业。他享受这个职业，因为他接受了教学之道。他要这样做和那样做，是因为教学要他这样做和那样做。“不是槌的打击，乃是水的载歌载舞，使鹅卵石臻于完美。”这是泰戈尔的名言，也是教学的真谛。

4. 结语

师生关系的三重境界之间的差异用下表表示就是：

表 6－7　师生关系的三重境界

属性	教学	在	教师	学生	教学过程	师生关系	职业
类型	事实世界	被在	传递者	被学者	构架	我——他	苦业
	生活世界	亲在	体验者	能学者	体验	我——你	傲业
	教学世界	同在	聆听者	要学者	接受	我——我	乐业

① 本论断来自于海德格尔“林中空地”学说。参见彭富春：《无之无化》，上海三联书店 2000 年版，第 164 页。

当前，学界议论的热点是师生关系要从我——他师生关系转到我——你师生关系。理论的转型并不意味着现实就是如此，因为我——他师生关系依旧占主流。但在理论的冲击下，我——你师生关系已深入人心。这是不是说我——我师生关系的建构还很遥远呢？不是的。因为只要谈到了本真的教学，师生关系就是我——我关系。它不需要建构，它与教学同在。但前提条件是，教学是教学世界，而非事实世界和生活世界。

这儿又存在一个问题：要有我——我师生关系，是不是说只能有教学世界而不能有事实世界和生活世界呢？不是的。教学世界不能离开事实世界和生活世界，否则教学就是无源之水、无本之木。因为教学是一个在事实世界中的教学，而其意义之源则来自于生活世界。教学世界与事实世界和生活世界的关系是既属于又超越的关系。

教学属于事实世界和生活世界，就是说教学是社会和生活的一部分，它在社会和生活中，是事实世界和生活世界本身不可或缺的。教学超出社会和生活，就是说教学处在生活世界的边界上，和它们保持一种特别的张力，既亲近又远离，而不是与社会与生活绝对分离，从而使自身成为一个孤立的实体。基于这样一种独特的位置，教学获得了自身的存在本性：一方面，教学能够回到事实世界和生活世界，它洞察社会和生活的整体，由此理解并揭示社会和生活的真相；另一方面，教学能够超出事实世界和生活世界而去，让师生摆脱当下的束缚、成为一个自由自在的人。于是，处在社会和生活边界上的教学就不只是自身超离社会和生活而去，而是要引导社会和生活超离自身而去。这就是说，事实世界和生活世界要在教学的指引下超过自身的世界、而创造出新的世界。只要教学为社会和生活提供指引的话，那么教学就不只是事实世界和生活世界自身的创造，也是对于事实世界和生活世界的创造。

四、教学过程：在语言理解中生成意义

身体间性的师生关系规定了教学过程是理解的过程。理解的英文是understand，它由 under（在……下面）和 stand（站立、支撑）两个词根组成。可以看出，理解的含义首先是相互的认同和赞同，其中也包括同意，它是理解的前提和支撑物：承认与我对话的言说者之存在的合法性及其言说的合理性，言说者应以探索的方式展开对话，而不是独白式地宣告真理。

（一）三种教学语言

从古至今，教学离不开语言。因此，教学理解就是语言的理解。但是，

“对于语言本性的追问必然换成对于言语的追问，因为语言就是一切言语现象的集合”①。谁在大学教学里说话呢？

第一种语言是身体语言。不可否认，教学过程是教师和学习者的身体在一定时空中的相遇，因此，教学是生命的在场。身体不是物体，物体是死的，感觉不到与哪些事情相遇。就如梅洛－庞蒂指出的，人首先是一个身体，是身体沟通了人与世界的关系。身体之所以具有意向性，在于其原初具有的生命的不完满，因为生命总是追求完满，所以身体总是指向身体之外的事情。如学习者想得到教师的表扬、希望教师讲解得浅显易懂些；教师想自己的讲课方式得到学习者的承认、愿意同他们分享成功的快乐。同时，语言也通过身体表现出来，如面部表情、眼神、姿势等。具有实践智慧的教师往往能从身体语言中读出些什么，进而采取相应的措施，调和教学气氛；或者以身体语言，向学习者发出召唤，引导他投身于教学中。总之，教学过程是师生的身体语言相互对话的过程。

第二种语言是工具语言。身体的语言是晦暗不明的，它的显现还须借助于工具语言。工具语言有三个特征②：（1）显示。没有语言，教学是无法进行的。最一般的理解是，教师以语言的形式显现思想，学习者理解了语言也就获得了思想。任何思想如果没有语言的揭示，它自身就是黑暗的，因此教学过程也是黑暗的；（2）构造。语言在显示思想时，并不是如同镜子般的被动地反映，而是对于思想的积极建构，是对思想的再一次理解和阐释。那就是说，教师以自己的理解重新诠释思想，而学习者又以自己的理解再一次对思想进行重构。因此，教学过程是一个视域融合的过程；（3）传达。语言还有传达功能，它是思想、教师、学习者三者之间的桥梁。因此，言说者与接受者的身份可以互置：要么是教师说学习者听，要么是学习者说教师听，要么是学习者和教师都听思想之音。所以教学理解不是独白，而是对话。但是，工具语言往往具有强制性，它最后成为了目的，压制了身体语言，最明显的例子莫过于满堂灌的教学。

第三种语言是智慧语言。智慧是一种知识，但不是培根意义上的科学技术知识，而是关于人的规定的知识。作为人的规定的知识，其语言要表明什么是人、谁是人，其获得不仅依靠于人与动物的区分，而且建基于人与自身的区

① 彭富春：《哲学与美学问题》，武汉大学出版社2005年版，第47页。
② 同上书，第20页。

分。一个有智慧的人就是与自身相区分的人。通过这种区分，人有了人性。智慧话语就是这种关于人的规定的言说，它是道，并因此作为道路，让人行走于其中。从中国的《大学》和西方的《理想国》开始，大学教学的崇高使命就是以智慧语言指引学习者，让他成为有智慧的人。“大学与所有类型的研究机构不同，它原则上是真理、人的本质、人类、人的形态的历史等问题应该独立、无条件被提出的地方，即应该无条件反抗和提出不同意见的地方。”①

教学过程是由这三种语言的差异推动的，是它们之间的战争与和平，是战争与和平的无穷推进。在游戏中，身体语言不断地言说，工具语言不断地言说，智慧语言不断地言说，由此把师生带入意义的世界和生成的历史中。大学教学即意义生成，在于让这三种语言去游戏。

（二）师生作为语言的理解者

教学过程是三种语言的游戏。但是，语言游戏并不外在于师生，相反将他们拉入到语言游戏中，让他们与语言对话。“对话”的字面意思就是对准“话”讨论。那么，这个“话”是什么呢？是身体语言？还是工具语言？抑或是智慧语言？都不是，因为这三者是语言所说的话，仍然隶属于语言。这个语言本身又是什么呢？是海德格尔说的“诗意语言”。“诗意语言”不是人设立的逻辑语言，也不是人生活于其中的日常语言，而是接受到世界意义的语言，它引导人诗意地居住在大地上。② 因此，诗意语言是非日常的和非逻辑的，它是语言自身的言说，亦即智慧的言说，由此规定身体语言和工具语言。

因此，诗意语言是一个生命体，它是身体、工具和智慧的语言的有机统一。如果这三种语言相互分离的话，那么它就失去了诗意本性。只是身体语言，是布鲁姆诟病的“败坏了民主、空乏了当代学生心灵”③ 的教学；只是工具语言，是博耶诟病的“发放各种职业证书，但却没有提供丰富的理智教育”④ 的教学；只是智慧语言，是科尔诟病的“正像老牛津大学，在1851年被纽曼理想化时，近乎灭绝一样，现代大学，在1930年弗莱克斯纳描述它时，也正濒临灭绝”⑤ 的教学。于是，诗意语言不是任何一种语言的独白，而是真

① 雅克·德里达著、张宁译：《教授的未来和无条件大学》，《当代国外马克思主义评论》2002年第三辑，第5~33页。

② 彭富春：《无之无化》，上海三联书店2000年版，第154页。

③ 艾伦·布鲁姆著、缪青等译，《走向封闭的美国精神》，中国社会科学出版社1994年版，前言。

④ 厄内斯特·博耶著、徐芃等译：《大学：美国大学生的就读经验》，北京师范大学出版社1993年版，第101页。

⑤ 克拉克·科尔著、陈学飞等译：《大学的功用》，江西教育出版社1993年版，第4页。

理、工具和身体的对话。

在这样的意义上，教学理解首先是师生倾听诗意语言的过程。如何倾听呢？要中断与日常语言和逻辑语言的联系。日常语言和逻辑语言就如碗里的水，已经将碗的空间全部占据，以至于碗再也容纳不了一滴水。只有中断与它们的联系，师生才能聆听到诗意语言的呼唤，就像倒掉碗里的水后，又能容纳水一样。

日常语言是语言的原初形态，无论是沉默，还是独白，或者是对话，师生都生活于其中。作为日常语言，它是身体、工具、智慧的语言的统一，而没有分化成为专门的语言。日常语言表现出好奇、两可、闲谈的特征。它要么什么也不说，所以就感到无聊。正因为无聊，所以学习者对外界的一切感到好奇，以至于左顾右盼，东张西望，交头接耳，根本没有听到教师在说些什么；它要么什么也说，所以就感到无所适从。正因为无所适从，所以学习者处于一种剪不断理还乱的情绪中，以至于魂不守舍，根本听不见老师说了什么。一个带着日常语言来上课的教师，敷衍塞责，不想也不曾想如何去调和教学气氛。在日常语言中，有教而无学，或有学而无教，教与学是分离的。分离的原因在于师生被日常语言缠绕。

逻辑语言则是对于工具语言的系统发展，但是它凭借自身的理性要求它的权威性和普遍性。逻辑语言包括理论语言和道德语言。理论语言是关于事情本身所是的样子的语言。那就是说，师生都有了关于规律、根据、起因的语言，并以此语言描绘世界。这样，教师不容学习者挑战他的语言世界，学习者也不接受教师强加给他的各种语言世界，彼此之间处于剑拔弩张的状态中。道德语言是关于事情应该是的样子的语言，并以此语言判断世界。即师生都是价值主体，并以自己的语言去描述合理与不合理。这样，教与学依然处于对立关系中。不过，这两种语言都已经和日常语言相分离，是专门化的语言，但它们有一点是相通的：前者使师生受规律的语言支配，后者使师生受规则的语言支配，在支配中，师生也就不能形成真正的对话，也就聆听不到诗意语言的呼唤。

正是在中断中，教师成为教师，学习者成为学习者。那就是说，教师一旦来到课堂中，他就抛弃了各种外在的规定，如某个孩子的爸爸、某研究机构的主任、校学术委员会主席，他只是一名教师，他由教学规定，履行教学的职责。同样，学习者也抛弃了各种外在的规定，如失恋的苦闷、室友之间的不愉快，而投身于学习中，像一名真正的学习者那样去学习，三心二意、心猿意马就不是一名真正学习者的本色。

总之，要成为语言的理解者，师生不能说日常语言和逻辑语言，而说诗意语言。

（三）教学理解的视域融合性

分离了日常语言和逻辑语言后，诗意语言显现出来，它将师生拉入到语言游戏中。“拉入”并不是强逼式的，而是呼唤式的。这种呼唤对师生来说是如此熟悉，如此亲切，以至于他们投身于游戏中。从这个意义上说，游戏的规则既不是教师制定的，也不是学习者制定的，而是语言自身拥有的，师生只是去游戏。这个去游戏的过程也就是一个理解语言的意义的过程。(见图6-1)

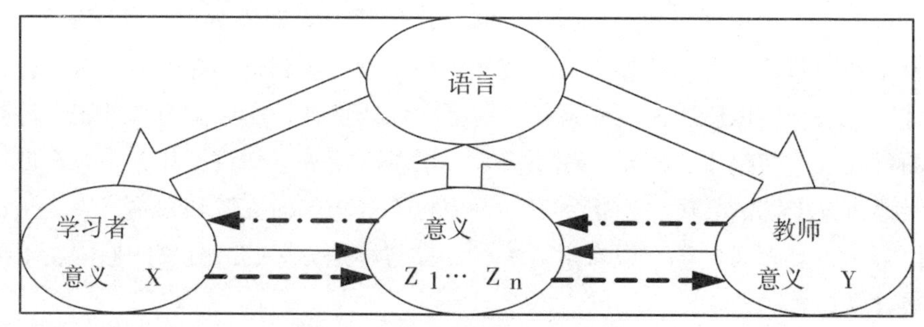

图6-1 意义在语言理解中生成

语言的意义并不完全是凝固于书本或教材中的东西，而是与师生的理解不可分割。语言与师生的关系不是独白，而是对话，只有在对话中，语言才产生意义。意义不是在某处等待发现，而是在师生的对话中，并通过理解的发生而实现的。对话一方面是平等的，另一方面是有差异的。平等是说，师生都有言说的权利，而且都必须要说。差异是说，受诗意语言的牵引，师生的身份可以置换。如果教师理解了语言的意义，而学习者没有理解到，对话的过程是教师引导学习者与语言的对话的过程（见图6-1）；如果学习者理解到了语言的意义，而教师没有理解到，对话的过程是学习者引导教师与语言对话的过程(见图6-1)；如果师生都没有完全理解到语言的意义，对话的过程是师生共同与语言对话的过程（见图6-1)。尽管这三种对话形态各不相同，但有一点是相同的。那就是，教学过程是人（师生）与语言对话的过程。

对话的前提条件是师生的身体在教学中。没有无身体的对话，因为言语总是身体在说。由于身体具有历史性，言语也就具有经验性，即对话总是在语言经验基础上的对话。那就是说，在对话之前，学习者已分有了语言的意义

（意义 X），教师已分有了语言的意义（意义 Y）。没有语言经验，对话是不可能的，我们无法想象与外星人的对话，因为它没有分有我们的语言经验。对话是在语言经验的基础上的对话，这也意味着，语言经验还不是诗意语言，两者之间存在差异和间距。正因为有了差异和间距，所以需要对话，如果没有理解上的差异与间距，也就没有对话的必要。

语言经验告诉我们，在教学对话中，师生总是带着自己的视域参与对话，对话不可能离开师生应有的视域，把学习者当作空空如也的容器，把教师当作“跳出三界外，不在五行中”的“圣人”，都是行不通的。师生投身于意义的理解时，会遇到与自己的语言经验相左的情况，这就需要与语言对话。对话的过程使得师生在语言自身的经验中往返，不断产生新的理解。通过与语言的对话，实现语言的意义视域与语言的经验视域的交融（意义 Z1）。

师生对语言的理解也就是不断地被吸引又不断地向它逃离。由此，对话遵循的原则是一个循环的原则。这个循环体现在问答中。语言之所以成为理解的意向物，在于它不断地向师生提出问题，受这个问题的牵引，师生投身于教学理解中。因此，理解语言就是提出这个问题。这个问题是对话双方的话题，没有话题，就不叫对话。但是，问题的提出受师生的视域限制，因此问题是在师生的视域内构建出来的。提出一个问题的同时也是解决这个问题。因此，当问题提出来之后，这个问题就独立出来，它像黑夜里的一束光，既让光明显现，又让黑暗显现。说它是光明，在于它照亮了对话的话题，让师生不再自说自话，而是不断地向问题靠拢。这个靠拢的过程是视域融合的过程；黑暗是说，语言的意义还未完全显现，还需要继续提出问题，尽量地通达语言的意义（意义 Zn）。

视域融合即三种语言的游戏。身体语言是原初已经给予的自然事实。只要生命在场，身体语言就会首先言说。但身体语言必须借助于工具语言而实现自身，同时在智慧语言指引下获得教化。工具语言不以自身为目的，而是为了其他的目的，它是身体语言和智慧语言实现的保证，否则这两者都是黑暗的。智慧语言由于是纯粹的，它首先不是对话而是独白。但另一方面，这种独白的语言又会向师生言说，要师生倾听它，接受它，理解它。因此，对话首先是师生与语言的对话，而不是师生之间的对话。智慧语言是从身体语言和工具语言中分离出来的，但是它为这两者划定边界，指出哪些身体语言可行，哪些身体语言不可行；指出哪些工具语言可用，哪些工具语言不可用。在此，智慧语言划定了意义的边界，并在边界处不断产生新的意义，即意义生成（意义 Zn 不断地向语言的意义靠近)。

由上可以看出，大学教学的过程是一个在语言理解中生成意义的过程。

（四）让教学在语言理解中生成意义

教学过程是一个在语言理解中展开的过程。随着这个过程的展开，意义生成了。从语言理解出发，生成具有三个特征：就时间性而言，它表征为瞬间与永恒的聚集；就空间性而言，它表征为超越与回归的聚集；就时空而言，它表征为个体与普遍的聚集。①

瞬间与永恒的聚集。生成具有时间性，但它不是客观的物理时间，也不是主观的心理时间，它是生活世界的游戏的时间。首先，如洪堡看到的，它是瞬间的。瞬间作为一形象的语词，描述了一特别的时间，它如同眨眼的时刻。正是在这稍瞬即逝的时间里，学习者洞见到意义。马斯洛用“高峰体验”来描述这个时刻，并以为教学要让学习者感受到一种发自心灵深处的颤栗、欣快、满足、超然的自我实现的体验。其次，生成具有永恒性，这在于它是对瞬间的追忆、期待和当前化。瞬间如此美好，以至于学习者都想念它，因为它是学习生涯中的一个重要时刻，也许这个瞬间改变了学习者的一生。正因为瞬间很美妙，于是瞬间也化为了期待，即学习者希冀这个时刻再次来临。但期待不是消极等待的，而是积极筹划的。如马斯洛说的，“只有继自发性之后的深思熟虑、继完全认可之后的批评、继直觉之后而来的缜密思维、继大胆之后而来的谨慎、继幻想之后而来的现实考虑，人的自我实现的创造性才能更好地得以发挥。”② 正是在积极筹划的期待中，这个美妙的瞬间再次来到。于是，瞬间也成为了当前化的经验，即这个瞬间就在此时此地发生了。因此，瞬间虽是一刹那的，然而它却构成了永恒。

超越与回归的聚集。生成也具有空间性，它总在一定空间中发生。但这个空间既不是精神的，也不是社会的，更不是自然的，而是语言的。语言绽放了精神、社会和自然的存在。由于语言自身的遮蔽性，因此理解语言的过程首先是一个超越的过程。谁在超越呢？是作为语言理解者的师生，他们是诗意语言的聆听者；从哪里超越呢？从师生说的日常语言和逻辑语言那儿超越，因为他们遮蔽了语言的本真意义；如何超越呢？在于让身体语言、工具语言和智慧语

---

① 彭富春：《哲学美学导论》，人民出版社2005年版，第193页。

② 亚伯拉罕·马斯洛著、李文湉译：《存在心理学探析》，云南人民出版社1985年版，第129～130页。

言去游戏。在游戏中，师生的语言经验的视域与诗意语言的视域不断融合；超越之地在哪儿呢？在诗意语言那儿，也就是说，经过一次又一次的视域融合，诗意语言的意义自行呈现。因此，超越的同时也是回归。生成就是超越与回归的聚集，它让语言不断与自我分离，又不断地与自我同一。

个体与普遍的聚集。生成作为瞬间与永恒、超越与回归的聚集，也是个体与普遍的聚集。生成是个体的，在于每一个学习者的身体是不可替代和不可重复的。所谓的不可替代，指的是每一个学习者的身体都是不同的；所谓的不可重复，在于学习者的身体在每一时刻都存在差异性。因此，生成是每一个个体的生成。生成又是普遍的，即让学习者成为一个人。学习者首先成人了，才能成为社会的一分子，如商人，企业主或专家。从《理想国》和《大学》开始，大学教学的核心任务是使学习者学会做人。个体与普遍的聚集在范梅南区分的5类教学理解中可以看出来①：（1）非判断性理解，即鼓励学习者将自己的想法表达出来，并让他们知道，他们的每一个想法都得到了认可和尊重；（2）发展性理解，即能够理解学习者在其发展中形成的语言经验，并鼓励他们参与对话；（3）分析性理解，即将不好的情感转化成个人成长的积极力量，帮助学习者形成强烈的良知、精神和勇气；（4）教育性理解，即指向领悟学习者在生活的发展过程中成为一个受教育的人的真正意义；（5）形成性理解，即基于对一个具体的学习者的生活的全面而亲密的认识。所谓“全面”，指对学习者生活的更深层的和充满意义的各方面的意识；所谓“亲密”指教师和学习者保持一种十分亲近的距离，能够对每一个学习者的生活历史获得全面的理解。

在瞬间与永恒、超越与回归、个体与普遍的聚集中，生成即显现，它如同一束光，让光明与黑暗去游戏。在身体语言、工具语言和智慧语言的游戏中，身体语言是黑暗的，工具语言是镜子般的，而智慧语言却是光明的。正是在光明与黑暗的冲突和嬉戏中，正是在镜子的反射和映照中，意义生成了。首先是生命的生成，即命求尽性，即学习者理解了生、死、爱的真谛；其次是生活的生成，即活求得体，即学习者以获得的技术去过一种富、贵、雅的生活；第三是生存的生成，即存求成智，所谓的智慧不是一般的知识，而是关于人存在的知识，它引导人行走于意义世界中。

---

① 马克斯·范梅南著、李树英译：《教学机智——教育智慧的意蕴》，教育科学出版社2003年版，第111～130页。

五、关心教学论的转向

在生成论看来，人诗意地栖居在大地上，凭借的是关心这种良知，而非占有、掠夺、榨取的心态。从生成论的视角看，关心教学事关人类的福祉，也必将成为一种全新的教学论。

（一）关心教学：超越教育的钟摆性

自培根提出“知识就是力量”以来，知识教育成为教育的代名词，教学以开发智力、传承学术为鸿鹄。这尤为体现在课程的学术性、教法的标准化和管理的规训化中。

课程的学术化。就如杰罗姆·布鲁纳（Jerome Seymour Bruner）说的，课程改革不能回应社会所面临的问题。但是，课程改革就被视为教育改革的关键环节。尤其在各国的智力竞争和学术竞争达到白热化的今天，课程改革被宣传为提升国力的重中之重，每一个国家都试图开发出最具学术性的课程，以此铸就出领先于他国的人力资源。为此，各国政府不惜投入大量的金钱，用于鼓励学术性课程的开发以及教师的培训。但是，越具学术性的课程，越是一种给智力天才设计的课程，丝毫未关心大多数普通学生的所需所求、所思所想。

教法的标准化。在学术性课程的牵引下，教师按照某种既定的标准开展教学：简短回顾前一天的教学内容、阐明当天的教学目标、讲解新内容（用小的可控制的步骤）、检查学生的理解程度、辅导练习、再检查学生的理解、让学生单独练习。所谓的五步教学法和七步教学法已经成为每一个教师备课的指导原则，也成为评价授课是否优秀的标尺。真正的问题在于，所谓的标准化的教法“不仅对那些要求高级思维的教学任务没有多少益处，对基本技巧的开发也并非总是适用的。再者，……不认为它有助于真正的智力开发”①。根本原因在于，这种教法在乎的只是知识的系统讲授，缺乏对学生的尊重和关心。

管理的规训化。要实践标准化的教法，势必以规训作为保障：对教师的规训、对学生的规训、对教学评价的规训。因为要实践标准化的教法，教师不应中断他们预先设定好的教学步骤，这需禁止和制止学生产生的游离于学习目标之外的各种行为，以确保教学内容在规定的时间内按时完成。为强化课堂管理，教学评价只看重成绩而非其他的能力，并时刻宣传成绩会带来幸福生活。这种规训化的课堂管理，把学生看作站在同一起跑线上的人，不管适应还是不

---

① 内尔·诺丁斯著、于天龙译：《学会关心：教育的另一种模式》，人民教育出版社2002年版，第16页。

适应，到了课堂上，就必须学习相同的知识，丝毫未关心学生理解的差异性。

由于教师只在意外在于学生的知识，学生也潜意识地过分在乎成绩，这导致他只学会了以事实知识算计这个世界，而不知道如何去关心这个世界。正如胡塞尔说的，"在19世纪后半叶，现代人的整个世界观唯一受实证科学的支配，并且唯一被科学所造成的'繁荣'所迷惑，这种唯一性意味着人们以冷漠的态度避开了对真正的人性具有决定意义的问题。单纯注重事实的科学，造就单纯注重事实的人。……在我们生存的危机时刻，这种科学什么也没有告诉我们。它从原则上排出的正是对于在我们这个不幸时代听由命运攸关的根本变革所支配的人们来说十分急迫的问题：即关于这整个的人的生存有意义与无意义的问题。这些对所有的人都具有普遍性和必然性的问题难道不也要求进行总体上的思考并以理性的洞察给予回答吗？这些问题终究是关系到人。"① 尽管知识教育受到批判，但它依旧如一台充满活力的老式吊钟，其钟摆依旧不知疲倦地来回摇摆，摇摆的弧线长度永远是相等的，而这个弧线就是对知识的追求，而非对人的关心。只要摇摆的弧线不变，钟摆无论摆到哪儿，其根本的意义依旧未变。也就是说，无论教学怎么变革，其变革的最终目的仍是对知识的追求。只要能提高考试成绩，教学爱怎么改革都行。如果不能提高考试成绩，不管教学多么以人为本，其变革也要立即停止。为了摆脱这种钟摆式的循环往复，必须抛弃教学以开发智力和追求学术为首要任务的论调。如果教学真有一个首要的任务，这个首要任务也只能是关心学生，并且培养学生学会关心，教学不能一味追求学术目的而放弃对学生的关心。

（二）关心：人的生存使然

海德格尔认为，人每时每刻都生活在关心之中，它是生命最真实的存在，是人的基本生存结构，因为人在世的本性就是关心：他不仅关心与自己打交道的物，也关心与自己打交道的人。海德格尔用操劳和操神两个词表明关心的两个层面。他说："寓于上手事物的存在可以被把握为操劳，而与他人的在世内共同此在共在可以被把握为操持。"② 可见，若人的生存是一条时间河流，那么这条河流的名字就叫做关心：关心着与自己相遇的事物，也关心着与自己相遇的人。由此，关心教育的意义体现在两方面：一是让人在与事物打交道的过

① 埃德蒙德·胡塞尔著、王炳文译：《欧洲科学危机与超越论现象学》，商务印书馆2005年版，第16页。

② 马丁·海德格尔著、陈嘉映等译：《存在与时间》，三联书店2006年版，第222页。

程中得心应手，二是让人在与他人的交往过程中游刃有余。凭借这两点，教育让人成为大地的守护者，过一种诗意的生活。

言外之意，“关心”指的是我的心已向你敞开，你的心也向我敞开，我与你的心之间没任何隔阂，彼此之间有灵犀一点通的感觉。如是，人与人之间最真诚的关系，不是建立在物质利诱的基础上，也不是建立在人情难却的基础上，而是建立在心灵沟通的基础上。因此，“关心”是无条件的，就像父母关心自己的子女一样，他们不需要子女的任何付出，即使再苦再累，也心甘情愿把子女抚养成人。如果关心带有某种外在的目的，那就不是关“心”了，而是关“物”或关“情”了。中国的仁爱与西方的圣爱都是关心的最典型的表现。仁爱强调仁者爱人，如孟子说：“老吾老以及人之老，幼吾幼以及人之幼”。圣爱强调爱人如己，耶稣说：“你要尽心、尽性、尽意爱主你的上帝。这是诫命中的第一，且是最大的。其次也相仿，就是要爱人如己”。这都表明，关心作为人的良知，无论何时何地都是人应当遵守的。

关心之所以是人的一种基本的生存需要，就在于，在这种无条件的爱中，人与外界保持着家园的关系。首先，这种关系不是外在的，而是内在的，是可以理解、发现、感知的。那就是说，关心具有意向性，关心总是要关心什么，没有无对象的关心。这个对象之所以成为关心的对象，就在于它是“我”的生命中的一部分，是生活幸福的来源，是生存下去的意义。其次，这种关心具有属我性，关心总是“我”在关心。我的朋友、我的老师、我的书本等这些，一旦以“我”来强调的时候，朋友、老师、书本等就是“我”的一部分，“我”就在我所关心的对象中显现出来。我关心这些，就如同我关心我自己一样。第三，在关心中，“我”与对象之间的关系，不是我与他的关系，他毕竟是外在于我的存在，与我没有相干性。这种关系也不是我与你的关系，你毕竟是我的附属物，带有强烈的被动性。这种关系是我与我的关系，我对这些对象如此熟悉，如此了解，以至于我依寓其中徜徉自得。

关心首先表现为关注。“在先行于自身已经在世的存在中，本质上就一同包括有沉沦地寓于所操劳的世内上手事物的存在。”① 从海德格尔的观点看，关心作为人的生存使然，显现于他所关注的人与物中：将自己的操劳贡献于他物，将自己的操神分享给他人。因此，专注指寓于所遇的事物和人中开展自身的生存，是对对象的一种开放的，不加选择的全身心的投入和接受。当我真正

① 马丁·海德格尔著、陈嘉映等译：《存在与时间》，三联书店2006年版，第222页。

关注某人或某物时，我就会认真倾听、观察、感受，愿意接受他所传递的一切信息。于是，关心又表现为移情，即我能体会到对象的所需所求，并尽自己最大的努力去呵护他、关怀他。有些人试图去关心，但总不能理解他人的“心”，也就不能进行移情换位的思考，所作所为甚至让另一方感到厌憎。就如一名老师由于没有进入学生的心中，即使再苦口婆心进行劝导，学生依旧不为之心动，依旧我行我素。这说明，关心要让另一方接受，并显现出他接受了关心，最后这种确证能被我感知到。只有这样，一种关心的关系就完成了。

关心虽然是人之生存的本性使然，但在现代社会，人们似乎已经遗忘了关心。他们对天不再顾忌，对地不再感恩，对神不再敬畏，对他人不再尊重，而以“有用”作为衡量他人或他物存在的价值。对自己有用的，就去关心；对自己没有任何利用价值的，就弃之不顾。当代的教育也打上了功利主义的烙印，培养出来的人拥有开天辟地的本领，但失去了关心周遭世界的能力。就如奥特加说的，当代教育培养出来的人是“有知识的无知者”：说他有知识，因为他是一位专家，他通晓自己方寸天地中的一切；说他无知识，因为除了自己的专业知识之外，他知之甚少。“有知识的无知者”最大的特点是过一种毫无思想的平庸生活，并以平庸的心智去统治整个社会。①

不过，海德格尔告诉我们，尽管现代人不知道如何关心了，但关心作为人的良知并没有泯灭，因为人毕竟是人，他能过一种自我筹划、自我选择的生活，不会永远沉沦下去。在他的一篇关于教育的演讲中，他就呼吁以教育唤醒人沉睡的关心的良知。②

（三）教学：让学生学会关心并关心学生

关心是人之常理，不需要后天的学习。但现代人却需要通过学习而领会。要学生学会关心什么呢？内尔·诺丁斯（Nel Noddings）认为，教学要帮助学生关心如下几个方面③：

关心自我。关心总是“我”在关心，懂得关心自我的人才会懂得去关心他人或他物。一个不懂得关心自我的人，也不会懂得关心他人或他物。教育首

① Jose Ortega Y Gasset：The Revolt of The Masses，London：George Allen & Unwin LTD，1932，P. 82.

② 马丁·海德格著、傅林译：《德国大学的自我主张》，http：//www. douban. com/group/topic/1226950/2008 - 8 - 20.

③ 内尔·诺丁斯著、于天龙译：《学会关心：教育的另一种模式》，人民教育出版社 2002 年版，第 16 页。

先要让自我学会关心自己的身体。人以身体存在于社会中，失去了身体也失去了自我。其次要学会关心自己的精神。身体的活力在于精神的迸发，它是自我成其为自我的标签。就如我们谈到范仲淹这个人的时候，立马想到的是他的“先天下之忧而忧，后天下之乐而乐”的精神，而非他的面容和身高。第三要学会关心自我的职业生活。自我以职业立足于世界中，不掌握一定的技术，也就谈不上崇高的精神追求。第四要学会关心娱乐生活。会享受生活的人，也是会工作的人。

学会关心身边的人。人是社会关系的总和，人总要和身边的人打交道。即使世界再大，人口再多，自我也只在一定的空间中和有限的群体中生活，如朋友、同桌、同学、教师、教师、邻居、家人、亲戚。他们是自我丰富多彩生活所在。如果失去身边的人的关心，或者自我也不关心身边的人，生活将是单调和乏味的。只有学会如何分辨身边的人的关心，并接受他们的关心，也才能逐渐学会关心他人。

关心陌生人。孔子把“不独亲其亲，不独子其子”作为构建社会稳定的纽带。莫兰也说，教育应归心于祖国，归心于他的历史、归心于他的文化、归心于公民的资格，并引入对整个世界的归属感；还应促进“无论亲疏的人类之间的相互理解”。① 莫兰的思想是爱人如己的思想在当代的延伸。简单来说，世界的和平、历史的进步、社会的发展都建立在关心陌生人的基础上，这也是多元文化在今天能彼此交流的原因。

关心动植物和地球。地球可以没有人类，人类却不能没有地球。所以，教育要“培育地球公民的身份，为此教授人类在人类学上的统一性和在文化和个人方面的多样性，以及人类所处的全球纪元特有的命运共同体，在其中全体人类面临共同的生死问题”②。环境教育的重要性之所以日益凸显，就在于今天接受教育的人，将直接决定明天地球的可持续发展。

关心人类创造的物质世界。物质世界记载了人类文明的发展史。如果我们不珍惜和爱护我们所拥有的物品，或者放纵自己的贪欲，那就是破坏或者浪费这个世界的资源。对物质世界的欣赏，可以抵制极端环境主义的危害。

关心知识。知识与学生自身的能力息息相关。加德纳的多元智力理论就说明了这一点。同时，知识也与学生的个人生活经历息息相关，生活经历直接决

---

① 埃德加·莫兰著、陈一壮译：《复杂性理论与教育问题》，北京大学出版社2004年版，第188页。

② 埃德加·莫兰著、陈一壮译：《复杂性理论与教育问题》，北京大学出版社2004年版，第188页。

定了他对哪一类知识感兴趣。因此，教育要引导学生学会关心自己感兴趣的知识，而不是以相同的知识以及标准要求所有的学生。教育还要充分重视学生发展的多样性，建立一个充满关心而不是竞争的环境，对学生的各种兴趣和才能予以开发和培养。

如何让学生学会关心呢？关键要让学生体会到，他们生活在关心中，他们受到别人的关心，同时也鼓励他们去关心别人。从学校来说，学校要创造一种连续性的教育环境，因为要让学生体会到学校对他们的关心，不是一朝一夕就能够建立起来的，它需要连续性。首先是目的的连续性，即关心要贯穿到学校的所有日常工作中，让学生每时每刻都觉得有人在关心他们；其次是地点的连续性，让学生在同一所学校里学习足够长的时间，以获得一种归属感；第三是人的连续性，创造学生与学生之间，学生与教师之间共处、合作、交流的机会；第四是课程的连续性，不同的专业没有高低贵贱之分，每一个专业都反映并服务于人类关心的主题。从教师来说，教师要成为实践智慧者，首先要无条件地爱学生，以替代父母的角色关心学生；其次要理解学生，与学生之间建立和谐的师生关系；第三要机智地同学生打交道，让学生时刻感受关心并实践关心。

可见，关心教学不仅关心学生的所需所求，而且还关心学生的生命体悟；它不仅关心学生获得安身立命的技术，而且还关心学生如何生活得更好；它不仅关心学生获得系统的知识，而且还关心学生将这些死的知识转化为活的生存智慧。因此，关心教育并不反对知识教育，它是对知识教育的补充和完善，它面向人的诗意生存，更适应时代发展的需求。

（四）关心教学的实践

传统教育无论在智力上还是在道德上，都已经不能满足当代社会的需要。但是，太多的教师依旧拘泥于知识教育的框架中，以为只要设计一个好一点的课程，改进一下教学方法，或者采用更有效的课堂管理，就能让人诗意地生存。实际上，教育应该关心学生，指导他们关心自我、关心和自己有关系的人、关心和自己没有任何关系的人、关心动植物和地球、关心人类创造的物质世界、关心知识。只有这样，他们才能诗意地生存于大地上。正因为如此，关心学生和让学生学会关心才是教育的首要任务。这个任务并不与学术和智力发展相抵触，相反，它为智力和学术发展提供了坚实的基础。关心教学的实践，是教师从一切为了学习者好的意向出发，在理解特定的教学情境中采取的机智性行动。关心教学首先需要教师贯彻一切为了学习者好的意向；其次，需要教师在教学意向中理解学习者的具体需求；第三，需要教师在理解的基础上，采取为了学习者好的机智行动。

1. 在爱、望、信中贯彻教学意向

教学必定有其意向性，否则就是虚无。教学意向性表明，由于学习者的心智没有完全发育成熟，需要教师的操心，不能放任他无目的地成长。操心是为了学习者好的操心，表现为爱、望、信。

爱。就像学习者不能选择自己的父母一样，教师也不能选择自己的学生。在教学中意味着，师生彼此把教学当成自己可以依寓和逗留的“家”，是带着对彼此的爱相遇的。爱不是溺爱，也不是偏爱，是博爱。博爱是无条件的、无偏见的，是面对具体学习者的具体的爱。爱什么？爱他的过去的经历，爱他现在的困惑，爱他将来的筹划。在爱中，大学教学与学习者共在。

望。望不是无望，无望指教师与学习者根本没有任何关系；望不是绝望，绝望指教师已撕裂了与学习者的任何关系；望是希望，希望指教师对学习者发展的各种可能性的耐心和容忍，它是教学爱的延伸。那就是说，不管教师失望过多少次，他都执著地认为，学习者能发展自己的独特个性，他能创造属于自己的美好生活，他是引领未来发展的领航员。

信。信勾连了爱和望。信不是无信，无信指教师不信任学习者的能力，剥夺了他自我超越的机会；信不是迷信，迷信指教师过分地信任学习者的能力，以至于他走上了歧途；信是信任，既有相信，也有责任，是在承担责任中相信学习者。教学中的责任指，教师为了学习者的成长，无偿地付出自己的心血；教学中的相信指，教师要创设各种机会，放飞学习者的希望。打个比方来说，教师是风筝线，学习者是风筝，教师不干涉学习者在蓝天中翱翔，同时也要规范翱翔的方向。这和“导师”的意蕴不谋而合。

2. 在敏感、同情和反思中开展教学理解

如果说，教学的意向性就像跑道的起点，那么，教学的理解性就是跑道，它规定起点何所来何所去。这个跑道是由敏感、同情和反思铺成的。

敏感。在具体的教学情境中理解学习者的具体要求，是教学最根本、最本质的任务。这种理解首先是一种敏感的聆听、观察、阐释、示范。聆听指不仅听到学习者的言中之意，还听到言外之意；观察指不仅看到学习者既有的问题，还看到解决问题的方法；阐释指不仅说出学习者的所思所想，还说出他的未思未想；示范指不仅展示出最好的一面，还展示出没有最好只有更好的一面。

同情。敏感是在同情中的敏感。"同情"的汉语语义首先是"相同的情感"。"同情"的英文是 sympathy，它由前缀 sym（与……在一起，with）和词根 pathy（情感，feeling）组成，意思是"与情感在一起"（with – feelings）。"同情"表明，教师不仅与学习者的身体相遇，而且还投入地去理解学习者的内心世界。具备同情心的教师，能分辨学习者的声音、眼神、动作和神态的细微差异，并且能读懂这些细微差异背后的意义，进而采取恰当的行动。

反思。"敏感"与"同情"产生于教师对教学的反思（reflection）中。"反思"指"再思考"、"反复地思考"，在思考已发生的教学事件中，找出将要行动的经验与教训。范梅南认为，教师需要四种反思能力①：行动前的反思——这种反思能力，有助于教师以有备无患的方式处理教学事件；行动中的反思——这是一种临场性的反思能力，它使教师当机立断地做出决策，维持教学秩序；全身心的关注——这是一种融入身体的反思能力，它使教师下意识地参与到教学实践中；追溯型反思——这是一种对过去行为反思的能力，它使教师在追问"我本应该怎样做"的过程中，更加深刻地理解学习者。

3. 在情境、关系和身体中生成教学机智

既然教学的意向性是起点，教学的理解性是跑道，那么，教学的机智性是跑者从起点出发，沿着跑道跑的过程。机智指在复杂而微妙的情境中迅速地、十分有把握地和恰当地行动的能力。教学机智在情境、关系和身体中生成。情境是教学机智生成的条件。情境又是在师生关系间展开的，师生关系是教学机智生成的动力。师生关系又是身体间的交往，身体是教学机智生成的载体。

情境。教学机智不在抽象的理论中产生，也不在过去的经验中产生，它产生于具体的学习者所处的具体情境中。教学机智对情境有独特的敏感。并不是教师与学习者在一起的每个情境，都能产生教学机智。只有那些产生"好"的情境，才具有机智性。如教师观察到某个学习者经常无精打采，这并不是教学机智。教学机智是说，这样的情境令教师感到不安，并促使教师采取行动：不是公开地批评，而是在课间休息中，请这个学习者来到休息室；然后与他促膝谈心；最后，这个学习者很感动，觉得教师在真心关心他，并立志好好学习。这样的情境就生成了教学机智。

关系。教学具有规范性，它始终与区分什么对学习者好，什么对学习者不

---

① 马克斯·范梅南著、李树英译：《教学机智——教育智慧的意蕴》，教育科学出版社 2003 年版，第 134 ~ 135 页。

好的分辨能力有关。规范性的教学关系具有两个特征：（1）教师即父母。师生关系与同志关系、商业关系等不同，它是一种替代父母的关系，即教师把学习者当作自己的孩子，而不是朋友、顾客或当事人，尽可能地协助父母完成其“成人”的抚养责任。（2）教师即知识。教师不仅仅向学习者传授知识，实际上，他以自己的人格体现了他所教授的知识。从某种意义上说，教师就是他所教授的知识。当教师与知识融为一体后，教学也就成为了他生命的一部分，同时，学习者也成了教师生命华章中跳动的乐符。只有在规范性的关系中，教学机智才得以产生。

身体。教学机智通常不允许教师停顿下来进行反思、分析情况，然后仔细考虑各种可能的选择，接着决定最佳的行动方案，最后付诸行动，它是投身于为了学习者好的瞬间行为。“机智”的英语是 tact，其词根来源于拉丁语 tactus，意为“接触”、“触摸”，与“身体”具有本源上的勾连。因此，所谓教学机智，就是教师对学习者身体上的留意，或者是教师的身体采取的不假思索的行动。一方面，教师能从学习者的言语、眼神、表情、姿势中，读出学习者的所需所求，进而采取恰当的行动；另一方面，教师运用自己的言语、眼神、表情、姿势调和教学气氛，或者以身作则，告诉学习者应该做什么，不应该做什么。

六、小结

在“实体论”规避下，学生被当作被动的知识接收者，毫无主动性可言。在“生成论”规定下，学生是一个主动的学习者。主动学习的过程，也是情感培养、技术培训、理智培育三位一体的过程，也是学习者作为人真正在场的过程。

学生身份的转变，也必然带来教师身份的转变，他由“权威执行者”转变为“实践智慧者”。一个有实践智慧的教师，他时刻面向在具体教学情境中一个个的具体的学习者，聆听他的呼唤，洞晓他的心灵，并因材施教。由此，大学教学培养出来的学习者，既会做事，也能思考，还懂得享受生活的乐趣。

学生与教师身份的转变，还会带来师生关系的转变。师生关系由“以教师为中心”转变为“身体间性”。“身体间性”的师生关系，也就是教师去面向一个个具体的学习者时蕴含的关系。师生在大学教学中的相遇，首先是身体的相遇。正是身体在对身体的相互感知中，大学教学才得以可能，否则只是教师的“独角戏”。当教学是一事实世界时，教学什么都是，唯独不是其自身。在事实世界中，教师与学生被迫打交道，教学过程是一个预设和构架的过程，

师生关系表征为是我——他关系。在事实世界中，教师把教书看作一个养家糊口的职业。当教学是一生活世界时，教学不仅仅是一种观察行为，还是一种具有教学意义的行为，以便更好地促进学生学习。在生活世界中，教师是一体验者，学生是一能学者，师生关系表征为我——你关系。于是，教书育人这个职业不是教师必须要干的职业，而是教师能去干的职业。当教学是其自身时，教学能撞击生活的边界，让生活本身不断生成意义。在教学世界中，教师和学生都是一聆听者：去聆听教学的真谛，然后按照教学的真谛去实践教学。在此，教师和学生之间的关系是我——我关系，教师把教书育人这个职业看作是乐在其中的职业。当下，师生关系正从我——他关系走向我——你关系，但我——我师生关系不需要建构，因为它与教学同在。这三种师生关系不能相互取代，因为教学世界不能离开事实世界和生活世界，否则教学就是无源之水、无本之末，教学世界与事实世界和生活世界的关系是既属于又超越的关系。

师生关系的转变，也带来教学过程的转变。在“实体论”规避下，大学教学过程是知识灌输的过程。在“生成论”规定下，大学教学过程是身体语言、工具语言、智慧语言的游戏过程。语言游戏并不外在于师生，而是将师生带入一个意义充盈的语言游戏中。因此，教学过程是师生与语言对话的过程。师生在语言游戏中，中断了与日常语言和逻辑语言的联系，去聆听诗意语言的召唤。由于语言的意义既遮蔽又显现，因此聆听伴随着一次又一次的视域融合。在视域融合过程中，大学教学让生命生成，让生活生成，让生存生成。正是由于不断生成，生命、生活和生存日新月异，学习者也日新月异，由此他成了人。

第六章

“意义生成”现象的描述

意蕴的显现并不只是理论的空谈，而扎根于现象的描述中。这是因为意义生成不是其他的什么东西，而是生命、生活和生存的游戏这一现象在不同的大学教学形式中的显现。

一、“去思”式的讲授课

从夸美纽斯以降，“把一切交给一切人的艺术”的讲授课，成为学习者获取知识的主要形式，也是大学教学的主要形式。即使在科技发达的年代，“提高高校教学质量的一个恰当的途径就是教师也应掌握这种长盛不衰的传统技能”①。那么，如何开展讲授课呢？

（一）对三类讲授课的反思

《说文解字》释“讲”：“讲，多语也。”又释“语”：“语，论也。”其本意为“谈论”、“辩论”、“议论”。那么，“讲”的意思就是“多讨论”、“多辩论”、“多议论”。《说文解字》释“授”：“予也。”其本意为“给予”、“交给”，如韩愈说的，“传道、授业、解惑也”。“讲授”作为合成词，是说，通过与学习者多次谈论，将知识传递给学习者。在古汉语中，未出现“讲”与“授”的合成词，“讲授”是从英文 lecturing 翻译过来的。lecturing 的词根是 lect，本意是“采集”、“收集”（to gather、pick out）。lecture 的拉丁语原意是“听”。可见，lecturing 意思是说，教师以言语的方式，将收集到的知识传递给学习者，学习者在“听”中学知识。当前，有如下三种占主导地位的讲授课：

第一类讲授课以知识为中心。在这类讲授课中，教师如同陈述一篇正式的论文一样，系统地、详细地讲解课程内容的历史流变、研究现状等。这类教师在课前已广泛阅读，并深入地做过研究。因此，在陈述自己的观点时，结构紧

---

① 约瑟夫·罗曼著、洪明译：《掌握教学技巧》，浙江大学出版社 2006 年版，第 80～81 页。

凑，用词考究，逻辑严谨，以期培养学习者的科研能力。不过，大多数学习者把它描绘为“催眠曲”：教师埋首于厚厚的、已经泛黄的讲课笔记中，在远处用沉闷的语调不断地讲啊讲，而学习者不停地做笔记，或者干脆伏在桌上睡觉。以知识为中心的讲授课，除了缺乏人际交流弊端外，另一个弊端是，在一个知识交叉融合的时代，试图将某一个理论讲解清楚，是难上加难的，除非教师是一个百科全书式的学者。

第二类讲授课以教师的个人表演为中心。在这类讲授课中，教师把课堂当作戏剧舞台，学习者是观众，他是表演者。指点江山、激扬文字、神采飞扬、口若悬河、幽默风趣、挥洒自如确实能吸引学习者的注意力。但是，“兴之所至，拍案惊起”的时候，学习者只把教师当作演说家，却不把教师当作知识的阐释者。课后，学习者回忆起来的是教师的笑貌和形态，而不是知识体系。同时，“太有魅力的教师反而让一些学生感到胆怯”，因为，“教师无懈可击地展示的技巧，让学生自惭形秽，觉得自己的能力跟那种理想境界相比，实在相差太远了，再学下去也是白费功夫”①。

第三类讲授课以学习者的需求为中心。在这类讲授课中，教师从学习者的兴趣、经验、情感出发，随时调整教学进度。这当然有利于激发求知热情。这类讲授课非常适合于小班教学。即使是在小班教学中，教师过多地从满足学习者的需求出发，会不自主地降低知识的深度、内容的难度，不利于学习者进一步深入地学习。而且，课堂时间是有限的，在有限的时间里去“收集”知识谱系学的精华，没有教师的讲解是办不到的。何况，在知识更新日新月异的时代里，缺乏教师的讲授，学习者无法了解理论前沿动态，不利于学习者形成自己的洞见。

总之，这三类讲授课没把学生当作真正的学习者，以外在于学习者的东西组织教学。即使教师的知识再渊博，魅力再四射，技巧再高深，还是达不到促进学习的目的：首先，学习者不知道向谁学。第一类教师无法调动学习者的积极性，第二类教师的“外在表现”多于“内在修炼”，第三类教师忘却了知识体系的架构；其次，学习者不知道学什么。第一类讲授课只需死记硬背，第二类讲授课只需聆听，第三类讲授课只需展示自我；第三，学习者不知道如何学。这三类讲授课都没有指导学习者如何学。那么，讲授课如何促进学习呢？

---

① 斯蒂芬·D·布鲁克菲尔德著、周心红等译：《大学教师的技巧》，浙江大学出版社2006年版，第5页。

先从一个个案的描述出发吧。

（二）个案描述："去思"式的讲授课

在2007～2008年的上半学期，彭富春为本科生开设的课是《美学概论》，以讲授为主。彭老师在每次上课之前，基本上都要声明如下的观点：（1）学习是反复训练，课前要预习，课中要跟着教师学习，课后要复习；（2）在课堂中，学习者并不是死记硬背教师教的内容，而是明晓教师分析问题的思路：教师是如何进入某个问题的，又是如何走出这个问题的；（3）学哲学美学不仅要获得批判能力，还要掌握一定的美学理论，更要达到"美"的境界，懂得欣赏美、体验美，从而过一种美的生活。本文撷取《美的多重语义》这一章的讲授①，探讨彭老师的讲授课是如何促进学习的。

彭老师首先从美的现象出发，如日出日落的壮丽景象、男女之间的"只教人生死相许"的爱情、李白的诗篇，引导学习者思考这样一个问题：美的现象领域为什么会如此地丰富多彩呢？接着，他又引导学习者"面向事情本身"去思考，即不同现象的"美"的存在，与"美"字的不同意义相关。然后，他又引导学习者对"美"字作词源学分析，以期给予哲学的批判以一定的启示。

在呈现了"美"字来源于"羊大为美"、"羊人为美"之后，彭老师让学习者思考：在"美"的日常语义中，"美"的上述两种意义还存在吗？如果答案是否定的，日常语义的"美"又是如何显示出来的呢？学习者在彭老师的指导下，得出的结论是："美"字的日常语义具有歧义性和混乱性，需要对它们进行哲学的明晰性和严格性的思考。

那么，哲学又是如何思考"美"的呢？从古希腊到后现代，林林总总的理论不胜枚举。但彭老师跳出这些"迷人眼"的理论，结合中国的实际情况，将它们归类为唯物主义美学、唯心主义美学、实践唯物主义美学。在详细、生动地介绍了相关理论的代表人物、核心观点后，彭老师引导学习者对这些理论一一质疑，并同时归纳出这三个派别的共同症结所在：它们都试图在美之外给美找一个根源，并没有切中"美"的现象。于是，彭老师又适时地引导学习者思考：既然真正的问题不在于指出美自身之后的某种本质，而是显示出美作为美自身如何生成出来的。那么，美作为美自身又是如何生成出来的呢？

彭老师时刻要求学习者面向事情本身去思考、追问美的存在本性，并不是

① http：//languagepk. blogcn. com/diary，11308414. shtml/2007－7－6.

描述某一具体的美的现象，但是，又不能脱离美的现象来谈论美自身。从美的现象出发，有艺术的美、人类生活自身的美、自然之美。但上述的美的现象既不是一个自然世界的现象，也不是一个神灵世界的现象，而是一个人类生活世界的现象。那么，人类的生活世界又是如何生成出美的呢？彭老师引导学习者从“世界”的词源学、日常语义、中西哲学关于“世界”的理论出发，认为“世界”是一个“天人相生”的生活世界，既不是“天人合一”的自然世界，也不是“神人分离”的宗教世界。在生活世界中，人是一欲求、工具、智慧的游戏者。正是在生命、生活、生存的游戏中，“美”自身才得以显现出来。

很明显，在这一章的讲授中，彭老师不断地引导学习者去“思”：既教导他跟着谁“思”，又指导他“思”的方法，还指明了他“思”的方向。在“思”中，学习者也知道了向谁学、如何学以及学什么。

（三）“去思”式的讲授课的内涵

从上可以看出，“去思”式的讲授课有无与伦比的优势。与第一类讲授课相比，它不仅让学习者对知识的来龙去脉有了清晰的理解，而且让学习者的身心置于教学中，达到物我两忘的境界；与第二类讲授课相比，它是教师与学习者共同谱写的圆舞曲：教师不断地撕裂学习者的过去经验与当下感受的勾连，让学习者在撕裂般的痛苦中，享受思考的快乐；与第三类讲授课相比，它不仅激发了学习者的求知热情，且能让他们积极参与到教学中，不断地巩固旧知识、吸收新知识，又不断地与学过的知识相分离，形成自己的洞见：不仅有对物事的洞见，还有对人事的洞见。在洞见中，过一种精神充盈的生活。简而言之，“去思”式的讲授课（1）激发了学习者的求知热情；（2）训练了学习者的学习技能；（3）让学习者在思考中，体验到思想的魅力。因此，“去思”式的讲授课是学习者的生命、生活、生存的游戏。“去思”式的讲授课有如下的内涵：

回到已思考中。讲与授并不是讲虚无、授虚无，讲总要讲什么，授总要授什么。这个“什么”是什么呢？是已思考的东西，如既定的公理、已证明的结论、相关的论据。只有回到已思考中，才能进一步思考，因为思考总是在已思考中思考，否则，是无根无据的，等同于胡说八道。但是，讲授课并不是什么都讲。首先，面对庞杂的知识体系，教师永远讲不完，也讲不清；其次，课堂时间是有限的，不允许教师事无巨细地讲。讲授是讲思路，不仅画出“学习”旅程的地图，还教导学习者如何使用“地图”，让学习者主动循着“地图”的指引，自己去探究、冒险、欣赏，而不是越俎代庖。如怀特海说的，

“教育是训练对于生活的探险；研究则是智力的探险。大学应该成为青年和老年人共同参与的探险活动的家园。”①

思考已思考中未思考的。回到已思考中，并不是说要固守于已思考中，成为既定知识的奴隶，而是说，要站在“巨人”的肩膀上，藉以看清、鉴明已思考中未思考的，形成自己的洞见。培根在幻想的“六日大学”中，把收集书籍、以及收集书籍中记载的试验结果、实验方法的人，分别称为“商人”、“剽窃者”和“技工”，而把从事新试验的人叫“先驱者”，把从试验中抽出科学的理论和方法的人叫“天才”或“造福者”，把从事探究自然奥秘的人称为“明灯”。只有在“明灯”之光的普照下，“新大西岛”永不沉沦。② 要让“明灯”亮起来，教师一方面要传授相应的思考方法，另一方面，要创设各种条件，引导学习者运用这种思考方法。当然，也不能为了批判而批判，否则是乱批判。批判一定要实事求是，有的放矢，这还需要教师引导学习者关注现实，结合现实进行批判。同时还要陶冶学习者的情操，从终极关怀出发，对现实进行人文批判。

为未思考的寻求基础。思考已思考中未思考的，更多具有解构成分。但解构并不是最终目的，建构才是最终目的，即为未思考的寻求基础。建构一方面是说，去完善某个知识体系；另一方面是说，去发现某个知识领域。不管是完善还是发现，都是一种创新的活动。正是有了创新，才有历史的进步、社会的发展。大学之所以是现代社会生活的独特标志，在于大学教学为社会培养出了很多创新型人才。大学对社会的推动作用突出地表现在，以充满想象力的方式进行思想的探险，并把它和行动的探险结合起来，从而在传授知识和追求生命的热情之间架起桥梁。

简而言之，“去思”式的讲授课的内涵是，引导学习者在已思考中思考未思考的，且要为未思考的寻求基础。正是在“思”中，学习者的求知热情得到释放、学习技能得到提高、思想意志得到洗礼。

（四）让讲授课在“去思”中展开

《说文解字》释“思”：“思，容也。从心囟声。”“囟”（xìn）指“脑子”。古人认为心脑一体运作，能容天下事。“思”的英文 think 也来自于“脑”（拉丁语 cerebrum 是 think 的原意）。可见，面向“思”的讲授课，不仅

---

① 艾尔弗雷德·诺思·怀特海著、徐汝舟译：《教育的目的》，三联书店 2002 年版，第 146 页。

② 弗兰西斯·培根著、何新译：《新大西岛》，商务印书馆 1960 年版，第 26～37 页。

提供了学习者心灵栖息的港湾，还让心灵飞舞起来，这切合了“课”的原初意蕴。“课”的英文是 course，来自于拉丁语 currere，一指名词的“跑道”，意指为学习者提供“跑”的场所；二指动词的“跑”，意指让学习者“跑”起来。可见，知识的探险不能脱离生活的探险，这两者相汇合于大学教学中。“去思”式的讲授课是在如下环节中显现出来：

中断自然思维。要促进主动学习，大学教学首先要中断学习者的自然思维。由于经验的偶然性、私人性、当下性，也由于教学的地域性、民族性、时代性，学习者获取的思想夹杂着“盲见”、“偏见”和“意见”。“盲见”是看不见真理，“偏见”是听不见真理，“意见”是抓不住真理。只有革除这些自然思维，才能上升到“洞见”。“洞见”英文为 insight，意思是“看进去”。洞见既能看见事情本身，也能洞晓人的心灵，是明心见性、真知灼见。思考已思考中未思考的，是一种中断自然思维的治学方式。“治学”是说，以洞见“医治”求学中的自然思维。

进行系统训练。大学教学要中断自然思维，并非一朝一夕所能完成，需要对学习者进行系统训练。学习总要学新的东西，而新的东西是与学习者过去的东西相分离的，必然带来各个方面的不适应。系统训练是要消除这种不适应。系统训练一方面指反复地练习最重要的东西。如学武功要练习蹲马步，学书法要练习临摹。通过反复练习这些最重要的东西，更容易“进入”相关的工作技能中；另一方面是说，“进入”的目的还是为了“走出”，要让学习者成为知识的主人，而不是知识的奴隶。系统训练是认识能力、实践能力、评价能力和审美能力的互通。认识能力即批判性思维、创造性思维和实践性思维的统一。批判性思维指对不同的事物、情况进行分析、批判。实践性思维指培养解决问题的能力和决策能力。创造性思维指提出创新性的观点和见解，开发创新产品。实践能力指能独立获取知识的能力、科学分析能力、组织管理能力、解决问题的能力。评价能力指处理好人与自然的关系、人与社会的关系、人与精神的关系的能力。审美能力是爱美和对于美的爱，以及陶醉于美之中，并在美中体验到强烈的快感的能力。“授之以鱼，只供一饭之需；授之以渔，则终身受用无穷”，说明了“走出”训练的重要性。

达到宁静境界。达到宁静境界是“思”的最高体现。达到宁静境界的学习者是有爱心有智慧的人，具有信、望、爱三个基本特征：信不等于无信（无所谓真假），不等于迷信（以假当真，以真为假），真正的信仰是以真为真，以假为假，具有实事求是的精神；望是希望，其根本规定在于：在没有希望的时候要充满希望。因为在有希望的时候是谈不上希望的，反之希望在希望中消失，即希望到来的时候没有希望了。因此希望特别强调在逆境、困难之中要怀有希望，在没有希望的时候要充满希望；爱是博爱。一个博爱的人恪守职业伦理，不做违背学术志业的事情。

上述三个方面，并不存在等级关系，它们之间是同步的、交叉的，其中一个又包含其他两者。要中断自然思维，要进行系统训练，否则就无法达到宁静的境界；要进行系统训练，首先要中断自然思维，其次要达到宁静境界；要达到宁静境界，少不了中断自然思维和进行系统训练。在三者之间无穷无尽的游戏中，大学教学促进意义不断地生成，这正是大学教学魅力所在。

二、“无原则的批判”式的讨论课

从古希腊开始，讨论课成为大学教学的主要形式。“如果去问任何一群大学教师，他们觉得哪种方法最适合高等教育环境中的教学，他们中有很大一部分人，或许是绝大多数，很可能会选择讨论。”① 既然讨论课如此重要，那么，如何开展讨论课呢？

（一）对三类讨论课的反思

《说文解字》释“讨”：“讨，治也。从言，从寸。”显然，“讨”是个会意字，言指言论，寸指法度。“讨”即用言论和法度进行处治。《说文解字》释“论”：“论，议也。”其本义是评论、研究、商议。这样，“讨论”具有两层意义：一是彼此之间的商议；二是在商议中有破有立，是“破”与“立”的游戏。“讨论”的英语是 discussion，来源于拉丁语 discussus。discussus 的原义是动摇、打碎、分裂，一块一块地去分析、研究。可见，discussion 是“争战”和“言说”的游戏。由上观之，“讨论”的中西方原初意蕴是相吻合的，都是真理显现的游戏。苏格拉底式的讨论最切中“讨论”的内涵。

苏格拉底式的讨论课受到很多人的推崇②，原因在于：（1）从讨论者的关系看，师生是平等的；（2）从讨论的目的看，教师引导学习者知善、体善、行善；（3）从讨论的方式看，在教师的鼓励、启发下，学习者回忆起自身灵魂中固有的知识；（4）从讨论的结果看，学习者掌握的知识，是自己发现到

① 斯蒂芬·D·布鲁克菲尔德著、何新译：《大学教师的技巧》，浙江大学出版社 2006 年版，第 58 页。

② R. M. Hutchins: The Conflict in Education in a Democratic Society, New York: Harper & Brather, 1953, pp. 96 ~ 97.

的，不是教师灌输的，教师只是一个指导者。不过，古希腊时代已经过去，重现苏格拉底式的讨论课也不复可能。当前，有如下三种占主导地位的讨论课：

“放任”型讨论课。在这类讨论课中，教师是个“旁观者”。有些教师本着自由的原则，任学习者相互诘难、辩论。教师为了让讨论更有活力，往往依据学习者参与讨论的程度，给予相应的分数。在教师的诱导下，课堂不像“课堂”了，好像是一个战场，学习者为了分数去“厮杀”、“搏斗”；还有的教师本着优胜劣汰的原则，以为有天赋的学习者会从讨论中脱颖而出，放任少数几个学习者长篇大论地“演讲”，未采取措施鼓励沉默的学习者，或去约束说话过多的学习者；还有一类教师，本着平均主义的原则，以为讨论是让每个学习者去陈述自己的观点，结果既耗费了时间，又未达到讨论的效果。闹哄哄、漫无目的是这类讨论课的写照。

“控制”型讨论课。在这类讨论课中，教师首先控制了讨论的时间。一方面是说，为了教学进度，教师不得不中止激烈的讨论，这让意犹未尽的学习者倍感失落；另一方面是说，教师也把自己当作了一个学习者，他全身心地投入到讨论中，批驳他人的观点，阐释自己的理解。由于教师身份的独特性，学习者往往不加以辩驳，讨论课演变为教师的一言堂。其次，教师控制了讨论的方向。不管是问题的解决，还是方法的制定，抑或是理论的采用，都是围绕教师指定的路线进行，或者贯彻教师心目中预订好了的态度。这类讨论课是操纵的练习课，而非真正意义上的讨论课。规训是这类讨论课的写照。

“问题”型讨论课。在这类讨论课中，教师以苏格拉底为模范，自知自己无知，不断地抛出问题。由于教师未对问题加以智慧地讲解，学习者找不到问题的真正实质所在，以为凭自己的能力，永远也不能解决某个问题。同时，由于问题太多，学习者之间无法达成共识，以致有人在课后说：“我依旧行走于无边的黑暗中”。第三，教师与学习者之间看似平等，其实极不平等：学习者不是问题的主动发现者，而是被动应付者，在他未解决旧问题之前，新问题又接踵而至。疲于应付是这类讨论课的写照。

总之，这三类讨论课都无法促进学习者的学习。首先，学习者不知道在讨论中向谁学。“观望者”、“控制者”、“制造者”都未反思过学习者作为“成人”的心理特征，他在年龄上是成人，在心理上却还未完全成熟，需要教师的引导。其次，学习者在讨论中不知道学什么。漫无目的的讨论、操纵的讨论、疲于应付的讨论，都远离了学习的基本特征，如理论的系统性、方法的匹配性、结论的独创性。第三，学习者不知道在讨论中如何学。第一类讨论课浪费了宝贵的课堂时间；第二类讨论课抢占了学习者在讨论中形成思想的时间；第三类讨论课令学习者无所适从，当然也就不知道如何地学习。那么，讨论课该如何组织呢？先从一个个案的描述出发吧。

（二）个案描述："无原则的批判"式的讨论课

在2007～2008年的上半学期，彭老师开设的课是《美学概论》，以讲授为主，辅以讨论。其中有一节课恰好安排在中秋节晚上。彭老师以此为契机，精心组织了一场关于"节日越来越不像节日"的讨论。① 首先，彭老师问学习者，"在中秋节这天，你想到什么？"有学习者想到了吃月饼，有学习者想到苏东坡的诗句，有学习者想到商场的促销活动，有学习者想到在皓月下的静思……。接着，彭老师对他们的描述进行了无原则的批判：在中秋节这天，人们一般忙于过节，吃喝玩乐，喜气洋洋；也有人利用这难得的时光修身养性。但没有人思考过中秋节的意义。那么，中秋节的自身意义何在？待学习者讨论后，他进行了归纳：中秋节与中国的天人合一自然性思维有关，也与人有关，合家团圆、万家团聚。从"中秋节"这一现象出发，彭老师继续引导学习者讨论，"节日"何以为"节日"呢？

在对"节日"的中西词义学进行分析后，彭老师引导学习者去讨论这样一个现象：中国有中国的节日，西方有西方的节日，而且中西方还共享了某些节日，节日如何显现自身呢？有学习者说，中国的有些节日与国家有关，如建军节、国庆节；有学习者说，中国的有些节日与太阳、月亮的旋转有关，如中秋节、春节；有学习者说，西方的有些节日与宗教有关，如复活节、圣诞节；有学习者说，有些节日与某些群体有关，如儿童节、教师节……。彭老师对此又进行了无原则的批判，认为这些描述首先让节日呈现为时间的现象，它是一年中的某月的某一天，但这一天是有意义的一天，它要么具有自然的意义，要么具有宗教的意义，或者其他。而且，这一天是可以重复和轮回的，具有纪念意义。在这个具有纪念意义的一天，它又与一般的时间分裂了，它是特别的一天。在这个特别的一天里，要么可以放纵身体，要么可以缅怀先知，要么可以忏悔反省，……。同时，这一天给人们留下了如此美好的回忆，以至于人们期待这一天的到来。在这个意义上，节日作为时间的本性是回忆、当前化和期待的统一。

---

① 参见彭富春教授为研究生讲授的相关内容，见 http：//languagepk.blogcn.com/diary，112396118.shtml/2007－7－6.

彭老师又对上述的结论进行无原则的批判：节日还是那个节日，为什么节日越来越不像节日了呢？如有人在节日的那天，吃喝过度后被送进了医院；有人在节日后患了“节日综合症”，对工作、学习毫无兴趣。这些现象的出现又说明了什么？待学习者讨论完毕后，彭老师作了归纳：这在于人们庆祝节日时发生了问题。首先是节日的虚无化。在中国天道衰亡的年代，在西方上帝死了的年代，人们不再敬畏天地、也不崇拜上帝，如在圣诞节，人们更热衷的不是庆祝上帝的诞生，而是恣情纵意地狂欢；其次是节日的技术化。它表现为：技术在拼命地“制造节日”，如媒体的大量宣传，通知人们去过节。同时，公共场所也装扮一新，营造节日气氛。人们在技术的支配下，不得不去过节；第三是节日的享乐化。它表现为：节日成为对身体的消费与被消费，如大吃大喝、唱歌跳舞、穿戴一新。

在作了上述的总结后，彭老师说，之所以对节日进行无原则的批判，在于让学习者去思考：究竟如何去庆祝节日？究竟如何去生活？

从上观之，在“无原则的批判”式的讨论课中，学习者在彭老师的指导下，对节日进行了无原则的批判，并且在讨论中，运用无原则的批判这种方法去思考，不仅要思考如何庆祝节日，还要思考如何更美好地生活。正是在“无原则的批判”式的讨论课中，学习者知道了向谁学、学什么、如何学。

（三）“无原则的批判”式的讨论课的内涵

从上可以看出，“无原则的批判”式的讨论课魅力纷呈。与第一类讨论课相比，它形散而神不散。“形散”是说，学习者是讨论的主体，他决定了讨论的进展。“神不散”是说，教师在讨论中起穿针引线的作用，引导讨论向更深层次推进，并在恰当的时候进行归纳与总结。这样，提出问题、描述现象、直观本质环环相扣，向学习者呈现了一幅完美的思想地图；与第二类讨论课相比，它以无为做有为之事。“无为”是说，教师只是指导学习者如何思，并且在已思中指出未思的方向。“有为”是说，真正的运思的人是学习者，他在教师的指导下，不仅思外物，还思内心，“穷天理、明人伦、讲圣言、通世故”；与第三类讨论课相比，它从事情本身出发，而不是在事情本身之外“造”问题。一旦事情本身呈现出来，讨论课也就在沉默中结束。沉默是心领神会的无声胜有声的写照。“无原则的批判”式的讨论课有如下的内涵：

批判并不是全盘否定。“批判”的英语是 critic，来源于 crisis，即“危机”。汉语中的“危机”包含有危险和机遇两个方面。危险是否定性的，机遇是肯定性的。因此，“危机”是危险与机遇的边界。只有划出边界，才明了危险是什么，才明了机遇是什么。讨论之所以是批判式的讨论，要为讨论划出边界，指出在已讨论中还有哪些东西未讨论到，从而引导学习者进一步去讨论那些未讨论到的东西。因此，讨论不是各说各话，也不是各执己见，更不是异语同声，而是找出彼此思想的差异。正是在差异的碰撞中，才有思想火花的迸发。因此，讨论不是理屈词穷的尴尬，也不是盛气凌人的叫嚣，而是面向真理的追问。在真理面前，一切外在于真理的东西都矫揉造作。

无原则并不是不要原则。无原则中的“无”，并不是虚无，而是否定，用现象学的术语来说，是悬置、存而不论，即从现象出发直观本质，对原有的原则存而不论。无原则的讨论一方面是说，讨论不是从一个具有意见、成见、偏见的主体出发，而是从生活世界的现象出发。这样的讨论是无立场的讨论，悬置了学习者的喜恨、爱憎、好恶等主观因素；另一方面，讨论不是从被讨论的对象出发，即不是从一个关于对象的基础、原因、理论出发，而是让事情本身如其所是的那样显现出来。这样的讨论是无基础的讨论，避免了是什么——为什么的无穷循环论证，而是脚踏实地地描述现象。因此，无原则的讨论是有原则的讨论，这个原则是现象学的精神：面向事情本身。

无原则的批判具有游戏性。既然批判是划出思想的边界，无原则是面向事情本身的思想。无原则的批判的讨论，如同剥洋葱皮一样，一层又一层，在去蔽和显现的游戏中显现事情自身。因此，无原则的批判的讨论是划定边界的讨论，指出该讨论什么，不该讨论什么。对于不该讨论的，不再讨论；对于该讨论的，应该讨论清楚：不仅讨论其何所来，也讨论其何所去；不仅讨论其何所去的可能性，还讨论其何所去的可行性，即不仅显现事情本身，还在思想中建构起事情本身的规定性。

总之，“无原则的批判”式的讨论课是学习者参与其中的思想游戏。正是在游戏中，他才有可能全身心投入其中，从而成为积极主动的学习者，不仅要维护游戏规则，还要成为游戏中的一员。

（四）让讨论课在“无原则的批判”中展开

“无原则的批判”如果翻译成英文是 the critique without principles。西方人早有另外的说法，即无政府主义，如科学哲学中的保罗·费耶阿本德（Paul Feyerabend）主张无政府主义。不过，无政府主义是一个政治概念，不适合于学术研究或思想研究。其次，“主义”具有强制性，是学术自由的对立物。其实，在西文当中，无论英语、德语还是希腊语，principal 都与原则相关。原则即开端、基础。“无原则的批判”式的讨论课是在语言的批判、思想的批判、

现实的批判中展开的：

首先是语言的批判。语言的边界是世界的边界，正是在语言中，事情自身如其所是地显现出来。但语言自身不是纯粹的，充满了歧义性和混乱性，需要语言的批判。如在日常语义中，语言的内涵与外延相去甚远。因此，就如“讨”的本意一样，需要确立语言的法度，即划出语言的边界。一方面是说，在对语言的划界中，指明了它到底说出了什么？即语词是否是有意义的，以及有何种意义。另一方面是说，讨论是在语言规定的基础上的讨论，失去了语言的规定性，讨论不复存在。在彭老师组织的这次讨论课中，首先引导学习者对“节日”的词义展开批判，在此基础上进一步讨论。这样的讨论有章可循、有理可依、有据可辨，不是故弄玄虚的无稽之谈，也不是固步自封的夸夸其谈。

其次是思想的批判。思想即要思考，要思考要回到已思考中，在已思考中思考未思考的。换句话说，讨论不是讨论虚无，讨论总要讨论具体的东西。这些东西是学习者已认识到的、已经验到的、已掌握到的。没有这些东西为基础，讨论无法开展下去。因此，有实践智慧的教师，往往是先讲解，当学习者有了足够的经验后，才开展讨论；第二，在相关性经验的基础上，通过讨论找出彼此可以通约、可以理解的共识。那就是说，讨论不是固执己见，不是鹦鹉学舌，而是视域融合；第三，讨论不仅要让学习者取得共识，还要分离学习者取得的共识，在已思考中思考未思考的。未思考的是与已思考的分裂，可能是对已思考的完善，也有可能独立于已思考之外。正是在已思与未思的碰撞处，指明了思想的路径。“三个臭皮匠，抵得上一个诸葛亮”就是这个意思。质言之，讨论不仅是基于相关性的讨论，也是基于同一性的讨论，更是基于差异性的讨论，即划出边界。在边界处，正是思想生成之处。

第三是现实的批判。如马克思说的，批判的武器不等于武器的批判。武器的批判指的是对现实的批判。经过语言的批判和思想的批判后，必须进入现实的批判。那么，现实的批判又如何展开？立足本土，面向世界是其根本原则。“立足本土”一方面是说，要讨论本土问题的历史继承性；另一方面是说，要讨论本土问题的当下衍生性，即当下的本土问题根源于外来文化的冲击。正是在历史性与当下性的边界处，问题的现实性显现出来；“面向世界”一方面是说，讨论要面向“世”的时间性，保持代际与代内平衡；另一方面是说，讨论要面向“界”的空间性，取其精华，去其糟粕。正是在“世”与“界”的边界处，现实的针对性显现出来。如彭老师引导学习者对节日虚无化、技术化、享乐化的描述中，让学习者去思考如何去庆祝节日，又如何去生活。

思想的批判、现实的批判、语言的批判三者之间，并没有绝对的界限。在语言的批判的基础上，要进行思想的批判；通过语言的批判和思想的批判，还必须进入现实的批判。在这三者之间无穷的游戏中，讨论让事情自身如其所是地显现出来，也让学习者明晓了学习的真正意义。

三、“对话”式的辅导课

当前，作为学习者与教师交流的辅导课日渐受到轻视，甚至沦为辅导员宣讲班级纪律的平台。实际上，“高质量的高等教育仍然必须依靠教师的课堂教学技巧和激励作用，这是不可否认的。无论是创新课堂组织方式还是令人惊叹的技艺都不能替代善于与学生交流并激励他们课外努力学习的教师。”① 既然辅导课如此重要，那么，如何开展辅导课呢？

（一）对四类辅导课的反思

“辅导课”，顾名思义，指教师给学习者释难解疑的课。“辅导”的英文是tutoring或coaching，指教师要像教练、监护人、家庭教师那样，从关心、爱护的角度出发去辅导学习者的学习。《说文解字》释“辅”：“辅，人颊车也。”即“辅”是木夹车旁的横木，使车能载重物。后引申为“佐助、从旁相助”的意思。《说文解字》释“导”：“导，引也。”“导”的繁体字是“導”，很明显，“导”从道从寸，不是盲目地导。因此，“辅导”既有教师和学习者的心灵交流，也有教师按照“道”指定的路帮助学习者，两者都为了促进学习。当前，有如下四种占主导地位的辅导课：

“沉默”型辅导课。在这类辅导课中，师生之间没有任何互动。教师或者坐在讲桌边，等待学习者的到来；或者在课堂里到处转悠，希冀学习者“拉住”他的脚步；或者试图和学习者搭讪，以期引出问题。可是，学习者好像忘记了教师的存在，自顾自地忙。或者，学习者想向教师请教，但看到教师严肃的表情，以及想到往日的雷厉风行，心里不由暗自发怵，不敢和老师去交流。这种辅导课空有其名，而无其实。

“独白”型辅导课。在这类辅导课中，教师从头至尾主宰了课堂：他不停地划重点，指要点，反复地详细地讲解某个问题，或者叫学习者去记这个，去背那个。学习者则不停地做笔记，生怕遗漏了教师说的每一个字。这类辅导课多发生在考试课之前，而且很受学习者的重视。这种功利性十足的辅导课，已

---

① 约瑟夫·罗曼著、洪明译：《掌握教学技巧》，浙江大学出版社2006年版，第vii页。

经完全丧失了开设辅导课的初衷。

"问——答"型辅导课。这类辅导课贯穿的是学习者问教师答的方式。这是一种最常见的辅导课。这类辅导课的问题在于，它让学习者养成不追根究底的学习态度：有了问题可以找教师，反正教师会给出最标准的解答，自己没必要花时间去钻研。同时，教师本着完成任务的态度出发，不能从这个问题中看出这个学习者的学习问题所在，也不能从若干问题中看出全体学习者的学习问题所在。真正有智慧的教师往往不断地反省这些问题，以期在以后的课堂教学中将此问题公开化、明晰化。

"反诘"型辅导课。在这类辅导课中，教师为了让学习者认识到问题的症结所在，经常反问："你为什么不从别的角度去看这个问题呢?"或者，"你这样的问题在何种程度上是有价值的，在何种程度上是没有价值的?"学习者本来带着一肚子迷惑来请教教师，但经过反诘后，他的困惑更多了。这种事例发生很多次后，学习者对自己的能力产生了怀疑，也不敢再向教师请教了。

约瑟夫·罗曼（Joseph Lowman）认为，大学课堂"首先是一个戏剧舞台、一个知识交流的场所；其次，它还是一个人际交往的舞台。在这里，师生之间的交流活动——其中许多活动富有感情，或难以捉摸，或具有象征意义——深深地影响着学习者的士气、动机和学习"①。上述四类辅导课达到这些目标了吗？答案是否定的。第一类辅导课既没有呈现出令人激动的观点，也没有师生之间的交流；第二类辅导课功利性太强，已失去了辅导课的初衷；第三类辅导课虽有师生之间的交流，但扼杀了学习者进一步探究的动机；第四类辅导课没有尊重学习者提问的勇气，人为地拉开了师生交流的空间。那么，辅导课该如何组织呢？先从一个个案的描述出发吧。

（二）个案描述："对话"式的辅导课

彭老师一般在课前半小时到达教室。在此半小时内，学习者可以向他请教。他也欢迎学习者在课后将问题发送到他的邮箱，他会尽快地作出解答。同时，彭老师还有专门辅导学习者的作业的时间。他认为，一篇高质量的作业是在学习者与他人的对话中产生的。因此，他要求学习者提前一周将作业的构思以及基本观点公示在网上，然后他安排专门的时间，让学习者与他者对话，接着他会根据多方面的对话进行总结，最后提出修改意见。本文特撷取他辅导谢劲松同学的作业《后现代视域下的行为艺术》为个案研究。

---

① 约瑟夫·罗曼著、洪明译：《掌握教学技巧》，浙江大学出版社2006年版，第Xi页。

首先，谢劲松将作业的框架简单地汇报后，彭老师与其他的学习者开始与他对话。对话的内容有关于题目内涵的界定，有关于文章框架的构思，有关于论点的可行性，有关于文献资料的来源，有关于某句话的意思等。在这次对话中，谢劲松有时引导他者去思考，有时是他者引导他去思考，有时是两者各执己见。最后，彭老师肯定了谢劲松的创新之处和大家的对话热情，同时他又让学习者继续对以下的问题进行对话。现摘录如下①：

一般认为，行为艺术是在以艺术家自己的身体为基本材料的行为表演过程中，通过艺术家自身身体的体验来达到一种人与物、与环境的交流，同时经由这种交流传达出一些非视觉审美性的内涵。但这里，我们还要对行为艺术的现象、本性、判断三个方面来进一步揭示、思考。

首先，我们要对行为艺术作出现象性的描述，即行为艺术现象的过程和结构是什么？行为艺术与其他艺术形态的不同点在什么地方？

第一，行为艺术中的身体。行为艺术是关于人的行为、人的活动的艺术，它的第一个环节是人的身体。从现象学的角度，如何去描述行为者手、脚等的运动？其面部表情又是怎样的？该行为中，哪些是显现的，哪些又是遮蔽的？

第二，这个身体行为所借助的物件。这些物件如自杀用的刀子、剪旗袍用的剪刀、肚子被睡进去的牛及被抛撒的玫瑰花，它们的作用或意义如何被界定？

第三，行为艺术的空间性与时间性。因为行为艺术的表演不在舞台上，它也不是架上艺术、装饰艺术，而有其空间性。其空间性的最大特点是：它在我们的生活世界之中，在我们现实世界的某个地方如城市、农村乃至旷野等；就其时间性来讲，它可长可短。但行为艺术时空性的根本点是它的在场性、直接性。

第四，行为艺术虽然是在场的艺术，但又是与现代信息技术密切结合的，亦即它通过照相、摄影、网络传播开来，从而克服了自身的消逝性或离席性，能够为大众欣赏、判断。

其次，是如何在对行为艺术的现象描述的基础上，分析并揭示行为艺术的本性，如观念性、反叛性、存在性，如此等等。

最后，便是关于行为艺术的理解和判断问题。如何借助解释学的理解结构

---

① 彭富春教授的博士生已将其点评整理成文贴于网上，见 http：//languagepk. blogcn. com/diary，11501309. shtml/2007 - 7 - 6.

问题，探讨理解者、被理解者以及如何理解的问题，如理解过程中我们如何带着先见，或如何抛弃先见的问题，从而走向行为艺术本身。通过理解得出判断。最根本的是，要判断行为在何种意义上成为了艺术，而且，这个艺术在何种意义上不是古典与现代的艺术，而是后现代的艺术。

后现代艺术鱼目混杂，其中有些是艺术，有些并非艺术。一些搞行为艺术的所谓艺术家，实则哗众取宠。因此，面对后现代，面对行为艺术，应多一份思考。

很明显，彭老师的辅导课不仅有知识的交流，还有人际的交流。谢劲松对彭老师教学的评价是："彭教授不仅对他人思想有准确把握和讲授，更重要的是他自身思想的思想性所具有的震撼人心的力量，以及所激发的对学生强烈的启发意义。他内容丰富、极具思想和人格魅力的讲课赢得了广泛的听众，常常课堂爆满，不仅有必修的学生，也有大量来自不同专业、不同学科的学生，不仅有校内的学生，也有许多校外的学生，而且还有大量的高校教师以及爱好思想和哲学的其他人员。他的讲课使课堂听众具有持续的听课热情，不仅让人感受到了思想和哲学的魅力，也让人在听课中感受到一种思想的宁静、一种持久的享受，更重要的是得到了一种思想和学术的良好训练，获得了人生的和学术的智慧。彭教授的课堂代表了中国当代哲学教育的最高水平。课堂的引导使学生可以得到哲学和美学最好的、也是最严格的专业和学术训练。彭教授不仅展示了德国的哲学教学风格，也展示了他高超的创造性的教学方式。他语言优美、思路清晰、逻辑严密、思考深刻、结构完整，每堂课记录下来的笔记几乎就是一篇学术论文。自回国讲课八年来的课堂笔记，学生都整理成册，复印、传阅，也在网上广为传播，人民大学的爱智论坛全部转载，这是对中国思想界和哲学界的一个巨大贡献。"①

（三）"对话"式的辅导课的内涵

从上可以看出，"对话"式的辅导课是遮蔽与去蔽的斗争。一方面，学习者的经验具有惰性，不愿意接受新的经验的冲击；另一方面，"对话"总是撕裂学习者固有的经验，让旧的经验接受新的经验的挑战。正是在新与旧的遮蔽与去蔽中，真理才得以显现出来。因此，与第一类辅导课相比，它充满了生机与活力：既有学习者与学习者的交流，也有教师与学习者的沟通；与第二类辅导课相比，它是超功利的，是面向真理的；与第三类辅导课相比，它不是单向

---

① http：//philosophy. whu. edu. cn/show. asp？ id = 1007/2007 - 7 - 6.

的灌输，而是线形的反复辩论，让学习者逐渐明晰该如何完善自己的作业；与第四类辅导课相比，它不是为了提问而提问，而是基于真理的呼唤，在真理的追寻中，调动了学习者的学习激情。“对话”式的辅导课有如下的内涵：

对话源于问题。毫无疑问，没有问题就没有对话，是问题让双方具有了对话的关系。但这个问题不是一个生活问题，而是一个学术问题，是面向真理探究的问题。这个问题呼唤学习者去解答，但他又力不从心，因此需要他人的帮助。问题有时是明晰的，有时是晦暗不明的，但都需要对话双方首先去把握这个问题，否则是自说自话。彭老师的辅导课之所以是成功的，在于他让学习者明晓了问题。也就是说，要对准这个问题讨论。

问题在语言中。不管是什么问题，必须要以语言形式确定下来，要么以书面形式呈现出来，要么以言语形式告知出来。憋在心里的问题和藏在脑里的问题都不是对话要处理的问题，对方只有知道了问题才能说出他对问题的看法。因此，对话总是人与语言的对话，语言是沟通教师与学习者的桥梁。语言既显现了问题，同时又让这个问题不成其为问题。

语言是生命、生活和生存的游戏。对话是一场游戏，是身体语言、技术语言、智慧语言的游戏。身体语言说出了学习者的困惑、不安、激情，学习者带着种种欲求开启对话。身体语言是含混不清的，需借助工具语言的帮助才能实现，如遣词造句的原则、言辞表达的逻辑。不管是身体语言还是工具语言，都受智慧语言的规定，即在学习者的所说所写中，思想已经自行跳跃出来。但是，学习者的生命、生活和生存对于教师和他人来说又是陌生的，需要多次对话反复解读，教师和他者对学习者的语言的意义才会熟悉。只有熟悉了，才知道哪些意义是真的，哪些是假的，从而引导学习者继续追寻真理。因此，对话既有学习者与他者的视域融合，也有学习者理解的意义与语言的意义的视域融合。

简而言之，“对话”式的辅导课的内涵是，针对某一个具体问题的对话，让学习者知道在课后如何学以及学什么。它具有如下的特征：（1）注重引导学习，而非传输指令；（2）注重激发学习者的学习热情，而不是被动地学习；（3）注重获取学分的努力，而非纯粹的学分；（4）注重营造学习环境，而不是单纯的说教；（5）注重教师亲自去辅导，而不是由研究生、助教来辅导；（6）注重最终学习的效果，而非教学时数；（7）注重更多的合作参与，而不是更多的重复。

（四）让辅导课在“对话”中展开

“对话”式的辅导的言外之意是对准这个话题去辅导，而不是脱离这个话

题去辅导。"对话"的英文是 dialogue，它由前缀 dia（through，通过）和词根 logue（speech，言语）构成，和中文"对话"有异曲同工之妙。对话是在如下环节中展开的：

去学习对话。每个人都能且会说话，但并不是每个人都懂得对话。中国的孔子、西方的苏格拉底都善于与学习者对话，并以对话开展教学。赫钦斯说："虽然可以帮助人去学习，但人只能是自己学习。要对他们进行灌输，不可避免地要违背他们本性的规律。批评、讨论、质询、争论，乃是真正的教学方法。和助产士一样，教是一种合作的艺术。……理智的进步并不发生在教师直接说出法则让学生记忆之时，而是出现在师生共同工作以引发学生时，呈现在他面前的问题作理性回答的时候。无论学生是儿童还是成人，苏格拉底的对话都是教学法的伟大的借鉴。"①

要学习对话，首先要学会中断日常语言，不自说自话，而是心平气和地接受诗意语言的指导；其次要中断逻辑语言，不自以为是，而是虚心地倾听诗意语言的呼唤。因为这两种语言可能是历史给予的，有可能是后天接受到的，有可能是自我创造出来的，夹杂着意见和盲见。盲见让师生听不到语言的呼唤，自说自话；意见让师生听到的只是片言只语、自以为是。去掉盲见和意见的理论是洞见，它如擦亮的双眼，能看清事情的本来面目，从而让师生实事求是地行走于真理的大道上。

中断的同时是在理解。语言与言说者的关系不是平等的，不是言说者规定了言说，相反是言说规定了言说者。作为规定性的言说显现于所说中，亦即话语。这些话语涌动着学习者的生命、生活、生存，需要理解它们。因此理解是语言的理解，而非心灵的感知和体验。善解人话是对话的基本条件。在理解中，也就知道学习者学了什么以及还有哪些东西还要去学，进而采取措施，引导学习者进一步学习。

在理解中也是意义生成中。雅斯贝斯认为，人在自我的生成上要冲破三重阻力：首先是每个人的不可改变的本质，其次是内在的可塑性，第三是人的原初自我存在。只有理解了这些，大学教学是"人对人的主体间灵肉交流的活动（尤其是老一代对年轻一代），包括知识内容的传授、生命内涵的领悟、意

① R. M. Hutchins: The Conflict in Education in a Democratic Society, New York: Harper & Brather, 1953, pp. 96~97.

志行为的规范，并通过文化传递功能，启迪其自由天性，使他们自由生成”。①

可以看出，上述四个阶段环环相扣。要对话首先要学习对话；要学习对话，就要中断日常语言与逻辑语言的联系；中断的同时是在理解诗意语言；在诗意语言的聆听中，意义自行向人敞开。于是，大学教学即意义生成。

四、“经验”式的考试课

“考试最重要的功能不是为评定成绩提供基础。更确切地说，考试是一种重要的教育手段。它不仅引导学生的学习，而且能够提供重要的校正性反馈。”② 既然考试课如此重要，那么，如何开展考试课呢？

（一）对三类考试课的反思

“考”的甲骨文是一个长发、弓腰、手拄拐杖的老人的模样。《说文解字》释“考”：“考，老也。”从前把已经去世的父母叫“考妣”。由于“考”字有对于已死的父母的思念的意思，因此又产生出“思考”、“考虑”、“考察”等意思。《说文解字》释“试”：“试，用也。”但是，用人之前必须要对这个人进行考察，通过了考察表明他已经拥有了如年长者一样的智慧。“考试”的英文是examination，来自于动词examine（to observe carefully，to inspect，to question 仔细观察、检查、提问）。可以看出，“考试”的中英文都与“洞见”有密切的关系。当前，有如下三种占主导地位的考试课：

“脱离”型考试课。笔者曾观摩过几次考试课，其中的一次给我留下了深刻的印象。考试刚一结束，课堂像一锅刚煮沸了的粥，有些学习者气愤地摔笔拍桌子，大声地叫嚷：“这是我遇到的最令人难以理解的考试！”有些学习者唉声叹气，“我肯定要重修了！”有些学习者极尽揶揄地说：“瞧你平时辛苦学习的模样，这不，还不是和我一样不会做题！”……。经过访谈后，才明晓学习者群情激愤的原因，原来考试的内容与课堂的教学内容完全不相干。有的学习者干脆地说：“对，我真的不会答题！面对这些题目，我好像是无头的苍蝇，我有被出卖的感觉！”

“回忆”型考试课。与第一类考试课相反，这类考试课的考试范围是教师课堂上所讲的内容，未讲的内容都不在所考之列。这样一种考试模式的实质是判定学习者的记忆和复述的水平，而不是知识分析、迁移、转换、应用的能

① 卡尔·雅斯贝斯著、邹进译：《什么是教育》，三联书店1991年版，第2~4页。

② 威尔伯特·J·麦肯齐著、徐辉译：《麦肯齐大学教学精要》，浙江大学出版社2005年版，第65页。

力。针对这种情况，学习者的策略是背诵课堂笔记。谁背得熟，谁就能考高分。因此，在考前一周，学习者如临大敌，甚至熬通宵，而在其他的时间里，逍遥自在，根本没有任何学习的计划。这种考试课使事情变得更加简单，一些学习者甚至不用到课堂听课，只需复印讲义和课堂笔记即可，由此导致了很多同学逃课。学习者考完之后，课程内容也忘得一干二净。①

“区分”型考试课。与第二类考试课不同，这类考试课充满挑战性和竞争性。首先，实体内容是在授课内容基础上拔高的，上课时不认真听讲，课后不及时巩固、消化的学习者绝对不能及格。只有那些天赋较高且努力学习的学习者才能获得较高的分数；其次，考试的分数将影响到学习者未来发展的方方面面。教师根据考试分数判断谁有资格参加某个科研团队；院系领导人根据分数裁定谁有机会提前攻读硕士或博士学位；辅导员根据分数判定谁有能力配得上奖学金和优秀学生的称号……。如威尔伯特·麦肯齐（Wilbert James McKeachie）看到的，“区分”型考试课充满“寻衅”，并“引发了大量的公开的或隐蔽的敌对行为”，“有可能损害教师和班级的融洽关系，并且可能成为学生学习的真正障碍”。②

一般来说，学习者学什么既取决于教师的教学，也取决于教师所采取的考试和评定方式。但是，考试不单单是课程结束时为确定学习者的分数等级而进行的活动。考试是教师将教学目标传递给学习者，并以此促进学习的活动；考试是教师从中发现学习者学习中存在的种种错误理解，并以此纠正错误的活动；考试是教师从中发现学习者与教师之间的知识结构的差异，并及时调整教学进度的活动；考试是教师从中看到学习者进步的信息，并将信息反馈给学习者，以此促进他们继续学习的活动；考试是教师从中看出教学失败所在，并以此改进教学的活动。上述三类考试课都没有达到这些目标。第一类考试课让学习者产生被欺骗的感觉；第二类考试课让学习者缺乏深入学习的动力；第三类考试课让学习者备感压抑。那么，什么样的考试课能促进学习呢？先从一个个案的描述出发吧。

（二）个案的描述：“经验”式的考试课

2007～2008 年上半学期伊始，彭老师就《美学概论》的各项教学目标作

---

① 彭富春：《关于哲学教学改革的探索》，《哲学动态》2003 年第 5 期，第 4～7 页。

② 威尔伯特·J·麦肯齐著、徐辉译：《麦肯齐大学教学精要》，浙江大学出版社 2005 年版，第 55 页。

了具体的讲解，并声明以后的教学诸环节将围绕这些目标进行下去。

教学目的。《美学概论》是面向学习者开展的美学基本思想的教学，旨在让学习者把握美学的一般理论和历史，培养其艺术的审美能力和提升其人生的审美境界，并具有对美学问题的独立思考能力。该课程把构建大美学作为美学课程建设的根本理念，不再简单地停留于一般美学知识的灌输上，而是注重学习者艺术修养的提高与完满人格的塑造，以实现其身心的和谐统一。

教学难点。美学作为一门哲学学科，一方面和哲学相关，另一方面和艺术相关。因此它要求一方面具有哲学的批判能力，另一方面具有艺术的鉴赏能力。可以说，培养学习者的思想批判能力和艺术鉴赏能力是本课程的难点。解决办法是（1）引导学习者树立学习美学的正确态度，强调美学的哲学批判和艺术鉴赏是不可分离、高度结合的；（2）注重相关的哲学文本的解读；（3）推荐阅读文学名著、观摩艺术作品等。

考试方法。平时考查与期末考核相结合。平时考查因素包括到课率、课堂反应、课堂讨论、课程论文等，期末考核方式包括课程论文和闭卷考试等。一般来说，平时的成绩占总成绩的三分之一，期末成绩占总成绩的三分之二。闭卷考试试卷在题型上一般分为知识题和理解题两类，前者包括填空、选择、名词解释等偏重于客观知识的题型，后者包括辨析题和论述题等侧重于主观理解的题型。“课程考试既要采用目前通行的闭卷测验，也要试行课程论文考核，尤其是后者应该是哲学学习最主要的考核方式。学习哲学是学习思想，而论文写作是思想的文字表达方式。作为课程论文，除了在内容方面有所要求之外，如表达个人对于课程相关论题的独特性思考等，在形式上也应有明确的规定，如最少的字数，最少的引用文献等。通过论文，教师可以判断一个学习者在何种程度上掌握了该课程的相关知识以及自身的分析批判能力。”①

实体样本。“辅导课”这一节已详尽地介绍了彭老师如何指导学习者写课程论文，这儿只以他的一份实体样本为个案分析②：

一、请解释下列一段话的意思，并给出自己的评价（20 分）。

如果游戏从欲求出发去游戏的话，那么欲求将是规定性的。在欲求的世界里，智慧失去了作用，因此有道德沦丧和世风日下的现象。同时工具只是片面化为欲求的手段，它既没有自身的自持性，也没有智慧的对于自身的限定。占

---

① 彭富春：《关于哲学教学改革的探索》，《哲学动态》2003 年第 5 期，第 4～7 页。

② http：//202.114.64.60/jpkc2007/mxgl/Course/2007－7－6.

主导的是欲求的需要和满足，以及满足之后新的需要和新的满足。这样便是人欲横流和物欲横流。不再是人有欲求，而是人就是欲求。人成为了欲求者，人之外的世界成为了所欲者。于是世界中的人和物失去了其自身的独立性，而只是被区分为可欲求的和不可欲求的。这样一种欲求化的世界使人的世界变成了动物的世界。正是在动物的本能的世界里，一切只是单一地区分为可食的和不可食的；可交媾的和不可交媾的，并由此区分同伴和敌人。人的欲求化的世界不过是这种动物的欲求化世界的扩大化而已。

二、请指出审美经验的典型形态，并选择其中一种作出分析（20 分）。

三、请用课本中学到的方法来分析艺术或者爱情（亲情或友情也可）（20 分）。

四、请用 1000 字左右简要论述你听课和阅读教材的感受（40 分）。

从上可以看出，彭老师的考试课是“经验”式的，它是学习者经验到的教学目标的具体化，也与学习者在生活世界中形成的经验息息相关。具体来说，第一题与其说是个理论问题，不如说是个现实的问题，它要学习者去独立思考，在一个欲求当道而“道”不在的世界里如何去生活？第二题和第三题强调的是方法的应用，既用来分析理论问题，又用来分析现实问题。第四题则考查的是文字表达能力、思想批判能力和艺术鉴赏的能力。对学习者来说，这些实体既熟悉又陌生。熟悉是说，这些实体不出自己的经验左右。陌生是说，学习者试图用教师的理论和方法去思考时，还不是那么得心应手。正是在诱惑中有迷惑，学习者知道了向谁学、如何学以及学什么。

（三）“经验”式的考试课的内涵

从上可以看出，“经验”式的考试课是生命、生活、生存的游戏。与第一类考试课相比，它面向了学习者的基本欲求，如想拿到学分、想证明自己的能力，不会引发学习者过多的挫折和失望的情绪；与第二类考试课相比，它训练学习者理论与方法的应用能力，让学习者去享受驾驭理论和方法的成就感；与第三类考试课相比，它教化学习者如何审美地生活，没有过多地渲染你死我活的丛林法则（jungle law）。因此，在“经验”式的考试课中，学习者不会有上述考试课引发的愤懑感、无聊感和焦虑感。“经验”式的考试课有如下的内涵：

肯定的经验与否定的经验相辅相成。一方面，考试课要符合或支持学习者以前经验的经验（肯定的经验），并提供与学习者的期望相适应并对之加以证明的经验。这些经验有学习者参加考试的动机、已形成的知识结构、对世界的一般看法等。如果考试课与这些经验大相径庭，势必引起学习者的不安。另一方面，考试课并不是简单地让学习者回忆起这些经验，还要有不符合或推翻学习者以前经验的经验（否定的经验），它是教师“做”出来的经验。相对于第一种经验，后一种经验即否定的经验是更有创造性的经验。因为通过这种经验，考试课让学习者推翻了以前的假定、偏见，认识到自己的错误，或者对以前已知道的东西有了更好的认识。这种否定可以说是一种肯定的否定。

在否定的经验中洞见到真理。考试课之所以要否定一些经验，在于让学习者进一步去关联新的经验，让学习者的经验向新经验开放，成为一个彻底非独断的人。“有经验的人表现为一个彻底非独断的人，他因为具有如此之多经验并且从经验中学习如此之多东西，因而特别有一种能力去获取新经验并从经验中进行学习。经验的辩证运动的真正完成并不在于某种封闭的知识，而是在于那种通过经验本身所促成的对于经验的开放性。”① 正是让经验处于新经验的开放中，考试课让学习者洞见到真理。洞见不同于盲见和意见。盲见是什么也看不见，既包括看不见黑暗中的东西，也包括看不见光明中的东西。考试课的目的在于扫除学习者的“盲点”，让他们成为一个有经验的人。“意见”的德文单词是 ansicht，由 an（在……边上）和 sicht（看）组成，意思是只看到事情的表面，没看到事情自身，其特点是看来看去。而洞见是看进去，看到事情本身。

洞见即通过痛苦而学习。真理是在经验的无限开放中显现的。那就是说，真理是光明与黑暗的游戏，它既显现又遮蔽，召唤学习者投身于真理的洞见中。因此，一堂成功的考试课撕裂了学习者过去的经验与当前的经验的联系，让学习者在撕裂般的痛苦中去学习。通过痛苦而学习并不意味着让学习者通过竞争（如第三类考试课）而得到他人的赞扬的行为；也不意味着让学习者通过机械地背诵（如第二类考试课）而获取学分的行为；更不意味着让学习者通过灾难的刺激（如第一类考试课）而发奋学习的行为；而是经验到自身的有限性的行为。“在经验中，人类的筹划理性的能力和自我认识找到了它们的界限。”② 正是在界限处，学习者明知不可为而为之，从而走向世界融入历史。

总之，“经验”式的考试课首先基于学习者的经验，继而割裂与学习者的经验，让他们在撕裂般的痛苦中意识到自己的不足、知道了自己的错误，从而

---

① 汉斯·加达默尔著、洪汉鼎译：《真理与方法》，上海译文出版社2005年版，第462页。

② 同上书，第464页。

明晓继续学习的必要。

（四）让考试课在“经验”中展开

提到“经验”，人们会想到近代经验主义的“经验”和“体验”。这儿的“经验”与它们不同。首先，经验主义的“经验”是人的感官对于时空中物的感觉，它是一切知识的来源。既然“经验”是偶然的、易变的，那么也就只有或然的知识，没有必然的真理了。其次，“体验”和“经验”在汉语以及英语中是没有太大差别的，如在英语中它们都是 experience，但在德语中却有区分。在德语中，“体验”是 erleben，“经验”是 erfabren。从“体验”的词根 leben（生命、生活）可以看出，“体验”相关于人的生命，因此它是对于人的生命的经历。在“体验”的种种样式如激动、欢乐和痛苦等情绪中，人与世界相遇，万物向人敞开。但“经验”却超出了个人的身体性，超出了个人的生命感受，而达到了存在的层面。那就是说，“体验”主要是个人身体的一些经验，而“经验”是对于存在的一种经验，是对存在的把握方式。“经验”与经验主义的“经验”和“体验”的最根本的区别在这里。由此，考试课是一种经验真理的过程。“经验”式的评讲课是在如下环节中开展的：

考试即若干个问题的聚集。提出问题的同时也意味着去解答这个问题。这个问题当然不能等同于一个自然之物，它是自在的，与学习者毫无瓜葛；这个问题也不能等同于一个心理之物，它是随意的，与学习者没有任何关系。这个问题是如何显现出来的呢？问题是教师提出来的，它会烙上教师的主观意图吗？有但不全有。“有”是说，提问的同时要考虑到学习者整体的知识结构，否则问题会让学习者有如坠云雾之感，问题也失去自身的意义。“不全是”是说，教师是被思想规定的，他根据思想的规定提出问题，因此问题是导引学习者走上思想之路的路标。答题是学习者根据问题的指引，让思想自身自行显现的过程。质言之，经验之物是真理的显现和洞见。

经验不是经验到的思想，但又与经验到的思想密切相关。因此，经验是肯定性的经验与否定性的经验的交织。经验一方面具有否定性，这是说，在考试课中，要排除和思想无关的各种经验，如想以此考试的成绩获得教师和同学的赞赏。这些经验只能是促进学习的动机，而不能将此经验带入到考试中。当学习者胡思乱想的时候，思想之路已悄然地向他关闭。只有当学习者达到“忘我”境界时，思想之门又会悄然地向他开放。每个人都有这样的经验，越是排除了杂念的干扰，在考试中的发挥也越好。经验另一方面具有肯定性，即否定了一切外在的经验后，经验是纯粹的经验。纯粹的经验与思想、真理同在。

用惠能的话“外不著相，内不著空”解释是，纯粹的经验不被各种杂念所束缚，也不被所谓的虚无所束缚，而是去洞见真理，让真理显现出来。

考试课的目的是让学习者经验到思想。这儿，思想已先在地规定了学习者，学习者要听从思想的指引去答题，而不是胡编乱造乱说一气。因此，思想与学习者在考试中同在：思想指引学习者，学习者听从思想的呼唤。这在于思想与学习者的经验处于同一水平线上。学习者的任务是将思想显现出来。但是，思想又是如此神秘，它好像在又好像不在，所以需要冥思苦想。这一个痛苦的过程让学习者经验到自身的有限性：在课堂中好像什么也听明白了，但是在答题时又好像什么也说不出来。这也是开展考试课的一个原因，它撕裂了学习者固有的经验，让学习者直面新的经验。这样的痛苦的经验会促进学习者继续学习。

经验（v.）虽然展现为“学习者经验思想”这一结构，但它却最后表现为已经验到的，即经验（n.）。经验（n.）就是经验（v.）的完成，并因此是经验（v.）的整体。这个整体可以这样表达：出发点是已经验到的，从已经验中找出未经验到的，而未经验到的即是要继续去经验的。整个学习阶段不是这样一个经验的显现与遮蔽和再显现与再遮蔽的一个无限循环的过程吗？正是在经验的无限循环中，学习者经验到真理的存在。

五、“文本接受”式的评讲课

“通过课堂评价的实践，教师认识和促进学习的能力得以提高，从而更有能力帮助学生本人成为学习效果更佳、有自我评价和支配能力的学习者。简单地说，课堂评价的中心目的是帮助学生在课堂上提高学习的质量。”① 既然评讲课如此重要，那么，如何开展评讲课呢？

（一）对三类评讲课的反思

评讲课，顾名思义是对学习者的作业进行评价的课。《说文解字》释“评”：“形声。从言，平声。议也。”“平”由“于”和“八”构成：“于”是气受阻碍而能越过的意思，“八”是分的意思，气越过而能分散，语气自然平和舒顺。所以，“评”的本义是语气平和舒顺地议论。“评”的英文是 evaluation，它的词根是 val，指“强壮的”、“健康的”、“有用的”（to be strong, healthy, worthy）。因此，evaluation 具有“促进学习者身心健康、好好学习”

① 托马斯·A·安吉洛等著、唐艳芳译：《课堂评价技巧》，浙江大学出版社 2006 年版，第 4 页。

的意思。当前，有如下三种占主导地位的评讲课：

“先入为主”型评讲课。这类评讲课具有两个特点：首先是教师根据已对学习者形成的印象进行评讲。如果一个学习者善于与教师沟通，或者经常做一些令教师感到高兴的事，如倒水、擦黑板，从而对他的印象非常深刻，继而对他的作业青睐有加、赞不绝口。给教师留下“印象”的还有一些调皮捣蛋的学习者，教师从心眼里讨厌他们，觉得他们的作业要么是抄袭的，要么是不值一读的，因而对他们的作业的评讲一带而过，甚至不理不睬。教师对待“没有印象”的学习者的作业的评讲也好不到哪儿去。教师认为他之所以不善于沟通，经常沉默寡言，在于他没有认真学习，或者在课堂上经常胡思乱想，以至于跟不上教学节奏，当然也不能与教师沟通了。正是基于上述的考虑，教师对他的作业的评讲也持否定的态度。其实，“先入为主”的评讲基于一条假设：“好”学习者的作业当然是好的，“不好”学习者的作业当然是不好的。虽然这个假设根本站不住脚，但许多教师以此假设开展评讲课。

“否定”型评讲课。这类评讲课的最大特点是，教师从研究出发，要求学习者对学习者的作业持完全否定的态度。从方法的运用看，教师认为学习者没有贯彻科学的研究方法，或者抛弃了研究方法，因此作业没有任何科学依据，全是自说自话；从原理的掌握看，教师认为学习者没有悟透讲课内容的精髓，没有将他的理论融会贯通到作业中，因此出现了原理的误用、错用、滥用现象；从资料的收集看，教师认为学习者出于完成任务的心理，敷衍塞责，根本没有花时间和精力去收集典型的资料，导致作业缺乏可信性；从问题的意识看，教师认为学习者提出的问题是伪问题、毫无问题性可言，作业缺乏与现实沟通的可能性；从研究的素质看，教师认为学习者不是本着“求真”的理想做学问，与真正的科研论文具有的严谨性、清晰性、逻辑性相去甚远。随着否定次数的增多，每一个学习者都垂头丧气，自信心受到极大的摧残。

“肯定”型评讲课。在这类评讲课中，教师是一位“好好先生”，极尽吹捧之能事，生怕得罪每一位学习者，结果出现了“皆大欢喜”的局面。从学习者来说，他堂而皇之地拿到了学分；从教师来说，他轻而易举地通过了校级的考核（校级的考核基于学习者的评价）。但是，肯定性的评价也有缺陷：一方面掩盖了学习者与学习者之间的能力差异；另一方面也掩盖了学习者在作业中暴露出来的问题，因此也没有达到评讲课的要求。

评讲课至少有六种功能①：清楚明确地反映出学习者已完成作业的价值、优点；提高学习者辨别什么是好的作业的能力，也就是说，提高他们对已交作业的自我评估能力和辨别好坏的能力；激发和鼓励学习者上交优质作业；传达老师对学习者的学习进步情况的判断；让老师知道学习者哪些知识掌握了，哪些还没有掌握；选拔出好的学习者，对他们进行奖赏或让他们继续深造。简单地说，评讲课要让学习者知道未来学习的方向和目标。上述三类评讲课达到这些目标了吗？答案是否定的。“先入为主”型评讲课以教师为中心。在这类评讲课中，第一类学习者会产生错觉，以为只要和教师保持良好的关系，即使学习不努力也能获得高分；第二类学习者认为教师戴着“有色眼镜”看他的作业，即使他付出再多，依旧得不到任何肯定，学习与不学习没有任何区别；第三类学习者认为教师没有关注他，因而没有尽到一位教师的职责，继而对这位教师的教学失去兴趣。“否定”型评讲课以研究为中心，忽略了学习者与研究者之间的差异，导致了学习者失去自发学习的欲求。“肯定”型评讲课以学生为中心，教师从学习者的欲求出发，而不是从促进学习的目的出发，导致了学习者不知道学习的方向和方法。

（二）个案描述：“文本接受”式的评讲课

在2007～2008年的下半学期伊始，彭老师对学习者提交的作业进行了评讲。首先，他要求学习者对作业作一个简短的汇报；其次，还必须接受同学们的提问；最后，他进行点评。这儿，仅对他评讲陈细义同学的作业《此在作为能死者》为个案分析②：

首先，我们从如下几个方面来谈陈细义这篇文章值得大家学习的地方。

第一，这篇文章的资料占有是比较全面的，这从列举的参考文献可以看出来，而且格式比较规范，注释也做得很认真。

第二，这篇文章的结构还是很好的，这里主要是指文章的思路很清晰，各小节之间相互关联而且逐步推进，具有一种建筑术意义上的形式结构的坚实性与完整性。

第三，陈细义同学在接受其他同学的提问与建议时心平气和，在回答问题并与同学们讨论时不急不躁、有张有弛，这样很好。大家千万不要把别人向你提问题或提建议当作对你的责难甚至为难，而要虚心听取，热情讨论。

---

① 巴巴拉·G·戴维斯著、严慧仙译：《教学方法手册》，浙江大学出版社2006年版，第224页。
② 根据陈细义提供的材料整理而成。

下面我来谈一谈这篇文章进一步要修改的地方。

首先，文章标题"此在作为能死者"不能涵盖这篇文章的内容。实际上，问题出现在文章结构上。上面说结构好是从思路方面，而这里说结构出现了问题，是从各节的安排来说的。前两节说的几乎是同一个意思，可以合为一节。这两节份量太多，且又无关于后文正题，故而题目改为"死亡观念与能死者"要好一些，这可将文章的内容一分为二，各自对应题目的一部分，但是前一节必须要与后文相关，为后文打下一个记叙的基础。

其二，我们对这篇文章具体内容进行具体分析。陈细义同学在回答问题时说，他是在有意学习我给大家上课所用的思想套路来写文章。学以致用这很好，但是学得还不到位。比如对"死亡"进行语义分析时，应该分为日常语义与哲学语义分析，而这篇文章虽分了两节，却并没有日常语义与哲学语义的区分，而是混到一起去了。另一方面，日常语义的分析要从人们的习以为常的惯用语中去寻找其日常意义，正如刚才有同学提出的：出生入死、醉生梦死与视死如归，在日常语义中应该如何分析。这个问题提得俏皮，也很好。还有，比如在日常生活中，女人常骂心爱的男人为"死鬼"，这儿的"死"是什么意思？但是也需注意，在作这种分析时，一定要抱着理论的态度，而不要陷入这些丰富有趣的日常语义的材料上。最后我们还必须指出，要从哲学语义的理论分析上进入海德格尔，而且要明晰地指出或通过结构，显示出前面的诸种分析与海德格尔思想的关联性与关联之处，而且要保证这些关联是最重要的与最核心的。

最后我们分析一下海德格尔的思想。他的早期思想论述的中心是此在的死亡：但此在不等于人，此在是人的本性，不等同于每一个或某一个个体的人。作为人的本性的死亡，是走向死亡的存在。他的中期思想论述的中心是上帝的死亡和理性的死亡。他的晚期思想论述的中心是"能死者"。在天地人神的四元游戏中，人能以死为死，是人区别于其他三元的特殊规定性。于是人以能死者的突出特性，相区分于其他三者，成为自己，并自己规定自己。故而，一方面人不能过于狂妄，因为人不是神，神是不死的，狂妄即是不知死活。另一方面，人能无中生有，此亦是人的一种能力，他能创造，能生成，故人不可妄自菲薄。"那永远长存者是被创造的"，被谁创造？是人，作为能死者的人。

总的来说，这篇文章反映出陈细义同学的独立思考意识与明辨探幽精神。但是作为明辨，既需要进一步的全面，也要更进一步的细致，并作详细的区分，最后还必须在区分全面的基础上突出重点，对重点作进一步的深入分析。

笔者在课后曾与陈细义沟通过。他说，彭老师的评讲课久负盛名，一方面是因为彭老师的认真负责的态度，另一方面是他的评讲确能指点迷津。很多同学的科研成果和毕业论文就是在此基础上完成的。因此，他觉得机会难得，花了很长时间去准备这份作业，而且彭老师的评讲与他的预期目标相一致：首先他的努力得到彭老师的肯定，其次他也豁然开朗，明晓了如何去完善自己的作业。

（三）“文本接受”式的评讲课的内涵

可以看出，“文本接受”的评讲课是光明与黑暗的游戏：评讲课如一个舞台，黑暗的地方是生命、生活、生存的涌动，光明的地方是教师的阅读。正是在光明与黑暗的游戏中，学习者自身的生命、生活、生存显现出来，从而知道向谁学、如何学以及学什么。因此，与第一类评讲课相比，它不以教师为中心，师生之间没有孰为主体之分，都是意义的接受者，都把自己委身于文本中，一方引导另一方通达意义之境；与第二类评讲课相比，它不以研究为中心，尽管也强调文本中“技”的因素，但“技”受欲求的指引和智慧的规定，因此避免了师生之间的排斥、对抗的紧张局面；与第三类评讲课相比，它不以“欲”为中心，认为“欲”是在“技”的使用和“道”的言说中显现出来的，惟其如此，文本才能被再次编织，最终能体道。“文本接受”式的评讲课有以下的内涵：

作业即“去体道”。作业是写出来的，因此是学习者的创造活动。作业是学习者的“开道”的活动吗？如鲁迅说的，“世上本无路，走的人多了也就有路了。”作业是学习者的“望道”的活动吗？如李白说的，“大道如青天，我独不得出”。都不是的。作业是学习者“体道”的活动，即“道”已经存在了，它将学习者拉入其中，学习者在“道”的引导下去聆听和接受。作业是学习者的“体道”的活动，是真理的自行摄入。

作业的遮蔽性。这个“体道”的活动不是冥思苦想，而是语言的书写过程，即不仅要将那不可言说、无法言说的“道”说出来，而且还要写出来。不过，在说与写之中存在间距，即写出来的并不是想要说的，而且想说的并不一定能写出来。为什么没有出现下笔如有神、文思泉涌的现象呢？这在于学习者自身的特性：学习者是在不断的学习中走向成熟的。所以，作业与“道说”有很大的差异。不过，有一点是共同的，即两者都是一文本，只不过作为作业的文本没有作为“道说”的文本那样尽善尽美。

作业作为生命、生活、生存的综合文本。作业当然是一个文本，但它是一

个特殊的文本，因为它是生命、生活、生存的综合文本。生命、生活、生存的游戏便形成了文本的意义。基于这样的特性，文本的意义便可分为三个层次：首先是技艺层面，它是文本的结构及其建构方式；其次是欲求方面，它打上了学习者的生命的烙印，如想得到指导、肯定、赞扬；第三是智慧层面，它是学习者思考的结晶。因此，作业作为一文本是有生命力的，它在无声地呼唤教师的到来，呼唤教师参与到生命、生活、生存的游戏中。当教师在阅读文本时，也把自己编织到文本中，让自己去接受文本的意义：学习者要说什么？他是如何说的？他说得很好吗？于是，评讲课是学习者与教师之间的生命、生活、生存的游戏。在游戏中，作业作为文本被再次编织到智慧的体悟中。

总之，“文本接受”式的评讲课的内涵是，根据作业所说的，指出已说的和未说的，对未说的还要引导学习者如何说以及说什么。因此“文本接受”式的评讲课是生命、生活、生存的游戏，不仅教师参与其中，而且还引导学习者如何去游戏。正是在无穷无尽的游戏中，意义生成了。

（四）让讲授课在“文本接受”中展开

《说文解字》释“接”：“接，交也。”“交”指两手交叉。“受”的甲骨文像两手中间有一只舟，表示传递东西。《说文解字》释“受”：“受，相付也。”“相”指交互、相互，“付”与“授”同义，“手部授，人部付，皆曰‘予也’。”因此，“受”包含别人给予、自己接受的双重含义。“接受”的言外之意是先有某个给予的东西存在，然后交叉两手去接这个东西。这与英文receive（to take something offered）同义。“文本接受”是说，文本已经存在了，它就在这儿，不管你是否愿意，你也必须接受它。“文本接受”是在如下几个要素中展开的：

承认。文本接受总是包括教师和文本两个最基本的要素，并且是它们之间关系的发生。接受要求对于文本的一个简单事实的承认。这一事实在于，它是一摆在教师眼前的文本，里面涌动着学习者的生命、生活、生存，因此具有自身的确定性，它呼唤教师对它再一次编织。这就是说，作业文本是已经编织和被编织的，它虽然留有空白，但并不是空白，仿佛一张什么也没有写的白纸。唯有建立在如此简单的肯定的基础上，作业文本才能作为文本向教师敞开。

对话。教师也并非白板，而具有自己的先见。先见不能狭隘地理解为不合法的偏见或成见，而是教师的一种已经获得的语言经验，如其研究心得、理论涵养。这种先见实际上是教师所具有的广义的文本。这表明教师也从文本中显现自身。在这样的意义上，教师对于文本的接受本身是一个文本与另一个文本的对话。因此，讲授课不是独白，它既不是教师或学习者的自言自语，也不是教师对于作业文本的独断的、任意的阉割和曲解，它是一场对话，不过是一场无声的对话。在对话中，教师与文本的关系既是平等的又是有差异的。平等是指双方都有言说的权利。差异是指教师引导学习者。在对话中，文本也再次被编织，再次行走于“道”中。

聆听。为什么在对话中出现差异与平等的现象？在于对话语本身的聆听。首先，聆听指的是师生去聆听“道”。因此，师生必须放弃自己首先言说的权利，而将发言的优先地位让给文本，同时还要中断与日常语言和逻辑语言的联系，而关注文本所说的话语。其次，在聆听中，师生的地位既平等又不平等。平等是说，师生都是一聆听者；不平等是说，双方聆听到的意义是不一样的，如教师在倾听中听出了作业文本的意义，学习者在倾听中听出了自身的局限性。再次，师生不仅要听到那些已言说的，而且要听出那些未言说的，它们是文字和符号周边的空白，亦即真理的边界处。

解释。在倾听之后，需要对文本进行解释。但任何一种解释都不是对于文本的复制和还原，而是教师基于自己的先见对文本所提出问题的回答。这里并非如中国古人所说的“我注六经”或“六经注我”，而是形成新的话题。这个话题正是意义生成之处。因此，解释不仅是诠释，而且也是解放。文本的解放是让文本获得自由，也就是，让文本从自身的边界处解放出来，走向真理自身。在这种解放过程中，不仅文本获得了新的意义，而且学习者也获得了新的意义，于是学习者与文本的意义共同生成。但意义的生成不是其他的东西，而是生命、生活、生存的再一次游戏。

正是在这四者的无穷交替中，讲授课敞开了意义生成的无限空间：生命成了对真理不懈追求的努力，生活成了获取真理的保证，生存成了对真理的不懈的思索。正是在生命、生活、生存的游戏中，学习者获取了新的生活意义。

六、小结

彭老师的教学获得了极高的评价。武汉大学教务处经过调研后，把彭老师的教学评为优秀，分数是97.41分。学习者是这样对调研人员说的：“很注重字源学的讲授，密切联系实际，向同学们教授审美的理论，我受益很大”；“老师讲课超有启迪性，令人有醍醐灌顶之感”；“老师授课态度认真负责，对

学生严格要求，是位好老师。"①

有学习者是这样说的："他的课堂讲授深入浅出、生动活泼，极富感染力与吸引力，深受每一位同学的欢迎。关于哲学是什么的问题几乎是所有哲学研究者都无法回避的话题，彭教授在分析这一问题时从我们最为熟悉的日常语词开始，用最为平实易懂的语言逐层揭示出哲学的本质，让我们在不知不觉中踏上哲学思考的道路。他列举的都是那些我们身边发生的普通事例，而他的分析与批判总是那样独到而深刻，总能激发我们更多的思考。总之，彭教授不仅教给我们知识，更多地教会了我们如何理解哲学与思考哲学，进而用哲学的方法反思我们的生活。于我们当中的很多人而言，这堂课不仅是一堂专业课，更是一道思想的盛宴，在我们的思想大快朵颐的同时，带给了思想无穷的回味。"②

还有的学习者是这样说的："从根本上讲，老师是被其教学所规定的，因此走进彭老师的课堂，就是走进哲学美学的金色殿堂，就是走进纯粹思想的自由境地。……彭老师讲课，风格一如平常。其思路简洁明快，思想饱满宁静。所涉问题背景开阔，所思问题展开完整，真正体现的是西方现象学'走向事情本身'的道路，也即中国所谓的'就事论事'，但从根本上讲是彭老师提出来的'无原则的批判'的思想。……彭老师为人宁静泰然，为思简明超越。彭老师走的是一条思想的道路，它是一条智慧之路，在这条路上，他更行更远。彭富春老师的道路召唤着热爱思想的人，召唤着愿意倾听并能够倾听的人！"③

总的来说，在彭老师的课堂中，学习者知道了向谁学、学什么以及如何学。具体来说，在讲授课中，讲授不是片面地灌输知识，而是让学习者知道去思什么以及如何思；在讨论课中，讨论不再是胡搅蛮缠、各说各话，而是教师在具体的教学情境中，对学习者的讨论进行无原则的批判，引导他进一步去讨论，以及该如何讨论。辅导不是问题的简单答复，而是在对话中，让学习者知道在课后如何进一步去学习，以及学什么。考试是教师从学习者已有的经验出发，并撕裂他的故有的经验，让他在撕裂般的痛苦中去学习；在评讲课中，评讲不是简单的肯定和否定，而是根据提交的作业去评讲，指导学习者如何再进一步完善自己的作业；在实践课中，实践不再是理论的照搬和简单应用，而是

① http：//languagepk. blogcn. com/diary，14741168. shtml/2007 - 12 - 10.

② http：//languagepk. blogcn. com/diary，14741168. shtml/2007 - 12 - 10.

③ 同上。

教师（或教师团队）从学习者的兴趣、爱好、特长出发，提高他们以跨学科的思维去解决复杂问题的能力。简而言之，这些不同类型的教学是生命、生活、生存的游戏，不仅陶冶了学习者的性情，还让他获得了基本的思维和方法的训练，更教化了他的精神。大学教学的意蕴显现于这些类型的教学现象中。因此，大学教学即意义生成这一意义并不是玄思空谈，它就发生在当前的大学教学中。

结 语

如果用“照相”的诸环节比附本文的思想路线，那么语言的批判是“带上相机”的环节，思想的批判是“选择背景”的环节，现实的批判是“调焦”的环节。语言的批判显现了，大学教学与生活世界的关系是游离的，它以培养出意义生成的人引领生活世界的发展；思想的批判显现了，生命、生活和生存这三者并不是你死我活的斗争，而是一有机体；现实的批判显现了，大学教学并不是生命、生活、生存中的某一维规定的游戏，而是这三者的共同游戏。由此，大学教学即意义生成，也就是让生命、生活、生存去游戏。

像“照相”离不开“按快门”这个环节一样，三大批判之后还需要让“意义生成”的意蕴显现出来。“意义生成”的意蕴显现为：学生是一主动的学习者，教师是促进学习的实践智慧者，师生关系是身体间性的，教学过程是一在语言理解中生成意义的过程。当然，意蕴的显现并不是纯粹的思辨，而是基于现象的描述。在对彭富春微观的教学组织形式描述中，生命、生活、生存的游戏并不遥不可及，而是活生生地发生在当今高校课堂中。它如“冲洗”出来的“照片”，展示了其可行性的一面。

简而言之，现象的描述是意蕴的显现的具体化，意蕴的显现是现实的批判的建构化，现实的批判是思想的批判的规定化，思想的批判是语言的批判的背景化。(见图 8－1)

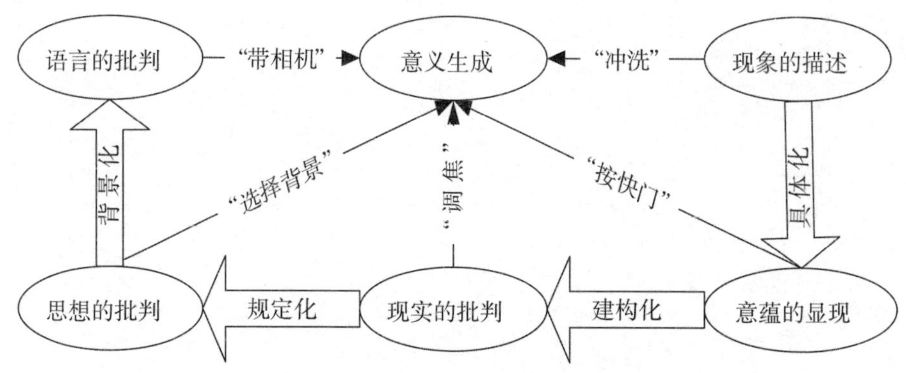

图8－1　本文的思想路线

从上图分析可以看出，大学教学要解决“意义失落”的问题，在于让学习者“人化”，让大学教学“教学化”。大学教学回到自身与学习者回到自身是同一个过程。因此，意义生成的大学教学是人的生成。进入到人的生成中，是进入到生活世界中。因为只有在生活世界中，大学教学不再被技术设定为工具，学习者也不再被技术摆置为单向度的人，大学教学与学习者都以自身为目的，共同游戏，共同生成。因此，大学教学“教学化”的过程，也是学习者“人化”的过程。

让大学教学“教学化”并不是同义反复。“让”是一种泰然让之的态度，不以大学教学之外的东西规定大学教学，而以大学教学自身规定它自己。这就是说，大学教学从自身出发开展教学，不从某种外在的目的出发开展教学。谁“让”呢？是生活世界的意义。如何“让”呢？这在于大学教学只是促进有意义的学习。由此，要让教师成为实践智慧者，要建立身体间性的师生关系，要在语言理解中展开教学过程。“让”了什么呢？让生命生成，即命求尽性、要让生活生成，即活求得体、要让生存生成，即存求成智。正是在生命、生活、生存的游戏中，学习者“人化”。因此，让大学教学“教学化”的深刻哲理是大学教学要让学习者成为一个人。

本文系统梳理了大学教学意义在不同时代中的表征。古代大学教学是“笃向生存”的意义，现代是“面向生活”的意义，后现代是“走向生命”的意义。这三种意义都是“实体论”的产物，导致大学教学出现了“意义失落”的困境。大学教学意义生成论取代大学教学意义实体论具有以下三个方面的基本意蕴：

首先，它是对人的“本源性”的描述。所谓“本源性”，既不是时间意义

上的晚近，也不是因果关系上的先后，而是指人存在样式的基础性、非派生性、自明性和原始性。“意义生成”解除了对人本真生存的障蔽，彰显人存在所具有的“基底”性意义。从时间来说，他是过去、现在、将来的统一；从空间来说，他是自然、社会和精神的统一；从时间和空间来说，他是实然、或然和应然的统一。

其次，它是对人的“超越性”的承诺。因为要成“人”，必须剥除覆盖在人身上的种种遮蔽，实现对人的沉沦状态的超越。就此而言，“意义生成”代表着一种超越的可能性和一种“成其所不是”的意向；而且，这种超越是“内在”的而非“外在”的，它不是向外无限的扩张和膨胀，而是标志着生命体验的涌动、生活经验的绽露、生存超验的彰显。简而言之，他在生命、生活和生存的游戏中成为自己。

最后，它是对人的“整体性”的呼唤。以“整体性”的人对抗“抽象化”的人，是“意义生成”的内在要求。“抽象化”的人，即以“实体论”为出发点对人进行“过滤”和“蒸馏”，要么把人看作生命的存在，要么是生活的存在，要么是生存的存在，最后使人被完全稀释和等同于这种抽象的实体。“意义生成”拒斥这种对人的分裂和瓦解，它强调人的存在的整全性和不可还原性，认为生命、生活和生存三维一个也不能少，否则会导致意义失落。

本文描绘了一幅意义生成论从何来从何去的逻辑谱系图。本文也没有停留在“意义生成”是什么——为什么——怎么样的宏大叙事上，而从语言结构入手，从不同的大学教学形态入手，如其所是地描述“大学教学即意义生成”如何是这一现象。这是现象学“走向事情本身”方法的具体操作与应用的一种尝试。

思想是一列没有终点的“列车”，每一个“站点”是已思的和未思的交接，由此才有将来的去思。本文还将再思考如下的问题：

第一，确立大学教学意义生成论，还应该借鉴中国传统的智慧。那么，儒、道、禅三家的智慧，究竟为大学教学意义生成论提供了哪些补充呢？

第二，建构大学教学意义生成论，还应该从多个维度展开，包括宏观的和微观的。从宏观来说，为了建构大学教学意义生成论，课程如何设计？教学方法如何改进？如何开展教学评价？如何改善教学管理？等等。从微观来说，教师如何同学习者打交道？大班、中班、小班教学的方式有哪些不同？如何应对教学中出现的突发事件？如何组织课堂语言？等等。

参考文献

[1]（汉）许慎撰，（清）段玉裁注：《说文解字》，中华书局1963年版。

[2]E·多尔著、王红宇译：《后现代课程观》，教育科学出版社2000年版。

[3]L·迪·芬克著、胡美馨等译：《创造有意义的学习经历》，浙江大学出版社2006年版。

[4]S. E. 弗罗斯特著、吴元训等译：《西方教育的历史和哲学基础》，华夏出版社1987年版。

[5]埃德蒙德·胡塞尔著、王炳文译：《欧洲科学危机与超越论现象学》，商务印书馆2005年版。

[6]艾尔弗雷德·诺思·怀特海著、徐汝舟译：《教育的目的》，三联书店2002年版。

[7]艾伦·布鲁姆著、缪青等译：《走向封闭的美国精神》，中国社会科学出版社1994年版。

[8]巴巴拉·G·戴维斯著、严慧仙译：《教学方法手册》，浙江大学出版社2006年版。

[9]柏拉图著、郭斌等译：《理想国》，商务印书馆2002年版。

[10]保罗·弗莱雷著、顾建新等译：《被压迫者教育学》，华东师范大学出版社2001年版。

[11]彼得·贝格拉著、袁杰译：《威廉·冯·洪堡传》，商务印书馆1994年版。

[12]伯顿·克拉克著、王承绪等译：《探究的场所》，浙江教育出版社2001年版。

[13]博伊德，金著、任宝祥译：《西方教育史》，人民教育出版社1986年版。

[14]池田大作等著、宋成有等译：《走向21世纪的人与哲学》，北京大学出版社1992年版。

[15]池田大作著、铭九等译：《我的人学》，北京大学出版社1990年版。

[16]大卫·杰弗里·史密斯著、郭洋生译：《全球化与后现代教育学》，教育科学出版社2000年版。

[17]德里克·博克著、乔佳义编译：《美国高等教育》，北京师范学院出版社1991年版。

[18]德里克·博克著、除小州等译：《走出象牙塔》，浙江教育出版社2001年版。

[19]厄内斯特·博耶著、徐芃等译:《大学:美国大学生的就读经验》,北京师范大学出版社1993年版。

[20]弗·鲍尔生著、滕大春等译:《德国教育史》,人民教育出版社1987年版。

[21]古德·弗兰克尔著、常晓玲等译:《意义与人生》,中国轻工业出版社2000年版。

[22]汉斯-格奥尔格·加达默尔著、薛华等译:《科学时代的理性》,国际文化出版公司1988年版。

[23]汉斯-格奥尔格·加达默尔著、洪汉鼎译:《真理与方法》,上海译文出版社2005年版。

[24]亨利·埃兹科维茨等编、夏道源等译:《大学与全球知识经济》,江西教育出版社1999年版。

[25]洪汉鼎:《诠释学》,人民出版社2005年版。

[26]黄福涛:《欧洲高等教育近代化》,厦门大学出版社1998年版。

[27]加里·D·鲍里奇著、易东平译:《有效教学方法》,江苏教育出版社2002年版。

[28]加塞特·加塞特著、徐小洲等译:《大学的使命》,浙江教育出版社2001年版。

[29]卡尔·雅斯贝斯著、王玖兴译:《生存哲学》,上海译文出版社2005年版。

[30]卡尔·雅斯贝斯著、邹进译:《什么是教育》,三联书店1991年版。

[31]卡尔·雅斯贝斯著、王德峰译:《时代的精神状况》,上海译文出版社1997年版。

[32]克拉克·科尔著,陈学飞等译:《大学的功用》,江西教育出版社1993年版。

[33]克拉克·科尔著、王承绪译:《高等教育不能回避历史》,浙江教育出版社2001年版。

[34]夸美纽斯著、傅任敢译:《大教学论》,教育科学出版社2002年版。

[35]刘翔平:《寻找生命的意义——弗兰克尔的意义治疗学说》,湖北教育出版社1999年版。

[36]鲁道夫·奥伊肯著、万以译:《生活的意义与价值》,上海译文出版社1997年版。

[37]罗伯特·M·戴尔蒙德著、黄小苹译:《课程与课程体系的设计和评价实用指南》,浙江大学出版社2006年版。

[38]罗伯特·M·赫钦斯著、汪利兵译:《美国高等教育》,浙江教育出版社2001.

[39]马丁·海德格尔著、陈嘉映等译:《存在与时间》,三联书店2006年版。

[40]马丁·布伯著、陈维纲译:《我与你》,三联书店1986年版。

[41]马克斯·范梅南著、李树英译:《教学机智—教育智慧的意蕴》,教育科学出版社2003年版。

[42]马克斯·范梅南著、李小兵译:《生活体验研究——人文科学视野中的教育学》,教育科学出版社2003年版。

[43]马斯洛著、林方译:《人的潜能和价值》,华夏出版社1987年版。

[44]马斯洛著、林方译:《人性能达的境界》,云南人民出版社1985年版。

[45]玛丽埃伦·韦默著、洪岗译:《以学习者为中心的教学》,浙江大学出版社2006年版。

[46]梅洛-庞蒂著、王东亮译:《知觉的首要地位》,三联书店2002年版。

[47]梅洛-庞蒂著、姜志辉译:《知觉现象学》,商务印书馆2001年版。

[48]米歇尔·福柯著、刘北成等译:《规训与惩罚》,三联书店1999年版。

[49]米歇尔·奥尔德罗、陈玲译:《复杂——诞生于秩序与混沌边缘的科学》,三联书店1997年版。

[50]内尔·诺丁斯著、于天龙译:《学会关心—教育的另一种模式》,教育科学出版社2003年版。

[51]埃德加·莫兰著、陈一壮译:《复杂性理论与教育问题》,北京大学出版社2004年版。

[52]倪梁康:《现象学及其效应》,三联书店1994年版。

[53]彭富春:《论中国的智慧》,人民出版社2010年版。

[54]彭富春:《无之无化》,上海三联书店2000年版。

[55]彭富春:《哲学美学导论》,人民出版社2005年版。

[56]彭富春:《哲学与美学问题》,武汉大学出版社2005年版。

[57]彭运石:《走向生命的巅峰——马斯洛的人本心理学》,湖北教育出版社1999年版。

[58]秦光涛:《意义世界》,吉林教育出版社1998年版。

[59]让-弗郎索瓦·利奥塔著、车槿山译:《后现代状况》,三联书店1997年版。

[60]斯蒂芬·D·布鲁克菲尔德著、周心红等译:《大学教师的技巧》,浙江大学出版社2006年版。

[61]托马斯·A·安吉洛等著、唐艳芳译:《课堂评价技巧》,浙江大学出版社2006年版。

[62]威尔伯特·J·麦肯齐著、徐辉译:《大学教学精要》,浙江大学出版社2005年版。

[63]魏敦友:《回返理性之源》,武汉大学出版社1999年版。

[64]雅克·勒戈夫著、张弘译:《中世纪的知识分子》,商务印书馆2002年版。

[65]亚伯拉罕·弗莱克斯纳著、徐辉等译:《现代大学论》,浙江教育出版社2001年版。

[66]亚伯拉罕·马斯洛著、林方译:《人性能达的境界》,云南人民出版社1987年版。

[67]姚小平:《洪堡特——人文研究和语言研究》,外语教学与研究出版社1998年版。

[68]伊曼纽尔·康德著、赵鹏等译:《论教育学》,上海世纪出版集团2005年版。

[69]伊曼纽尔·康德著、邓晓芒译:《实践理性批判》,人民出版社2004年版。

[70]尤尔根·哈贝马斯著、曹卫东译:《交往行为理论》,世纪出版集团2004年版。

[71]约翰·S·布鲁贝克著、王承绪等译:《高等教育哲学》,浙江教育出版社2001年版。

[72]约翰·费希特著、梁志学等译:《论学者的使命、人的使命》,商务印书馆2003年版。

[73]约瑟夫·罗曼著、洪明译:《掌握教学技巧》,浙江大学出版社2006年版。

[74]詹姆斯·杜德斯达著、刘彤等译:《21世纪的大学》,北京大学出版社2005年版。

[75]张曙光:《生存哲学》,云南人民出版社2002年版。

[76]张应强:《高等教育现代化的反思与建构》,黑龙江教育出版社2000年版。

[77]赵汀阳:《论可能生活》,中国人民大学出版社2004年版。

[78]邹诗鹏:《生存论研究》,上海人民出版社2005年版。

[79]Biggs, J. :Teaching for Quality Learning at University: What the Student Does, Bristol: Open University Press, 1999.

[80]Brookfiedls, S. D. :Becoming a Critically Reflective Teacher, San Francisco: Jossey - Bass, 1995.

[81]Brookfiedls, S. D. , ed: Self - Directed Learning: From Theory to Practice. New Directions for Adult and Continuing Education, San Francisco: Jossey - Bass, 1985.

[82]Campbell, W. E, Smith, K. A. , eds: New Paradigms for CollegeTeaching, Edina. Minn: Interaction Book Company, 1997.

[83]Carr, D. :Professionalism and Rthics in Teaching, New York: Routledge, 2000.

[84]Corson, J. :The Governance of Colleges and Universities, New York: Mcgraw - Hill, 1975

[85]David Hicks, Charles Townley: Teaching World Studies: an Introduction to Global Perspectives in the Curriculum, New York: Longman, 1982.

[86]Davis, B. G. :Sourcebook for Evaluating Teaching, Berkeley: Office of Educational Development. 1988.

[87]Derek Bok: University and the Future of America, Durham: Duke University Press, 1990.

[88]Edward Gross, Paul V: Grambsch: University Goals and Academic Power, American Council on Education, Boulder: Westview Press, 1968.

[89]F. Conrad: The Undergraduate Curriculum: A Guide to Innovation and Reform, Boulder: Westview Press, 1999.

[90]Giroux, H. A. :Teachers as Intellectuals: Toward a Critical Pedagogy of Learning, Mass: Bergin & Garvey, 1988.

[91]Guskey, T. R: Improving Student Learning in College Classroom, Ill: Thomas, 1988.

[92]H. E. Mitzel: Encyclopedia of educational Research, New York: MacMillan, 1982.

[93]Hastings Rashdall: The Universities of Europe in the Middle Ages, Oxford: Oxford University Press, 1977.

[94]John Henry Newman: The Idea of a University, London: Longmans, Green, and Co. , 1907.

[95]John S. Brubacher, Willis Rudy: Higher Education in Transition, New York: Harper and Row, 1976.

[96]Jose Ortega Y. Gasset: The Revolt of The Masses, London: George Allen & Unwin LTD, 1932.

[97] Lancaster, O. E.: Effective Teaching and Learning, New York: Gordon and Breach, 1974.

[98] Lowman, L.: Mastering the Techniques of Teaching, San Francisco: Jossey – Bass, 1990.

[99] Lyotard. J. F.: What is Postmodern? Manchester: Manchester University Press, 1992.

[100] R. M. Hutchins: The Conflict in Education in a Democratic Society, New York: Harper& Brather, 1953.

[101] R. M. Hutchins: The Learning Society, New York Praeger Press, 1968.

[102] Samuel Enoch Stumpf, James Fieser: Socrates to Sartre and Beyond A History of Philosophy, New York: McGraw – Hill College, 2003.

[103] Silverman Rita: Teaching Methods Cases for Teacher Problem Solving, New York: McGraw – Hill, 1994.

[104] Alfred North Whitehead: Adventures of Ideas, New York: Macmillan, 1938.

后 记

记得《犹太教法典》里说，男人一生有七种变化：1岁时是国王，家人都围在他身边，照顾得无微不至；两岁时是猪，在泥巴里跑跳、游戏；10岁时是小羊，无忧无虑地欢笑弹跳；18岁时是雄壮的马，长得魁梧奇伟，希望人人都知道他力大无穷；结婚后是驴子，背负家庭的重担，低头卖力地缓步前进；中年时是狗，为了养家糊口，不得不摇尾乞怜；老迈之后是猴，行为与孩童无异，然而再也没有人去关心他。

到而立之年的我，并不如《法典》说的中年那样，虽然我也遭遇许多不测，但求学五年的馈赠，远比失去的要多。有首《竹子》诗说的好：每长高一点，都给自己做个小结。从2003年进入到华中科技大学的那一天起，很多人都无私地帮助我"长高"，没有他们的付出，我不可能做出今天的小结：

本书是在博士论文《意义生成：当代大学教学价值取向》的基础上修改而成。感谢导师张应强教授，为我的希望插上了腾飞的翅膀。记得在硕士生入学的第一周，张老师就鼓励我到哲学系去听课。从那以后，我就频繁地出入华中科技大学哲学系的课堂中，至今也未敢懈怠。张老师的先见之明，确立了我以后学术研究的兴趣点。同时，张老师的极富穿透力的思想，指明了我的研究方向。记得在选题最痛苦的日子里，张老师总是放下手头的工作，耐心地听我陈述，然后对我的陈述条分缕析，引导我进一步思考最值得思考的问题。即使出差在外，张老师也时刻挂念我的选题进展，以短信形式，提醒我应该注意什么，不应该注意什么。这样，论文题目经历了10次"大换脸"后，才有了今天的这张"脸"。在论文初稿完成后，张老师在百忙中，逐字逐句地修改了语句中存在的问题，还高屋建瓴地提出了很多结构完善的意见。可以说，没有张老师高瞻远瞩的指导和无微不至呵护，就没有今天的这本博士论文。它凝聚了张老师的心血和智慧。

感谢教科院陈廷柱教授、贾永堂教授、柯佑祥教授、张晓明教授，为本文的框架提出的建议。感谢涂又光先生、刘献君教授、周光礼教授、别敦荣教授、沈红教授、陈敏教授，带我步入高等教育研究的殿堂。感谢眭伊凡教授、程斯辉教授、冷余生教授、李太平教授、贾永堂教授在答辩中给予论文完善的建议。这些弥足珍贵的建议将指引我进一步完善我的论文。

感谢华中科技大学哲学系高秉江教授和张廷国教授，向我打开了“现象学”这扇窗。感谢武汉大学哲学学院彭富春教授，让我领略了思想的魅力。两年了，从华科到武大的每周两三次的奔波中，收获到的不仅是彭老师熟谙的理论和方法，还有精神与人格的教化。在课堂中，彭老师已经不是彭老师了，他是先知、圣贤、诗人，与存在、思想、语言融为一体。认识彭老师也是必然的。当我确立了研究范围后，我不想以宏大叙事的方式开展研究，而想以一位教师的课堂教学为典型个案，详尽地描述不同的教学形态，以期为本研究提供现象的直观。为此，我观看了武汉几所高校的精品课程的录像，也到课堂亲身感受了这些课程的教学。在我和这几所高校的学习者访谈时，很多学习者都推荐我去感受彭老师的教学。2006～2007 年上半学期伊始，我第一次光临彭老师的教学现场，随即体验到其教学受欢迎的程度。还没有到上课的时间，教室里已经挤满了校内校外慕名而来的学习者。彭老师为人平和安详，教学一丝不苟，思想极富穿透力，在场的每一个学习者的灵魂仿佛随着他的语言在飞翔。我本来是想观摩他是如何组织教学的，但不知不觉中接受了他的思想和方法。因此，在这两年的旁听生涯里，我不仅得到了理论的熏陶和方法的训练，而且也获得了第一手关于大学教学的感性认识。以此为起点，我确立了研究方向和研究框架。在论文的修改过程中，我也采纳了彭老师的建议。

感谢甘肃民族师范学院院长张俊宗教授对我的关心和帮助，也感谢西北师范大学万明钢副校长把我“带”到百年师大，感谢教育学院杨旭东书记、李憬瑜院长对我的专业发展一如既往的支持。特别感谢西北师范大学校长王嘉毅教授对我的“溺爱”，每次向王老师提出“要求”，王老师总是不遗余力地伸出援助之手。王老师广博的学识、严谨的学风、平易的性格是我为人为学的楷模。

感谢妈妈和姐姐，你们为我支起一方永远只有阳光的天空。感谢爱人贺玲女士默默地为家庭付出的一切。感谢小女熊鹤扬为平凡单调的生活带来的乐趣。

感动应瞬间而生动。在瞬间的领悟中，也洞察了职责与使命，于是，怀揣着纯真年代的铁皮鼓，我会走向远方。